本书获得国家社科基金一般项目"信息赋能视阈下小农户稳定脱贫长效机制研究"（19BGL224）资助。

本书获得河南省哲学社会科学规划项目"家庭经营模式创新视角下的农村电商发展机制与实现路径研究"（2017BJJ040）资助。

中国农村电商的
发展机制及路径
——家庭经营模式创新的视角

黄伟 ◆ 著

Research on the Mechanism
and Path of China Rural E-commerce:
Perspective of Family-run Operation Mode

中国社会科学出版社

图书在版编目(CIP)数据

中国农村电商的发展机制及路径：家庭经营模式创新的视角/黄伟著．—北京：中国社会科学出版社，2021.10
ISBN 978-7-5203-9046-0

Ⅰ.①中⋯ Ⅱ.①黄⋯ Ⅲ.①农户—家庭经营—电子商务—研究—中国 Ⅳ.①F724.6

中国版本图书馆 CIP 数据核字(2021)第 176298 号

出 版 人	赵剑英
责任编辑	黄　山
责任校对	贾宇峰
责任印制	李寡寡

出　　　版	中国社会科学出版社
社　　　址	北京鼓楼西大街甲 158 号
邮　　　编	100720
网　　　址	http://www.csspw.cn
发 行 部	010-84083685
门 市 部	010-84029450
经　　　销	新华书店及其他书店
印　　　刷	北京君升印刷有限公司
装　　　订	廊坊市广阳区广增装订厂
版　　　次	2021 年 10 月第 1 版
印　　　次	2021 年 10 月第 1 次印刷
开　　　本	710×1000　1/16
印　　　张	17.5
字　　　数	286 千字
定　　　价	68.00 元

凡购买中国社会科学出版社图书,如有质量问题请与本社营销中心联系调换
电话:010-84083683
版权所有　侵权必究

目　录

第一章　导论 ……………………………………………………（1）
　第一节　新时代研究和发展农村电子商务的重大问题 ………（1）
　　一　农村电子商务发展的历史条件和背景 …………………（1）
　　二　农村电子商务模式创新的必要性 ………………………（3）
　第二节　基于虚拟社群的农村电商发展模式的意义 …………（7）
　　一　创新农村电商发展模式的目的 …………………………（7）
　　二　对深入探索本领域的价值 ………………………………（8）
　　三　对"小农户"的现实意义 ………………………………（8）
　第三节　总体思路与技术路线 …………………………………（9）
　　一　总体思路 …………………………………………………（9）
　　二　研究方法 …………………………………………………（9）
　　三　框架搭建 …………………………………………………（10）
　　四　章节内容简介 ……………………………………………（11）
　　五　本文的自评 ………………………………………………（12）

第二章　理论基础的梳理与国内外研究评述 ………………（15）
　第一节　乡村振兴战略 …………………………………………（15）
　　一　乡村振兴战略的概念与内涵 ……………………………（15）
　　二　乡村振兴战略提出的历史逻辑 …………………………（17）
　　三　脱贫攻坚与乡村振兴战略衔接的历史必然 ……………（19）
　　四　乡村振兴战略政策梳理 …………………………………（22）
　第二节　家庭经营模式 …………………………………………（37）
　　一　家庭经营的概念与内涵 …………………………………（37）

二　家庭经营的理论渊源 …………………………………………（39）
　　三　家庭经营的时代意义 …………………………………………（45）
第三节　农村电子商务 …………………………………………………（47）
　　一　农村电子商务的提出 …………………………………………（47）
　　二　农村电子商务相关政策梳理 …………………………………（51）
第四节　国内外研究综述 ………………………………………………（55）
　　一　农村电子商务的概念与内涵 …………………………………（55）
　　二　农村电子商务的研究现状 ……………………………………（55）
　　三　基于虚拟社群的电子商务研究 ………………………………（64）

第三章　中国农业生产经营的历史发展与农业现代化 ……………（70）
第一节　"三农"问题的重要性 ………………………………………（70）
第二节　中国农业现代化的进程 ………………………………………（73）
　　一　农业现代化的概念与内涵 ……………………………………（73）
　　二　农业现代化的因素与路径 ……………………………………（75）
　　三　农村电子商务对农业现代化的积极作用 ……………………（79）
第三节　中国农业生产经营的发展历程 ………………………………（83）
　　一　新中国成立以前 ………………………………………………（83）
　　二　新中国成立以后 ………………………………………………（83）
第四节　中国农业现代化的发展模式 …………………………………（90）
　　一　自下而上的模式 ………………………………………………（90）
　　二　自上而下的模式 ………………………………………………（91）
第五节　中国农村生产经营现状与农业现代化的制约因素 ………（92）
　　一　中国农村生产经营的现状 ……………………………………（92）
　　二　中国实现农业现代化的制约因素分析 ………………………（97）

第四章　国际农村电子商务发展的经验与借鉴 ……………………（105）
第一节　美国开展农村电子商务的经验 ……………………………（106）
　　一　美国农村电子商务的发展过程 ………………………………（106）
　　二　美国农村电子商务的成功经验 ………………………………（108）
第二节　日本开展农村电子商务的经验 ……………………………（113）

一　日本农村电子商务的发展过程 …………………………（113）
　　二　日本农村电子商务的成功经验 …………………………（115）
　第三节　韩国开展农村电子商务的经验 ……………………………（119）
　　一　韩国农村电子商务的发展过程 …………………………（119）
　　二　韩国农村电子商务的成功经验 …………………………（119）
　第四节　对中国发展农村电子商务的启示 …………………………（121）
　　一　加强农村地区信息化建设 ………………………………（121）
　　二　出台多种政策助力电商发展 ……………………………（122）
　　三　健全农产品电商相关法规 ………………………………（122）
　　四　打造电商平台多样化、专业化 …………………………（123）
　　五　加强农村仓储物流体系建设 ……………………………（123）

第五章　中国典型农村电子商务模式的分析与比较 ……………（125）
　第一节　中国农村电子商务的发展现状 ……………………………（125）
　　一　从区域上分析 ……………………………………………（125）
　　二　从省份上分析 ……………………………………………（127）
　第二节　中国典型农村电子商务模式 ………………………………（131）
　　一　浙江"遂昌模式" …………………………………………（131）
　　二　浙江"临安模式" …………………………………………（135）
　　三　江苏"沙集模式" …………………………………………（137）
　　四　江苏"宿迁模式" …………………………………………（139）
　　五　浙江"桐庐模式" …………………………………………（143）
　　六　河北"清河模式" …………………………………………（146）
　　七　山东"博兴模式" …………………………………………（149）
　　八　浙江"丽水模式" …………………………………………（151）
　　九　甘肃"成县模式" …………………………………………（154）
　　十　吉林"通榆模式" …………………………………………（157）
　　十一　陕西"武功模式" ………………………………………（160）
　第三节　现有农村电子商务模式的分析与比较 ……………………（163）
　　一　中国典型农村电子商务发展模式的共性经验 …………（164）
　　二　中国典型农村电子商务模式的差异分析 ………………（166）

第四节　现阶段中国农村电子商务发展的主要问题 …………… (168)
　　一　农村地区基础配套设施薄弱 ……………………………… (169)
　　二　各个主体之间未能明确职能分工 ………………………… (169)
　　三　产品规模化与小农户分散生产存在矛盾 ………………… (170)
　　四　产品标准化与小农户粗放经营存在矛盾 ………………… (170)
　　五　农村电子商务专业人才不充足 …………………………… (170)
　　六　农产品网销品牌缺乏影响力 ……………………………… (171)
　　七　小农户处于弱势地位 ……………………………………… (171)

第六章　中国农村电子商务发展现状调研
——以河南省为例 ……………………………………… (173)
第一节　河南省省情介绍 …………………………………………… (173)
　　一　自然地理 …………………………………………………… (173)
　　二　资源环境 …………………………………………………… (173)
　　三　人口分布 …………………………………………………… (173)
　　四　经济实力 …………………………………………………… (174)
　　五　交通运输 …………………………………………………… (175)
第二节　河南省农村电子商务的发展现状 ………………………… (176)
　　一　政府政策的支持 …………………………………………… (177)
　　二　网络平台的建设 …………………………………………… (179)
　　三　物流体系的建设 …………………………………………… (181)
　　四　农产品网络销售情况 ……………………………………… (182)
　　五　特色农业的发展 …………………………………………… (187)
　　六　电商人才的培育 …………………………………………… (188)
　　七　农产品品牌的发展 ………………………………………… (190)
第三节　河南省农村电子商务发展的成功案例分析 ……………… (192)
　　一　光山县探索"电子商务+县域经济发展"的新路径 …… (192)
　　二　淇县推行农产品上行的电商新模式 ……………………… (193)
　　三　武陟县构建产销精准对接的新格局 ……………………… (195)
第四节　河南省县域电商运作情况调研 …………………………… (196)
　　一　调研方案 …………………………………………………… (196)

二　调研结果 …………………………………………… (197)
　第五节　河南省农村电子商务存在的问题分析 ……………… (212)
　　一　物流体系尚不完善 ………………………………… (212)
　　二　农产品品牌化程度低 ……………………………… (213)
　　三　缺乏电商专业人才 ………………………………… (214)

第七章　基于虚拟社群的农村电子商务模式构建 …………… (217)
　第一节　理论框架 ……………………………………………… (217)
　　一　虚拟社群商业模式理论框架研究 ………………… (217)
　　二　基于虚拟社群的特色农产品农村电子商务模式理论
　　　　框架构建 ………………………………………… (220)
　第二节　基于虚拟社群的特色农产品农村电子商务模式
　　　　　构建 ………………………………………………… (222)
　　一　内部框架 …………………………………………… (222)
　　二　外部框架 …………………………………………… (238)
　　三　基于虚拟社群的特色农产品农村电子商务模式 …… (240)
　第三节　模式特点 ……………………………………………… (241)
　　一　基于购买者角度 …………………………………… (241)
　　二　基于销售者角度 …………………………………… (243)

第八章　基于虚拟社群的农村电子商务创新实施路径 ……… (245)
　第一节　制定销售策略 ………………………………………… (245)
　　一　市场分析及环境研究 ……………………………… (245)
　　二　产品的品质、成本及价格 ………………………… (246)
　　三　不同的销售者对战略目标的影响 ………………… (249)
　第二节　产品销售 ……………………………………………… (249)
　　一　虚拟社群成员的选择 ……………………………… (249)
　　二　虚拟社群的建立及营销策略 ……………………… (251)
　　三　产品信息的发布 …………………………………… (255)
　　四　运输和存储服务 …………………………………… (256)
　第三节　售后保障 ……………………………………………… (256)

第九章 家庭经营视角下的农村电子商务模式的实践验证 …………（257）
　　第一节　基于虚拟社群的山西某水果销售案例 ……………（257）
　　第二节　研究结论 ……………………………………………（260）

参考文献 ………………………………………………………………（262）

第一章 导论

第一节 新时代研究和发展农村电子商务的重大问题

一 农村电子商务发展的历史条件和背景

20世纪末以来,信息化浪潮席卷全球,中国互联网信息技术发展迅猛,取得了举世瞩目的成就,同时也为社会发展注入了新的巨大动力。据统计数据显示[①],截至2020年第二季度,中国在线移动网民总计规模高达9.40亿,规模较2020年第一季度增长3625万,约占目前全球在线移动网民规模总数的1/5,全国移动互联网的网络普及率已经达到67.0%。与此同时,农村通信光纤网络基础建设与城市通信网络正处于"同网同速"的发展阶段,全国各乡镇贫困村的通信宽带光纤网络覆盖比例从2017年的不足70%提升到98%。在全国的深度贫困地区,光纤宽带覆盖比例从2017年的25%大幅提高至98%。信息化的高速发展,在很大程度上促进了经济的高质量发展,在世界范围内,以互联网为载体的网络经济越来越受到各个国家的广泛重视和大力培育。

全球范围内互联网技术和相关应用迅速普及,相关通信、信息技术取得了飞速发展,网络媒介也取得突破性进展,电子商务正是在这样一个大环境下应运而生。电子商务(Electronic Commerce)是一种基于移动互联网的技术,以商品交易各方为经营主体,以银行电子支付和结算等金融服务为主要手段,依托于大量消费者数据的全新商业模式。电子商务就是以互联网络和计算机等设备为技术基础,从而来替代传统交易的

---

① 参见第46次《中国互联网网络发展状况统计报告》,2020年9月29日。

过程[①]。通过利用信息技术可以实现物品、服务的全过程无纸化、即时化，在线上完成所有物品、服务的交易。目前电子商务对我们日常生活的方方面面都产生着深刻影响，经过十几年时间发展，电子商务在世界和中国的应用广度不断拓宽，深度不断加强。相关资料表明[②]，目前中国互联网络零售服务用户规模高峰时期达 7.49 亿，占世界全部网民的 79.7%，网民规模连续七年在世界排名第一，为数字经济新的发展格局提供了重要支撑。即使受新冠肺炎疫情影响，2020 年上半年中国网络销售的规模仍实现大幅度增加，超过社会居民消费品零售业务总量的 1/4，进一步凸显对居民消费的支撑和带动作用。

电子商务将作为新时期促进经济持续健康增长的一个新引擎，已成为当下中国实现经济持续高速稳定发展的普遍共识。2015 年 3 月，中央经济工作会议中首次正式提出"互联网+"普及行动实施方案；国务院办公厅随即于 2015 年 7 月正式出台了《关于积极推进"互联网+"行动的指导意见》，"互联网+"受到了全国各行业的高度关注和广泛重视。在国家政策和市场环境的推动下，出现了"互联网+出行"，如神州专车、滴滴打车等，让出行更加便捷；"互联网+零售"，如京东、淘宝、拼多多等电商平台，创造了全新的购物消费方式；"互联网+银行"，如京东金融、支付宝等，完全颠覆了以往的支付模式；"互联网+农业"，如智慧农业、可视农业等，为农业生产、农村发展注入新动能。传统产业与互联网行业的深入融合发展，极大地提高社会生产力，推动传统产业转型升级，同时也在各个行业产生着新的生产方式和商业模式。相关统计资料的数据显示，生鲜食品电商、农产品零售电商、跨境购物电商等新兴电商服务业态在中国仍保持快速发展状态，用户规模分别达到 2.57 亿、2.48 亿、1.38 亿，这些新业态开辟了电商应用的新领域。

中国是世界上最重要的农业大国，农产品种类丰富、产量高，农村人口规模巨大。部分农村地区的电商市场还存在"两难"问题，即工业品下行顺畅，但农民要买到价廉物美的商品还较难，同时，农产品上行阻滞，

---

① 各国政府、学者、企业界人士根据自己所处的地位和对电子商务参与的角度和程度的不同，给出了许多不同的定义。
② 参见第 46 次《中国互联网网络发展状况统计报告》，2020 年 9 月 29 日。

农民开展特色农产品种植、养殖较易，但向最终消费市场出售还存在困难。导致出现"两难"问题的主要原因在于，一方面，由于农村各方面的发展水平与城市相比还相对落后，物流体系、服务体系还不发达，存在多个经销商、中间商层层赚取差价，导致终端销售价格较高；另一方面，信息不对称导致农民不能及时地获取市场信息，凭经验进行农业生产导致农产品出现滞销现象。互联网的优势能在很大程度上弥补这两个问题，即让电子商务平台成为分散农民与统一大市场之间的一个桥梁。

农村电子商务为解决中国"三农"问题、实现城乡协调发展探索出了一条行之有效的路径，也为数字经济促进乡村振兴提供了一个有力抓手，将为乡村振兴带来全方位的促进和创新，其社会价值也将越来越显著。根据2019年发布的全国农村人口相关资料信息[①]，截至2019年，全国农村人口占全国人口总量的39.69%，总量达到55478万人。庞大的农村人口总量为未来中国现代农业的发展提供了巨大的市场基础和市场机会。中国现行的农业经营体制采用农村土地家庭承包制，农业生产大都采用以家庭为组织单位的自然经济方式，农业产业化水平低，经营主体分散，经营规模小，从事农业生产者大都属于弱势群体，科技和社会的发展进步给传统农业生产方式、经营模式带来了巨大的挑战。如何使得传统农产品的运营方式和现代信息技术更好地紧密结合到一起，将基于小农经济生产出的农产品和面向现代、统一的消费市场有效对接起来、拓宽传统农产品的销售渠道，已成为国家脱贫攻坚、乡村振兴战略亟待解决的关键性问题之一。因此，急需利用农村电子商务来销售农产品、提高农民增收渠道、助力脱贫攻坚事业、促进农村经济发展、实现乡村振兴、助推城乡经济融合协调发展。

二 农村电子商务模式创新的必要性

"三农"问题历来是中国政府关注的焦点问题。农村电子商务能在很大程度上缓解目前一些农村的发展难题，成为促进农民征收、加速农村经济发展、实现乡村振兴的重要动力引擎，因此在政策层面上，中国开始越来越多地关注和重视中国农村农业电子商务的发展。近些年来国家陆续颁

---

① 参见中国国家统计局《2019年国民经济和社会发展统计公报》，2020年。

布了一系列相关优惠政策，鼓励、支持、引导、监督以及规范中国农村电子商务市场的健康发展。2015年10月14日，李克强总理主持国务院常务会议，决定加快建立健全对农村及周边偏远地区的宽带有线电信普遍数字服务收费补偿工作机制，缩小城乡之间数字服务鸿沟；加快培育发展中国特色新型农村电子商务，通过发展壮大新业态规模来促消费、惠民生。2015年7月，国务院将"电商扶贫工程"列为国家级精准扶贫十大工程之一；2015年9月颁布《关于加大改革创新力度加快农业现代化建设的若干意见》，在该政策文件中首次明确提出了政府要通过创新农村农产品的市场流通和经营方式，开展电子商务进农村综合示范项目；政府还相继颁布了《推进农业电子商务发展行动计划》《关于促进农村电子商务加快发展的指导意见》《电子商务"十三五"发展规划》等多个相关政策文件，推动农村电子商务发展。

中国大力建设开展农村电子商务所必需的基础设施。电信基础设施实现了全面升级，全国各地行政村普遍接入了光纤和4G，覆盖率均超过98%。人工智能、5G、大数据等新时期的互联网技术得到了广泛应用，乡村广播电视基本实现了全覆盖，农村地区的智慧物流服务设施更加齐全，农村地区的电商服务支持能力明显增强，乡村电网、水利、公路等基础设施的数字化升级改造进程也在加快。农村电子商务发展已经具备良好的条件支撑，在这样的基础之上，许多大型农村电子商务服务企业和网络巨头纷纷投身到巨大的农村电子商务市场中。

阿里巴巴提出"千县万村计划"，投身农村电子商务。早在2014年于美国上市后不久，阿里巴巴就提出农村淘宝计划，此计划以电商平台为基础，目的是带动"网货下乡"和"农产品进城"。并在此基础上明确提出"千县万村计划"，主要目的是要在未来3—5年内累计投资100亿元建立1000个县级电商运营综合服务中心和10万个村级电商服务站点。2016年2月17日，国家发展改革委员会与阿里巴巴集团结合返乡创业试点发展农村电子商务战略正式签署合作协议，根据协议内容，双方将共同大力支持300余个试点县（市、区）结合返乡创业试点发展农村电子商务。对于如何在农村发展电子商务，京东集团也已经有自己的一套重大发展策略。

京东采取极限下沉策略，实施城市农村共享渠道资源的模式。从最近三年中国农村电子商务零售业务市场发展总体情况来看，京东的总体规划发展目标基本是打造"县级服务中心"与"京东帮"农村服务店互为补充的发展格局，2017年京东家电将其零售渠道发展策略也从快速转型升级为"极限下沉"策略，采取了在县级以上的各个城市和乡镇电商零售服务市场进行共享零售渠道资源同步融合发展的经营模式，实现"一县多店"和"一镇一店"，让京东家电的"毛细血管"打通乡村市场。其次，京东的自营商品营销和自建商品物流给农村电子商务带来了双重资源优势，利用这些优势可以建立城市和乡村之间的商品流通绿色通道，让农村特色农产品能够卖出好价钱，帮助农村贫困户从开源和节流两个方面实现增收致富。

苏宁打造"五大模式""三大战略"，打造农村电子商务服务生态圈。苏宁致力于加快发展以投资在当地、纳税在当地、就业在当地、服务在当地、造福在当地的五大模式，其最终目标是打造一个能够促进乡镇经济快速增长的新型农村农业电商服务生态圈，助推不同区域的企业形成农业销售产业化、农产品销售品牌化、农技技术人员培训专业化的协同发展。为此苏宁提供三大发展战略：一是反向资源整合。通过中华神农特色馆、苏宁易购农村直营店等多种渠道整合农村资源，促进农村电子商务产业化发展；二是助推农产品品牌化、市场化、国际化。借助苏宁众筹、苏宁"大聚惠"等网络销售服务平台进行助推，使农产品在市场上更具有竞争力；三是推动电商人才专业化。设立了苏宁农村电子商务学院，培养农村电子商务相关的专业人才和管理人才。在社会各界的高度重视以及国家政策的引导和资金援助下，中国农村地区的电子商务逐渐成为中国电子商务发展的一股新动能，正在不断蓬勃发展。

如图1—1所示，2015—2019年，中国农村互联网零售规模呈现出逐年增加的态势，年均复合增速可以高达48%。2019年中国农村网络零售总额约为1.7万亿元，同比上年增长24.09%。其中，农村地区的实物商品网络零售平均销量为1.3万亿元，占目前全国农村网络销售平均销量的78.0%，同比上一年增长21.2%。全国重点贫困县互联网零售额已经达1489.9亿元，比上一年增长18.5%。

综上所述，中国现有的规模化农村电子商务发展趋势良好。根据中国

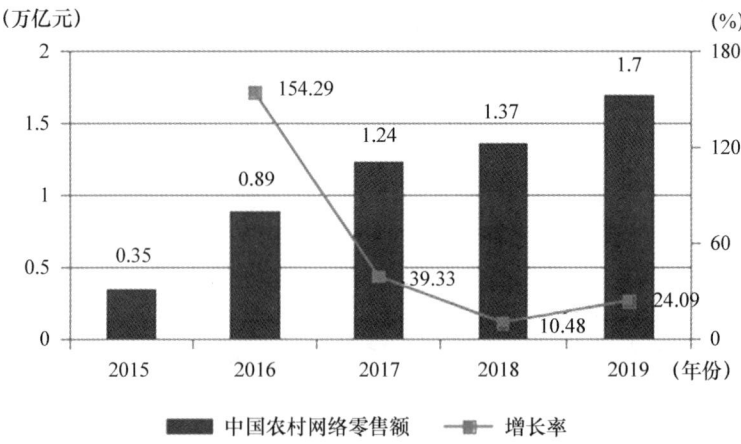

图 1—1 2015—2019 年中国农村网络零售额统计及增长情况

第三次农业普查报告[①]显示，小农户经营占农业生产的 71.4%，农产品仍主要由小农户供给。小农户依然是农业经营的主体，立足中国农业发展的实际来看，小农户具有生产灵活性强等优势，可以提高中国农业生产多样性，对于提升农业整体抗风险能力也有很重要的意义。虽然小农户是对规模农业发展的有效补充，中国当前现代农业的发展离不开小农户，但是当前电商平台的发展主要还是以城市链为中心展开，个体户和小农户很难拓展线上销售。如何在信息技术日新月异、网上市场更新迭代的时代，利用智能手机、平板电脑等移动设备，将小农户嵌入"互联网+农业"的发展潮流中，是解决小农户与大市场有效衔接问题的重要途径。

通过网络社群销售农产品，与传统的农产品销售模式比较：首先，基于虚拟社区内的电商模式能够使小农户更加了解消费者的需求特点，及时进行生产调整。其次，以人际关系为前提，把网络社群中的成员作为销售对象，可以根据销售对象的消费习惯进行精准营销，有利于农产品的销售推广。最后，在虚拟社群中展示借助个人的社交资源和平台资源，通过图片、文字、短视频等一系列形式来展示农产品的生产加工的过程，通过自家特色农产品背后的故事对农产品进行宣传，可以建立起顾客对于农产品

---

① 参见《中国第三次农业普查报告》，2017 年 12 月。

的全面认识。

因此，基于虚拟社群的农村电子商务发展模式将促使小农户融入现代农业生产体系，是"小农户"融入"大市场"的新路径，是解决"三农"问题的重要手段之一。

第二节 基于虚拟社群的农村电商发展模式的意义

一 创新农村电商发展模式的目的

目前中国农产品农村电子商务发展过程中，虽然大型电商企业形成的特色农产品销售网络已经在全国部分地区铺开，但对于中国绝大多数村落分散、产业化程度不高、交通运输不便的农村地区来说，农村生产经营的特点是以小农户和家庭经营为主，仍存在销售渠道缺乏、销售难的问题，特色农产品上行问题仍然没有得到有效解决。

为了解决在当前家庭经营的模式下农产品销售问题，本书提出了基于虚拟社群的农村电子商务发展模式。虚拟社群以互联网为基础，打破了时间和空间的限制，能够在购买者和销售者之间形成一条直接对接的通道，为特色农产品的销售提供了一种新的方法。因此，为了从根本上解决特色农产品销售难的问题，拓宽农民提高收入的渠道，有效解决中国扶贫工作中"最后一公里"的问题，本书将虚拟社群引入家庭经营下的特色农产品农村电子商务模式中，建立一种基于虚拟社群的特色农产品农村电子商务模式，总结出一套该模式实际应用的方法。本书的目的在于以下几个方面：

一是广泛查阅文献资料，结合家庭经营模式、农村电子商务、基于虚拟社群的电子商务等相关研究基础，对相关政策进行总结梳理，概括中国农业生产经营和农村电子商务的发展现状，提出在中国现有农业经营体制下亟须借助电子商务解决"小农户"与"大市场"之间的有效衔接问题。

二是基于大量相关数据资料，分析中国农业生产经营和农村电子商务的发展现状，梳理出国内外发展农村电子商务的先进经验和典型模式，以河南省为例展开实际调研，分析河南省农村电子商务发展的主要困境，得出构建一个基于家庭经营的农村电子商务发展模式意义重大。

三是以前人研究的框架为基础，制定出基于虚拟社群的特色农产品农村电子商务模式理论框架，在该理论框架的基础上，建立一种基于虚拟社群的特色农产品农村电子商务模式，并在模式的基础上提出实施路径，最后对构建的基于虚拟社群的特色农产品农村电子商务模式进行实践验证分析。

二 对深入探索本领域的价值

以往对农村家庭经营模式的研究多是从所有制、土地等方面入手，即使有少量对基于农村电子商务的研究，大多是第三方平台、政策引导、模式构建等方面研究，极少从个体微观层面研究人的关系互动。农村电子商务的产生及发展能改变中国传统的生产经营的方式，也是加快农村经济发展、促进农民增收、带动优秀人才返乡创业、实现乡村振兴的有效途径。本书跳出传统研究框架，引入虚拟社群这一概念，从虚拟社群这一更为本质的原因研究农村电子商务的发展机制和实现路径，构建出基于虚拟社群的特色农产品农村电子商务模式理论框架，根据理论研究框架构建出产品和服务模型、演员模型、收益模型、外部框架和战略模型，构建出基于虚拟社群的特色农产品农村电子商务的模式，最终归纳总结出基于虚拟社群的农村电子商务家庭经营的创新发展路径，并进行实践验证。这个研究在一定程度上可以丰富中国农村电子商务模式的发展思路，特别是特色农产品上行模式的相关成果，为解决特色农产品销售提供了一种新的途径。对于深化农村电子商务的形成和发展研究，促进农村电子商务的发展具有重要的学术意义，对创新农村电子商务新模式提供了一个新的探索路径，也为以后的研究提供了一定的理论基础。

三 对"小农户"的现实意义

在理论研究的基础上，基于虚拟社群视域提出农村电子商务家庭经营发展的创新模式，以互联网为基础，通过虚拟社群打破时间和空间的限制。利用虚拟社群的互信机制和宣传特点，能够在销售者和购买者之间形成一条直接对接的通道，在一定程度上解决了目前特色农产品上行存在的买卖双方信息不对等、交易双方不信任、运输成本高等问题，提高了交易的成功率。同时，利用虚拟社群研究群体之间的关系互动机理，使农村家庭经营的发展不再局限于单纯地扩大发展规模，有利于加快构建新型"互联网+农业"经营模式，提供一种解决中国农村地区特色农产品销售的有效方案，形成生产者与消费者之间的连接网络，拓宽农民提高收入的途径，避免了特色农产品囤积浪费。同时也为城镇消费者提供了更多可选择优质特色农产品的渠道，从而提高城镇人民的生活幸福指数。新的有效的农村电子商务模式能加快中国农村电子商务的快速发展，并且具有多方面的意义。首先，能在很大程度上加快农业信息的传播，增强农产品生产者和消费者的市场信息交流，降低农村经营门槛，促进农产品的销售流通，降低了交易环节的数量和交易成本；其次，能提高农民应用信息技术的能力，逐步满足农村、农民的生产和消费需求；最后，能增加农村就业，带动优秀人才返乡创业，对于精准扶贫、缩小城乡二元差距具有重要的应用价值。

第三节　总体思路与技术路线

一　总体思路

虽然基于农村电子商务的农村家庭经营模式发展空间和潜力巨大，但当前农产品进城存在一定阻碍，消费品下乡也不够通畅，双向流通格局远未形成，需要进行电商模式创新。虚拟社群用户量大、简单易用，无须大量专门人才和基础设施，与农村电子商务家庭经营具有天然的契合度。在虚拟社群的基础上，分析研究农产品销售的方式、服务、收益、外界环境，提出农村电子商务家庭经营的创新模式。基于这一思路，本书沿着形成机理→建立框架→构建模型→模式创新→实践验证→研究结论这一基本脉络展开研究。通过构建出基于虚拟社群的特色农产品农村电子商务的产品和服务模型、演员模型、收益模型、外部框架、战略模型，从产品、服务、营销、演员模式工作流、外界环境等方面进行综合的比较分析，提出合理、优化的农村电子商务运营模式。将理论研究的成果应用于农村家庭经营模式创新中，构建基于虚拟社群的特色农产品农村电子商务的模式并建立模式实施路径，最后对模式展开案例应用进行实践检验。

二　研究方法

本书在农村电子商务现有模式的基础上，通过文献资料整理及相关理论研究，延伸出以家庭经营为基本单位，利用虚拟社群创新农村电子商务发展模式，提出一个新的发展机制，为农村电子商务的发展提供新路径。本书主要采用文献研究法、对比分析法、案例分析法，具体研究方法如下：

1. 文献研究法

分析研究一些发达国家的农村电子商务发展情况以及目前国内一些比较成功的农村电子商务发展模式，并查阅中国关于农村电子商务相关文件、刊物、文献等资料进行总结、归纳。在相关资料基础上，找出农村电子商务发展方面存在的问题根源，结合中国农村的基本国情和目前农村电子商务发展的经验，根据模型结论对中国未来农村电子商务发展方向提出一些相关建议。

2. 对比分析法

通过对比分析一些发达国家农村电子商务发展方面的相关文献、刊物等资料以及中国一些成功的农村电子商务模式，借鉴国内外在农村电子商务方面的成功经验并进行对比分析，学习总结国内外农村电子商务发展较好的地方经验，为创新、探索农村电子商务发展的新路径提供研究思路。

3. 案例分析法

本书以在虚拟社群中销售特色农产品的实际案例为实例，分析研究基于虚拟社群的特色农产品农村电子商务在实际应用过程中的组成部分和工作模式，并结合前人理论框架，将虚拟社群引入特色农产品农村电子商务模式中，建立一种基于虚拟社群的特色农产品农村电子商务模式，总结出一套该模式实际应用的方法。

三　框架搭建

本文从农村电子商务的发展现状、中国农业发展状况入手，以如何利用虚拟社群开展农村电子商务发展机制为研究目的。通过国内外农村电子商务先进经验的比较以及对中国农村电子商务现存问题的分析，得到中国未来农村电子商务如何发展的启示。基于虚拟社群，从农村电子商务发展过程中涉及的产品和服务、运作模式、外界环境等方面入手构建出相应的模型，提出适用于小农户的合理、优化的特色农产品农村电子商务运营模式。在模式的基础上进行实施路径研究，并对模式进行实践验证，检验其可行性。研究框架如图1—2所示。

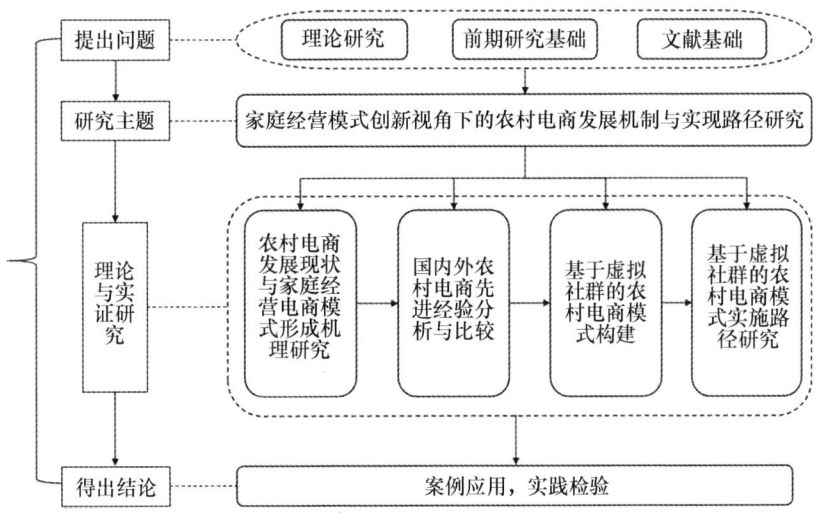

图1—2 研究框架

四 章节内容简介

本书基于中国农业"大国小农"的基本国情和目前中国农村电子商务发展的现状，并在借鉴发达国家农村电子商务成功发展经验的基础上，着力研究农村电子商务发展过程中的农产品上行问题。基于虚拟社群和家庭经营，提出适用于小农户和家庭经营为主的特色农产品农村电子商务发展模式和实施路径，并对发展模式进行实践检验。具体研究内容共分为以下九个章节：

第一章：绪论。介绍了本书的研究背景及其研究意义，结合当前中国农业和农村的实际情况，提出本书的创新点，阐述了本书的研究思路及其研究框架，探索在研究过程中可能遇到的重点难点。

第二章：理论基础的梳理与国内外研究评述。首先介绍了政府提出的"乡村振兴"战略的概念以及出台的相关政策，阐述了中国农业生产的基本国情——家庭经营以及农村电子商务的概念和相关政策。最后梳理了目前国内外关于农村电子商务的研究成果。

第三章：中国农业生产经营的历史发展与农业现代化。本章节提出

"三农"问题的重要性以及农业现代化实现的必要性,对中国农业的发展历程和发展模式进行了阐述,最后指出中国农业生产经营的现状和实现农业现代化的困境。

第四章:国际农村电子商务发展的经验与借鉴。分析美国、日本和韩国农村电子商务的发展历程,从中分析总结出值得中国借鉴的成功经验,为发展中国农村电子商务带来一些启示。

第五章:中国典型农村电子商务模式的分析与比较。列举了目前中国比较成功且典型的农村电子商务发展模式,并详细阐述了每一个模式的发展历程以及成功因素,最后总结出各大模式之间的相似性和差异性。

第六章:农村电子商务发展现状调研——以河南省为例。介绍了河南省的省情、农村电子商务的发展现状,分析了一些河南省农村电子商务发展成功的案例和目前农村电子商务所存在的问题,并对一些县域电商的运作情况进行了调研分析。

第七章:基于虚拟社群的农村电子商务模式构建。以虚拟社群商业模式理论框架为基础,从产品和服务模型、演员模型、收益模型、外部框架、战略模型五个部分,构建出基于虚拟社群的特色农产品农村电子商务模式理论研究框架。

第八章:基于虚拟社群的农村电子商务创新实施路径。以虚拟社群的特色农产品农村电子商务模式为基础,以该模式实施步骤为顺序,从销售前对销售策略的制定,销售过程中对群成员的选择、虚拟社群的建立及营销策略、产品信息发布、运输存储服务等方面进行分析,最后到产品售后的保障措施,建立该模式的实施路径。

第九章:家庭经营视角下的农村电子商务模式的实践验证。采用案例分析的方法,以山西某水果销售群为例,验证提出的基于虚拟社群的特色农产品电商模式的可行性。

五 本文的自评

中国农村家庭经营模式的创新是一个备受关注的问题。十八届三中全会《关于全面深化改革若干重大问题的决定》中特别明确提出,要加快构建新型农业经营体系,坚持家庭经营在农业中的基础性地位,让广大农民平等参与现代化进程、共同分享农业现代化建设成果。2015年中央一号文件明确指出，创新农产品的传统流通市场模式，加快全国对传统农产品流通市场的营销体系转型和消费升级。2016年中央一号文件进一步明确指出，坚持以农户家庭经营为基础，支持新型农业经营主体和新型农业服务主体成为建设现代农业的骨干力量。近年来，农村网络消费快速增长，但"农产品滞销"的新闻比比皆是，"信息不对称"是农产品"滞销、卖难、买贵"怪圈的根源，而农村电子商务恰恰是破解上述难题的关键，如何立足于家庭经营这一基本主体来破解农村电子商务难题已成为政府、学者和农民共同关注的话题。

在中国农村电子商务的发展过程中，陆续产生了"遂昌模式""临安模式""清河模式""博兴模式""武功模式"等农村电子商务扶贫的典型模式，这些模式目前都已经取得了不错的成绩，极大地促进了当地区域经济的发展。互联网的渗透作用催生了一系列新技术与新思想的产生，随之不断地涌现出新的农村电子商务扶贫模式。中国农业的基本特征是人多地少、以分散的小农生产为基础，生产主体是以家庭生产经营为基本单位，而单一家庭的农产品供给能力有限，导致农业生产呈现出低组织化、低信息化和低标准化的特征，不能满足电商平台的规模化和标准化要求，这在很大程度上阻碍农村电子商务的发展。另外，对村落较为分散、交通运输不便、无法形成规模化产业的农村来说，没有吸引大型电商企业进驻的条件，从而造成这些农村地区的物流产业、冷链设施、保鲜技术、产品营销和运营人才等多方面存在不足，导致特色农产品缺乏销售渠道。尤其是西北、西南等偏远农村，受销售渠道的限制，农民种出来的农产品卖不出去，甚至千辛万苦生产出来的优质农产品烂在地头等问题还相当普遍。因此，亟须寻找一种新的农村电子商务模式，来弥补现有农村电子商务未能完全解决的特色农产品上行问题。

近年来随着移动网络技术的不断发展和应用，社交网络电商的发展势头异常迅猛，社交网络电商已逐渐演变成了网络消费的核心力量。据相关统计数据显示，2019年社交电商平台的交易额突破2万亿元，同比增长超过60%，远高于中国网络零售总体增速。社交网络电商作为传统电子商务的一个衍生模式，主要特点是基于人际交往有密切联系的网络，利用移动互联网作为社交工具，进行产品销售或者服务，它相对于传统电商销售的模式更加适用于以小农户和家庭经营活动为主的小微企业。因此，通过

QQ群、微信群等虚拟社群销售特色农产品也成为一种新的销售模式。这种基于虚拟社群的特色农产品电商模式，通过虚拟社群打破时间和空间的限制，通过社群成员的互信机制，提高交易的成功率，在一定程度上解决了目前特色农产品上行存在的买卖双方信息不对称、交易双方不信任等问题，为解决特色农产品销售提供了一种新的途径。同时，这种交易模式也更为直接，大大降低了特色乡村农产品生产和销售的中间环节，使得农民在生产中获取的利润得以最大化，值得进一步研究。

本书立足于中国农业生产基本特征，牢牢坚持家庭经营在农业生产经营中基础性地位，基于社交电子商务新技术和新发展，对适合中国国情的农村电子商务模式进行研究与创新，探索新形势下适合中国广大农村地区的农村电子商务销售的新模式与新对策。主要体现在以下三点。

第一，学术思想创新。①规模经营并不是农村电子商务发展的唯一选择，虚拟社群与中国农村形成的家庭经营模式天然具有契合性；②社会化媒体对在线购物的影响日益显著，将虚拟社群应用到农产品销售中，会促进农村电子商务的模式创新；③与信任相比，虚拟社群才是形成农村电子商务发展机制研究的核心问题。

第二，学术观点创新。①由于中国社会的城乡二元结构这一基本体制矛盾，应用于农村电子商务的虚拟社群主体特质也具有二元性的内在矛盾；②农村电子商务的发展模式创新，可以通过应用虚拟社群，为消费者和销售者建立直接沟通渠道，得到完善、优化的农产品电商运营模式，进而带动特色农产品的销售，解决农产品上行问题。

第三，研究方法创新。①创新了农村电子商务的发展模式，深化了农村电子商务发展机制领域研究的内涵；②引入虚拟社群概念，通过管理学科和其他学科方法间的交叉融合，既体现了学科间交叉融合的创新性研究，又紧密结合中国管理实践。

第二章　理论基础的梳理与国内外研究评述

第一节　乡村振兴战略

一　乡村振兴战略的概念与内涵

乡村发展潜力巨大，推动乡村发展前途无量。在党中央的大力支持下，近年来乡村经济社会发展迅速，人民群众在乡村发展中得到了实实在在的好处，生产生活质量得到全面提升，乡村发展已经迈上了一个新的台阶。中国特色社会主义进入新时代后，人民群众对美好生活的向往越来越高，实施乡村振兴战略就是着力回应群众关切，解决群众面临的急难愁盼等问题，推动乡村全面振兴。习总书记在讲话中提出"五个振兴"的科学论断：即乡村产业振兴、乡村人才振兴、乡村文化振兴、乡村生态振兴、乡村组织振兴。这是总书记对实施乡村振兴战略目标和路径的明确指示，必将极大推进乡村振兴工作。

1. 乡村产业振兴

要推动乡村产业振兴，紧紧围绕发展现代农业，围绕农村一二三产业融合发展，构建乡村产业体系，实现产业兴旺，把产业发展落到促进农民增收上来，全力以赴消除农村贫困，推动乡村生活富裕。

2. 乡村人才振兴

要推动乡村人才振兴，把人力资本开发放在首要位置，强化乡村振兴人才支撑，加快培育新型农业经营主体，让愿意留在乡村、建设家乡的人留得安心，让愿意上山下乡、回报乡村的人更有信心，激励各类人才在农村广阔天地大施所能、大展才华、大显身手，打造一支强大的乡村振兴人才队伍，在乡村形成人才、土地、资金、产业汇聚的良性循环。

3. 乡村文化振兴

要推动乡村文化振兴，加强农村思想道德建设和公共文化建设，以社会主义核心价值观为引领，深入挖掘优秀传统农耕文化蕴含的思想观念、人文精神、道德规范，培育挖掘乡土文化人才，弘扬主旋律和社会正气，培育文明乡风、良好家风、淳朴民风，改善农民精神风貌，提高乡村社会文明程度，焕发乡村文明新气象。

4. 乡村生态振兴

要推动乡村生态振兴，坚持绿色发展，加强农村突出环境问题综合治理，扎实实施农村人居环境整治三年行动计划，推进农村"厕所革命"，完善农村生活设施，打造农民安居乐业的美丽家园，让良好生态成为乡村振兴支撑点。

5. 乡村组织振兴

要推动乡村组织振兴，打造千千万万个坚强的农村基层党组织，培养千千万万名优秀的农村基层党组织书记，深化村民自治实践，发展农民合作经济组织，建立健全党委领导、政府负责、社会协同、公众参与、法治保障的现代乡村社会治理体制，确保乡村社会充满活力、安定有序。

深入实施乡村振兴发展战略，要始终坚持党的领导和党管农村建设工作，持以发展现代化特色农业建设为工作核心重点，促进农村经济建设持续优先发展，坚持以维护农民利益为本的主体地位，坚持以现代化农业发展为乡村振兴工作的核心，坚持城乡统筹发展，坚持人与自然和谐相处，坚持因地制宜、逐步推进。巩固和完善现行农村基本经营管理制度，保持第一轮农村土地承包经营权的平衡性、稳定性和长期不变性，在第二轮农村土地承包经营到期后至少再延长三十年。切实保障中国粮食安全，确保14亿人民的饭碗紧紧握在自己手中。以后在农村基层组织建设方面要加大力度，培养一支"懂农业、爱农村、爱农民"的基层工作者队伍。

坚持以发展传统农业和现代农村经济为重点，按照产业兴旺、生态宜居、乡风文明、治理有效、生活富裕的总要求，建立健全促进城乡协调发展的机制，推动城乡一体化，促进农村经济体制建设、政治思想建设、乡风文化建设、社会治理建设、生态文明建设和基层组织建设。加快推动传统农村综合治理机制体系和现代乡村综合治理体制能力的建设，加快推动传统农业和现代乡村的治理能力现代化，走中国特色社会主义的乡村振兴之路，让现代农业的发展和建设在未来成为有前途的特色产业，让农民变成一个具有市场吸引力的职业，把农村建设成美丽和谐、安居乐业的家园。

二 乡村振兴战略提出的历史逻辑

2017年10月18日，习近平总书记首次在中共十九大报告中提出了乡村振兴战略。

党的十九大工作报告明确指出，与农业、农村、农民有关的问题对国民经济和民生至关重要，必须始终把解决好"三农"问题作为全党工作的重中之重，真正地落实乡村振兴战略。有关农业、农村和农民问题是涉及国民经济和民生的根本问题，要切实解决与"三农"有关的现实问题，把"三农"问题放在全党工作的第一位，落实促进乡村振兴重大战略。乡村振兴发展战略着力点是要抓党的总体战略和国家经济社会改革发展，加速实现"两个一百年"的伟大奋斗目标。结合中国当前国情、结合当前中国实际而最终决定提出的伟大振兴战略，顺应了亿万中国农民对于乡村美好生活的热切希望和向往，也是为了更好解决"三农"重大问题而最终做出的重大综合战略性改革决策，在实现农村全面振兴的发展过程中有重要的里程碑意义。

党的十八大以来，在以习近平总书记为核心的党中央坚强领导下，中国一直将努力解决好"三农"问题作为全党工作的重中之重，不断在"三农"工作中进行理论创新、实践创新和制度创新，始终坚持农业农村优先发展，并在实际工作中将该原则切实地落到实处。为促进中国农村经济健康有序地向前发展，政府一直积极地加大对强农、惠农、富农优惠政策的支持力度，全面深化农村经济体制改革，激发中国农村经济发展活力。经过不断努力，中国农业农村发展已经取得了历史性的巨大成就：农民收入总量持续增长，生活质量水平显著地提高；农业供给侧结构性改革取得突破性进展，农业综合生产能力明显提升；农村生态文明建设得以加强；城乡居民收入差距逐渐缩小；农村基础设施不断完善，教育、医疗健康、文化等社会事业得到快速发展。农村焕发出新气象，农业农村也取得了历史性的发展成果，这些发展成果加速实现了乡村振兴的步伐。

综合自然、社会、经济三种性质的共同特征，农村是一种具有区位性和地域性的综合经济群落。农村地区规模庞大，同时又具有为居民提供生产、居住、生活环境和文化氛围等方面的功能，并与各个城市相互促进、相互融合、和谐共处、共同发展，两者的协调融合为人类日常生活提供栖息空间。农村发展与国家的发展保持着紧密联系，农村的繁荣则意味着民族的繁荣，农村的衰落意味着民族的衰落。当前中国人民日益增长的美好生活需要与不平衡不充分的发展之间的矛盾日益凸显，其中农村地区矛盾最为突出，中国仍处于并将长期处于社会主义经济建设的初级阶段的相关特征特性大都在农村中表现出来。实现全面建成小康社会和全面建成社会主义现代化强国，农村是在这一目标实现过程中任务最艰巨、最繁重的场所，同时最广泛、最深厚的基础在农村，最大的发展潜力也在农村。与农业、农村、农民有关的是关系民生的重要问题，实现国家现代化的前提是实现农业现代化，没有农村地区的现代化，就不会有国家的现代化。乡村振兴战略是在基于当前中国的主要矛盾、实现"两个一百年"的伟大奋斗目标和早日实现中华民族伟大复兴的基础上提出的伟大战略，具有划时代的战略意义和现实意义。实施乡村振兴发展战略，将成为我们构筑现代化经济制度体系的重要依据，是建设美丽中国的重大政策和举措，是弘扬中华优良传统文化的有效方式，是建立健全中国现代社会政治管理格局的固本之策，同时也是带领全国人民实现共同富裕的必然选择。

当前，中国农村与城市差距仍然巨大，市场机会多、项目机会多，未来发展潜力巨大。如何能够更好地调动和激发乡村积极性，有效实施乡村振兴战略，对中国来说无疑是一项艰巨任务。在这一进程中，我们必须始终立足于国情农情，顺势而为，切实增强责任感和使命感，必须始终坚持党对农村工作的管理，优先发展农业农村，确保农民发挥主导作用，坚持全面振兴乡村，促进城乡一体化发展，坚持人与自然之间和谐共处，并因地制宜逐步发展。同时，要继续加强巩固和完善中国农村的基本运行制度，确保第一轮土地承包关系长期稳定不变，保证第二轮土地承包关系在期满后至少继续延长三十年。在农作物生产总量逐步提升的同时，一定要保证粮食安全，把中国人的饭碗紧紧地掌握在自己手中。在贯彻落实乡村振兴战略的过程中，要严格遵守和践行各级党和政府关于乡村振兴战略的总部署和总要求，提高农业发展的质量，培育乡村经济发展新功能；大力打造小康型乡村和推动绿色农村发展，开创人与自然和谐共处、协调发展的新格局；促进乡村文化繁荣昌盛，营造乡风文明的新氛围；加强乡村基础的建设工作，创新发展乡村治理新体系；改进社会保障机制，稳步提高农民生活的保障水平；做好政策衔接，稳固脱贫攻坚战的既得成果；推进政策机制创新，加强乡村振兴体制建设；加强基层工作人才队伍建设，强化乡村振兴的人才支撑；拓宽投融资渠道，保障乡村振兴建设资金。

根据全面建成小康社会、努力实现第二个百年奋斗目标的战略决定和部署，中央农村工作会议就实施乡村振兴战略的具体目标任务再次进行了明确规定，各个时间段的具体任务目标①如图2—1所示：

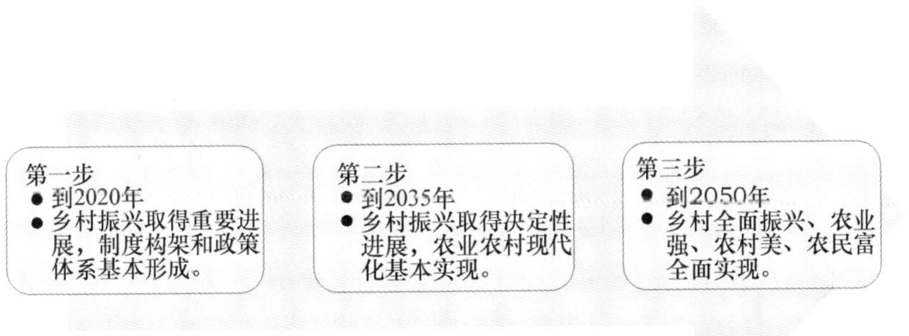

图2—1 乡村振兴战略各阶段目标

三 脱贫攻坚与乡村振兴战略衔接的历史必然

脱贫攻坚与乡村振兴是中国为实现"两个一百年"奋斗目标而做出的重要战略部署。总地来看，脱贫攻坚是乡村振兴的基础和前提，乡村振兴是脱贫攻坚的巩固和深化，两者既相互独立又紧密联系。没有脱贫攻坚，就没有乡村振兴；乡村不振兴，脱贫攻坚就不可能巩固。

2020年是决战决胜脱贫攻坚和全面建成小康社会的收官之年。习近平总书记在考察调研时，曾多次强调要巩固好脱贫攻坚成果，推进全面脱贫与乡村振兴战略有效衔接。

2020年1月19日至21日，习近平总书记在云南考察时指出："乡亲

---

① 参见党的十九大报告，2017年10月。

们脱贫只是迈向幸福生活的第一步,是新生活、新奋斗的起点。要在全面建成小康社会基础上,大力推进乡村振兴,让幸福的佤族村更加幸福。"

2020年5月11日至12日,习近平总书记在山西考察时指出:"今年是决战决胜脱贫攻坚和全面建成小康社会的收官之年,要千方百计巩固好脱贫攻坚成果,接下来要把乡村振兴这篇文章做好,让乡亲们生活越来越美好。"

2020年6月8日至10日,习近平总书记在宁夏考察时指出:"要巩固提升脱贫成果,保持现有政策总体稳定,推进全面脱贫与乡村振兴战略有效衔接。"

把乡村振兴作为脱贫攻坚的升级版打造好,作为民族复兴的"三农"篇章绘制好,关系社会主义现代化强国建设的成败。脱贫攻坚的目标是:2020年中国现行标准下农村贫困人口实现脱贫,贫困县全部摘帽,解决区域性整体贫困。乡村振兴战略的目标任务是,到2020年,乡村振兴取得重要进展,制度框架和政策体系基本形成;到2035年,乡村振兴取得决定性进展,农业农村现代化基本实现;到2050年,乡村全面振兴,农业强、农村美、农民富全面实现。现在,脱贫攻坚战胜利在望,以后就是要在总结脱贫经验基础上,做出阶段性谋划,形成长效机制,为乡村全面振兴奠定基础。农业强不强、农村美不美、农民富不富,决定着脱贫攻坚的质量和全面小康社会的成色。脱贫攻坚任务完成后,要按照产业兴旺、生态宜居、乡风文明、治理有效、生活富裕的总要求,借鉴脱贫攻坚经验,建立健全支持乡村振兴的政策体系,落实自治区实施乡村振兴战略各项举措,推动脱贫摘帽地区走向全面振兴、共同富裕。

2020年是决战实现脱贫攻坚目标的收官之年。当前,决战决胜脱贫攻坚已经迈向一个关键时期,党中央团结带领广大全国人民为此而努力奋斗,从促进农民工就业、金融服务以及扶贫工作等各个方面着手,逐步建立起一个多层次、多形式、全方位的扶贫联动与协作以及对口支援新格局。在全党和全国人民的共同努力下,大大加快了实现乡村振兴的步伐。在决胜脱贫攻坚,助力乡村振兴方面有多项政策大力支持。

建立巩固脱贫成果,防止返贫的机制。2020年4月17日,国务院扶贫办、财政部为贯彻落实《关于建立防止返贫监测和帮扶机制的指导意见》发布相关通知。从制定实施办法、落实帮扶政策、开展动态管理、加强监测评估这四个方面给出相关指导意见,切实做好防止返贫监测和帮扶工作。

开展消费扶贫专项行动。2020年3月18日,国家发展改革委等28个部门将联合开展研究实施30项扶贫具体行动,持续释放消费扶贫政策红利,助力决战决胜脱贫攻坚。根据该扶贫行动计划,在进一步加快扩大消费规模方面,将广泛积极动员党政机关、统一战线、国有化的企事业经营单位、军队、工青妇等大型社会主义群团组织、行业协会商会、民营企业等多种类型社会团体力量,积极购买贫困地区农产品,参与消费扶贫;在打通商品流通"瓶颈"通道方面,将重点加强贫困地区的网络基础配套设施、仓储食品保鲜配送物流和仓储冷链配送运输站等物流基础设施、电子商务和快递配送物流快递站等物流服务网点的基础建设,支持贫困地区积极主动参加各种商品产销对接活动;在提升贫困地区的社会产品和公共服务综合质量水平方面,将通过积极鼓励和支持引导贫困地区建立特色产品生产制造基地、开展产品标准化生产制造、推广先进适用的生产技术、实施地区特色产业文化观光旅游的产品提升行动计划、加强东西部贫困地区的交通劳务运输协调和产业精准服务对接等,不断提高贫困地区的社会产品和公共服务的产品供给量和质量。

充分保障农民实现就业。2020年3月26日,农业农村部、人力资源和社会保障部联合制定了《扩大返乡留乡农民工就地就近就业规模实施方案》。文件明确要求各级农业农村部门和人力资源社会保障部门应当时刻着眼于服务大局,主动敢于担当,结合实际,细化具体实施方案,落实好相关政策措施,强化主体责任的明确落实,有力地推动了广大农民工的就地就近劳务生产和就业劳动。要密切协调配合、同向同步推进,明确任务职责分工,加强业务指导和跟踪服务,搞好统计数据的实时监控和综合调度,及时解决返乡留乡农民工在开展就业过程中可能存在的各种实际困难,努力真正达到返乡农民工就地就近就业目标。

推进金融服务,促进乡村振兴。2020年3月25日,农业农村部与中国银行签署战略合作协议。根据战略合作协议,双方将紧扣打赢脱贫攻坚战和补上全面建成小康"三农"短板的重点任务,围绕支持乡村振兴的重点领域发展、大型农业龙头企业积极参与农业国际化合作、农业中小微企业信息撮合服务、新型农业经营主体的发展、村镇银行开展的县域性金融服务扩散、精准扶贫等各个环节,合力提供良好而高效率的金融服务。同时，针对中国现代农业和乡村领域的防风险、保供应的实际情况，明确提出了在"菜篮子"、"米袋子"、生猪等领域，共同努力做好农业金融服务，支持重大疫情、自然灾害时期农产品的稳产、保供应工作。

四 乡村振兴战略政策梳理

乡村振兴战略是习近平总书记在十九大报告中提出的重大战略之一，乡村振兴是治国安邦之本，是我党高度重视"三农"问题工作的重中之重，是关乎决胜全面建成小康社会和全面建设社会主义现代化国家的重任。近几年，国家各个层面共同发力，推动乡村建设，国家相关政策也是层出不穷，不遗余力地支持乡村发展。

1. 乡村振兴重大政策总体部署

2017年2月5日，"田园综合体"作为乡村新型产业发展的亮点措施被写进中央一号文件，文件提出，支持有条件的乡村建设以农民合作社为主要载体、让农民充分参与和受益，集循环农业、创意农业、农事体验于一体的田园综合体，通过农业综合开发、农村综合改革转移支付等渠道开展试点示范。

2017年10月18日，党的十九大报告首次提出乡村振兴战略。

2018年1月2日，中央一号重要文件《中共中央 国务院关于实施乡村振兴战略的意见》公开发布，从继续加快不断提升农业发展质量、推动中国乡村绿色化健康发展、繁荣兴盛的乡村文化、构建良好的中国乡村特色社会治理服务体系、提高贫困农村群众基本生活物质条件和基本生活保障能力、打好精准脱贫攻坚战、强化推进乡村振兴的制度性供给、强化推进乡村振兴的人才资源支撑、加大对推进乡村振兴各项事业发展投入的政策保障、坚持和不断完善我们党对"三农"工作的总体组织领导等各个方面，对贯彻落实乡村振兴发展重大战略作出了全面的决策部署。

2018年3月，《政府工作报告》紧紧围绕大力实施乡村振兴战略这一重大战略布局作出了重要决策部署，提出要继续坚持推进农业发展供给侧结构性优化改革、全面深化推进新型农村综合改革、推动促进新型农村各种集体经济社会事业的全面健康有序发展。习近平总书记于2013年7月26日上午参加的山东省人大代表团的专题审议中明确提出"五个振兴"的科学论断，即乡村产业振兴、乡村人才振兴、乡村文化振兴、乡村生态振兴、乡村组织振兴，这是对正确实施乡村振兴的重大战略目标和发展途径的明确指示。

2018年3月，中共中央印发《深化党和国家机构改革方案》，明确组建农业农村部。

2018年4月3日，农业农村部正式挂牌，明确将中央农办的主要职责，农业部的职责以及发改、财政、国土、水利等部门相关的管理职责进行了整合，组建了农业农村部，明确农业农村部统筹研究和制定实施"三农"相关各项工作的战略、规划和政策，形成了推进农村地区全面振兴的强大合力。

2018年9月26日，中共中央、国务院印发《乡村振兴战略规划（2018—2022年）》（以下简称《规划》）。该发展规划以习近平总书记关于"三农"工作的重要思想为基础和指导，按照产业兴旺、生态宜居、乡风文明、治理有效、生活富裕的总要求，对于实施乡村振兴战略作出了阶段性的谋划，分别在《规划》中明确到2020年全面建成小康社会和2022年召开党的二十大时的奋斗目标和任务，细化落实工作的重点和其他相关政策措施，部署好重大项目、重大规划、重大行动，确保乡村振兴发展战略的落实和贯彻到位，是指导各级地区政府和部门分类有序地推进乡村振兴的重要依据。《规划》坚持乡村振兴和新型城镇化的双轮驱动，从加快城乡融合协同发展与优化农村内部的生产生活生态资源空间两个角度，明确了国家经济社会发展的过程中对乡村的新定位，提出了一个重塑城乡关系、促进中国农村整体发展的新路径与新要求。按照产业兴旺、生态宜居、乡风文明、治理有效、生活富裕的整体要求，明确了一些阶段性的重点任务。并且围绕继续贯彻执行党的领导，尊重广大农民的意愿，强化规划引导，注重分类施策，把握节奏力度五个方面了提出要求。

2018年12月28日至29日，中央农村经济工作委员会会议在北京举行。会议再次强调，2019年这一年将被认为是我们党决胜全面建成小康社会第一个百年奋斗目标的重要关键之年，我们党要继续加大精准扶贫攻坚的力度，要深入贯彻落实乡村振兴战略，抓好对农村人民群众生活环境的整治三年行动，着力提高和改善农村基础配套设施与公共服务，突出以优质、特色、绿色为主调整和优化农业结构，推动农村各类产业相互融合，扎实做好新时期乡村规划体系建设和新时期社会治理各项事业管理工作，强化五级书记狠抓乡村振兴，进一步深化对农村土地体制的改革，完善农业支持保护制度体系。

2019年2月19日，中央一号文件《中共中央 国务院关于坚持农业农村优先发展做好"三农"工作的若干意见》发布。党中央认为，在经济下行压力加大、外部环境发生深刻变化的复杂形势下，做好"三农"工作具有特殊重要性，必须坚持把解决好"三农"问题作为全党工作重中之重不动摇。全面推进乡村振兴，确保顺利完成到2020年承诺的农村改革发展目标任务。

2019年6月，《国务院关于促进乡村产业振兴的指导意见》发布。该《意见》是以习近平新时代中国特色社会主义思想为指导，全面贯彻党的十九大和十九届二中、三中全会精神，落实高质量发展要求，坚持农业农村优先发展总方针，以实施乡村振兴战略为总抓手提出的。文件中指出产业兴旺是乡村振兴的重要基础，是解决农村一切问题的前提，以农业农村资源为依托发展产业，促进农村一二三产业融合发展，充分挖掘农村发展潜力，聚焦农村重点产业，构建现代农业产业体系，为农业农村现代化奠定坚实基础。文件中指出要以因地制宜、突出特色，市场导向、政府支持，融合发展、联农带农，绿色引领、创新驱动为基本原则大力发展乡村产业，构建健全完备的产业体系，壮大乡村产业，扩宽农民增收渠道，使产业扶贫作用进一步凸显。

2019年6月1日，第11期《求是》杂志刊登习近平总书记的重要文章《把乡村振兴战略作为新时代"三农"工作总抓手》。该文章强调，乡村振兴战略是党的十九大以来所明确提出的一项重大农村发展改革战略，它不仅是关系到中国全面建成中国特色社会主义和建设现代化国家的一项全局性、历史性的战略任务，也是新形势下"三农"各项工作的总纲和抓手。我们一定要不断加深对这一重大发展规划战略的总体认识和基本理解，始终将如何扎实解决好"三农"问题放在全党工作的重中之重，明确工作思路，深化基本认识，切实将各项"三农"工作扎实搞好，促进中国农业全面发展、转型升级、农村全面进步、农民全面健康持续发展。

截至2019年12月，农业农村部明确指出31省份均已发布省级乡村振兴战略规划。为了贯彻落实党中央关于乡村振兴的战略部署，各个省份均针对如何具体实施乡村振兴战略作出了详细的规划。

2019年5月5日，中共中央、国务院印发的《关于建立健全城乡融合发展体制机制和政策体系的意见》提出，制定财政、金融、社会保障等激励政策，吸引各类人才返乡入乡创业。

2021年2月21日，中共中央办公厅、国务院办公厅印发了《中共中央 国务院关于全面推进乡村振兴加快农业农村现代化的意见》，即2021年中央一号文件发布。这是21世纪以来第18个指导"三农"工作的中央一号文件。文件指出，"十四五"时期，是乘势而上开启全面建设社会主义现代化国家新征程、向第二个百年奋斗目标进军的第一个五年。民族要复兴，乡村必振兴。党中央认为，新发展阶段"三农"工作依然极端重要，须臾不可放松，务必抓紧抓实。要坚持把解决好"三农"问题作为全党工作重中之重，把全面推进乡村振兴作为实现中华民族伟大复兴的一项重大任务，举全党全社会之力加快农业农村现代化，让广大农民过上更加美好的生活。

2021年2月23日，中共中央办公厅、国务院办公厅印发了《关于加快推进乡村人才振兴的意见》，要求各地区各部门结合实际认真贯彻落实。到2025年，乡村人才振兴制度框架和政策体系基本形成，乡村振兴各领域人才规模不断壮大、素质稳步提升、结构持续优化，各类人才支持服务乡村格局基本形成，乡村人才初步满足实施乡村振兴战略基本需要。如表2—1所示。

表2—1　中共中央办公厅、国务院办公厅关于乡村振兴战略的相关政策

时间	发文机构	政策文件	主要内容
2018年1月	中共中央、国务院	《中共中央 国务院关于实施乡村振兴战略的意见》	肯定乡村振兴战略具有重大意义，指出实施乡村振兴战略的总体要求
2018年3月	国务院	《政府工作报告》	围绕"大力实施乡村振兴战略"做出重要部署，明确指出实施乡村振兴战略的目标和路径
2018年3月	中共中央	《深化党和国家机构改革方案》	明确了组建农业农村部
2018年9月	中共中央、国务院	《乡村振兴战略规划（2018—2022年）》	对实施乡村振兴战略第一个五年工作做出具体部署，指导各地各部门分类有序推进乡村振兴

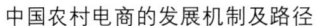

续表

时间	发文机构	政策文件	主要内容
2019年2月	中共中央、国务院	《中共中央 国务院关于坚持农业农村优先发展做好"三农"工作的若干意见》	必须坚持把解决好"三农"问题作为全党工作重中之重不动摇。全面推进乡村振兴，确保顺利完成到2020年承诺的农村改革发展目标任务
2019年4月	中共中央、国务院	《关于建立健全城乡融合发展体制机制和政策体系的意见》	关于统筹城乡发展、城乡融合发展提出具体要求，促进乡村振兴和农业农村现代化
2019年6月	国家主席习近平	《把乡村振兴战略作为新时代"三农"工作总抓手》	文章提出要始终把解决好"三农"问题作为全党工作重中之重，明确思路，切实把工作做好，促进农业全面升级、农村全面进步、农民全面发展
2019年6月	国务院	《国务院关于促进乡村产业振兴的指导意见》	针对乡村产业振兴提出总体要求和举措
2020年9月	中共中央、国务院	《关于调整完善土地出让收入使用范围优先支持乡村振兴的意见》	贯彻把土地增值收益多用于"三农"重要精神，针对完善土地出让收入使用范围优先支持乡村振兴提出总要求和重点举措
2021年1月	中共中央、国务院	《中共中央 国务院关于全面推进乡村振兴加快农业农村现代化的意见》	把全面推进乡村振兴作为实现中华民族伟大复兴的一项重大任务，举全党全社会之力加快农业农村现代化

2017年5月24日，财政部印发了《关于开展田园综合体建设试点工作的通知》（财办〔2017〕29号），明确了试点立项的条件，并确定了18个省份开展田园综合体建设试点，中央财政从农村综合改革转移支付资金、现代农业生产发展资金、农业综合开发补助资金中统筹安排，每个试点省份安排试点项目1—2个，如建设成效较好，符合政策要求，今后可逐步纳入国家级试点范围。

2017年5月31日，财政部、农业部联合发布《关于深入推进农业领域政府和社会资本合作的实施意见》（财金〔2017〕50号），文件提出，财政部、农业部将从各省（区、市）推荐的农业 PPP 示范区中择优确定"国家农业 PPP 示范区"。国家农业 PPP 示范区所属 PPP 项目，将给予土地使用的优先倾斜及 PPP 以奖代补资金的优先支持。

2017 年 6 月 8 日，财政部有关负责人就开展农村综合性改革试点试验和田园综合体试点工作答记者问时，财政部有关负责人明确表示，中央财政对于开展试点试验省份给予适当补助，对于改革试点成效显著的省份，中央财政将继续给予奖补支持，原则上不超过三年，三年共扶持 1.5 亿元。

2018 年 4 月 19 日，文化和旅游部、财政部发布《关于在旅游领域推广政府和社会资本合作模式的指导意见》〔2018〕3 号，意见指出，优先支持符合意见要求的全国优选旅游项目、旅游扶贫贷款项目等存量项目转化为旅游 PPP 项目。

2018 年 4 月 28 日，财政部、农业部发布《农业生产发展资金管理办法》，文件共包含 11 类补贴，其中，农村一二三产业融合发展补贴主要用于支持农产品产地初加工、产品流通和直供直销、农村电子商务、休闲农业、农业农村信息化等方面。

2018 年 8 月 20 日，农业农村部组织召开了关于深化机构体制改革、落实"三定"的规定工作推进会。

2018 年 9 月 27 日，财政部印发《贯彻落实实施乡村振兴战略的意见》（财办〔2018〕34 号），意见提出，公共财政将更大力度向"三农"倾斜，落实涉农税费减免政策，鼓励地方政府在法定债务限额内发行一般债券用于支持乡村振兴、脱贫攻坚领域的公益性项目。确保投入力度不断增强、总量持续增加。

2018 年 9 月 30 日，农业农村部办公厅印发《乡村振兴科技支撑行动实施方案》，方案还提出将打造 1000 个乡村振兴科技引领示范村（镇）；科技部结合"关于创新驱动乡村振兴发展的意见"，正着手编制《乡村振兴科技创新专项规划（2018—2022 年）》，以细化实化政策措施，分类有序推进创新驱动乡村振兴实施。

2018 年 10 月 12 日，国家发展改革委印发《促进乡村旅游发展提质升级行动方案（2018—2020 年）》（以下简称《方案》），《方案》提出，要补齐乡村建设短板，加大对贫困地区旅游基础设施建设项目推进力度，鼓励和引导民间投资通过PPP、公建民营等方式参与有一定收益的乡村基础设施建设和运营等规划，扩展乡村旅游经营主体融资渠道等。

2018年12月12日，文化和旅游部等17部门联合印发《关于促进乡村旅游可持续发展的指导意见》（以下简称《意见》）。《意见》提出，从农村实际和旅游市场需求出发，强化规划引领，完善乡村基础设施建设，优化乡村旅游环境，丰富乡村旅游产品，促进乡村旅游向市场化、产业化方向发展，全面提升乡村旅游的发展质量和综合效益，为实现中国乡村全面振兴做出重要贡献。

2020年5月24日，商务部印发《关于推进农商互联助力乡村振兴的通知》（以下简称《通知》）商务部市场建设司负责人表示，《通知》印发的目的是进一步加强产销衔接，发挥农产品流通对促进农业生产和保障居民消费的重要作用，推进农业供给侧结构性改革，推动农业农村现代化，促进农民增收，助力精准扶贫和乡村振兴。

2020年6月，农业农村部、国家发展和改革委员会及其他27个成员单位共同联合编写的《乡村振兴战略规划实施报告（2018—2019年）》（以下简称《报告》）正式出版发布。该《报告》主要目的是尽可能多地全面反映《乡村振兴战略规划（2018—2022年）》的实际执行力和成效。《报告》充分表明，两年多以来，《规划》的深入实施已经初步取得了积极的有效进展，乡村振兴也逐步实现了良好发展开局。《报告》再次明确提出，两年多以来各地区和有关行政主管部门将贯彻落实《规划》作为一项重点工作任务，并不断地切实加大这项工作的力度。31个省（区、市）全部成立了乡村振兴发展行动战略的实施工作领导小组，一级抓一级、五级书记关于坚持抓乡村经济振兴的各项主动性工作责任制和结构管理体系已经基本建立。报告表明，《规划》的实施正在稳步推动：乡村振兴的新格局正在加快形成；现代农业的根基得到进一步地发展巩固；农业生产经营方式加速转变；乡村的富民型产业正在蓬勃发展；宜居乡村建设的步伐正在加快；乡村文化繁荣与发展；农村社会保持和谐稳定；中国的脱贫攻坚工作取得了决定性的成就。

2020年6月29日，农业农村部与阿里巴巴集团开展战略合作助力乡村振兴战略深入实施。根据战略合作协议，双方将紧紧围绕互联网电子商务平台对接、普惠金融服务创新以及数字化城镇乡村综合治理等领域开展合作，重点加快推进农业数字农业、乡村综合治理服务平台和县域金融服务等工程建设，共同推进农业数字化在提高乡村综合治理能力、壮大农民合作社团体和队伍、提升现代农业社会化综合服务技术能力等多个方面的广泛应用和推动，助力乡村振兴战略深入实施。如表2—2所示。

表2—2　　　　　各部、委关于乡村振兴战略的相关政策

发文机构	时间	政策文件	主要内容
财政部	2017年5月31日	《关于深入推进农业领域政府和社会资本合作的实施意见》	从各省（区、市）推荐的农业PPP示范区中择优确定"国家农业PPP示范区"，将给予土地使用的优先倾斜及PPP以奖代补资金的优先支持
	2017年5月24日	《关于开展田园综合体建设试点工作的通知》	确定了18个省份开展田园综合体建设试点，中央财政从农村综合改革转移支付资金、现代农业生产发展资金、农业综合开发补助资金中统筹安排
	2018年9月	《贯彻落实实施乡村振兴战略的意见》	提出公共财政将更大力度向"三农"倾斜，落实涉农税费减免政策，确保投入力度逐渐增强
	2018年9月27日	《贯彻落实实施乡村振兴战略的意见》	公共财政将更大力度向"三农"倾斜，落实涉农税费减免政策
国家发展和改革委员会	2017年12月7日	《国家发展改革委关于深入推进农业供给侧结构性改革做好农村产业融合发展用地保障的通知》	利用存量建设用地进行农产品加工、冷链、物流仓储等项目建设或用于休闲农业等农村二三产业的市、县，可给予新增建设用地计划指标奖励
	2018年10月12日	《促进乡村旅游发展提质升级行动方案（2018年—2020年）》	要补齐乡村建设短板，加大对贫困地区旅游基础设施建设项目推进力度
农业农村部	2018年9月	《乡村振兴科技支撑行动实施方案》	提出将打造1000个乡村振兴科技引领示范村（镇），推进创新驱动乡村振兴实施
	2020年7月	《全国乡村产业发展规划（2020—2025年）》	提出要推进农村产业融合发展，培育多元融合主体、建立健全融合机制，实现农业与现代产业要素的交叉重组

续表

发文机构	时间	政策文件	主要内容
自然资源部	2019年6月	《关于加强村庄规划促进乡村振兴的通知》	提出做好村庄规划工作的总体要求、主要任务、政策支持、组织实施等具体工作部署
商务部	2020年5月24日	《关于推进农商互联助力乡村振兴的通知》	进一步加强产销衔接，发挥农产品流通对促进农业生产和保障居民消费的重要作用，助力精准扶贫和乡村振兴
文化和旅游部、财政部	2018年4月19日	《关于在旅游领域推广政府和社会资本合作模式的指导意见》	优先支持符合意见要求的全国优选旅游项目、旅游扶贫贷款项目等存量项目转化为旅游PPP项目
文化和旅游部等17部门	2018年12月12日	《关于促进乡村旅游可持续发展的指导意见》	全面提升乡村旅游的发展质量和综合效益，为实现中国乡村全面振兴做出重要贡献
财政部、农业部	2018年4月28日	《农业生产发展资金管理办法》	农村一二三产业融合发展补贴主要用于支持农产品产地初加工、农村电子商务等方面

全面实施乡村振兴战略的深度、广度、难度都不亚于脱贫攻坚，必须加强顶层设计，以更有力的举措、汇聚更强大的力量来推进。中央农村工作会议做出了一系列部署，包括实施乡村建设行动，把公共基础设施建设的重点放在农村，推进城乡基本公共服务均等化，健全城乡融合发展体制机制，促进农业转移人口市民化等方面。各地也加大了全面推进乡村振兴的力度，在顶层设计、乡村产业、深化农村改革、推动城乡融合发展等方面不断推动政策创新的深度、广度。针对农村经济建设、政治建设、文化建设、社会建设、生态文明建设等各方面制度框架的逐步实现系统搭建，乡村振兴取得重要进展，制度框架和政策体系基本形成。

2021年1月，全国首个省级乡村振兴标准体系建设五年规划——《陕西省乡村振兴标准体系建设规划》正式印发。该《规划》按照"产业兴旺、生态宜居、乡风文明、治理有效、生活富裕"的总要求，构建了"产业振兴标准化体系""生态振兴标准化体系""文化振兴标准化体系""人才振兴标准化体系""组织振兴标准化体系""乡村规划标准化体系""考核评价标准化体系"七个方面的标准体系规划。

2. 农村土地制度方面的政策

2019 年是农村土地创富的黄金年。根据国务院《关于农村土地征收、集体经营性建设用地入市、宅基地制度改革试点情况的总结报告》，截至 2018 年底，农村土地制度改革 33 个三项试点县（市、区）已实施征地 1275 宗、18 万亩；集体经营性建设用地已入市地块 1 万余宗，面积 9 万余亩，总价款约 257 亿元，收取调节金 28.6 亿元，办理集体经营性建设用地抵押贷款 228 宗、38.6 亿元；腾退出零星、闲置的宅基地约 14 万户、8.4 万亩，办理农房抵押贷款 5.8 万宗、111 亿元。

随着中国农村土地承包"三权分置"管理制度的建立、经营权的流转合法化、宅基地新优惠政策和其他相关后续融资优惠政策的健全和完善，实施乡村振兴战略将会更加深入。如表 2—3 所示。

表 2—3　　　　　　　各部、委关于农村土地制度的相关政策

发文机构	时间	政策文件	主要内容
国务院办公厅	2018 年 3 月	《跨省域补充耕地国家统筹管理办法》和《城乡建设用地增减挂钩节余指标跨省域调剂管理办法》	新增耕地指标和城乡建设用地增减挂钩节余指标 9 省域调剂
自然资源部	2018 年 7 月	《关于做好占用永久基本农田重大建设项目用地预审的通知》	六类项目允许占用永久基本农田
农业农村部等六部委	2018 年 12 月 24 日	《国家发展改革委关于深入推进农业供给侧结构性改革做好农村产业融合发展用地保障的通知》	允许以土地经营权入股
自然资源部	2019 年 2 月	《落实国务院大督查土地利用计划指标奖励实施办法》	奖励土地利用计划指标
中央农村工作领导小组办公室、农业农村部	2019 年 12 月 24 日	《关于进一步加强农村宅基地管理的通知》	强调各地要依法切实维护广大农民的基本合法权益，不能以退出宅基地作为农民就业进城搬迁落户的条件。鼓励充分地盘活和合理利用当地闲置的宅基地和其他各类闲置房屋

（1）宅基地"三权分置"。2018年，中央政府明确提出要积极探索农村宅基地的集体所有权、资格权、使用权"三权分置"，落实农村宅基地的集体合法所有权，保障宅基地农户合法资格权，适度放活农村宅基地的使用权。目前，已有部分地区颁发了农村宅基地"三权分置"不动产权登记证，金融机构也逐步增加了对农民住房抵押贷款的发放力度。2019年，中央农村工作领导小组办公室、农业农村部联合印发《关于进一步加强农村宅基地管理的通知》，强调各地要依法切实维护广大农民的基本合法权益，不能以退出宅基地作为农民就业进城搬迁落户的条件。鼓励盘活和合理利用当地闲置的宅基地和其他各类闲置房屋，依合同法规定予以合理保护，包括当地城镇居民、工商资本等在内的所有租赁农房土地进行居住或者在当地开展经营服务活动的合法权益，明确租赁合同的有效期限不得超过20年，合同期限到期后，双方可经许可另行签订协议。

（2）新增耕地指标和城乡建设用地增减挂钩节余指标跨省域调剂。2018年3月，国务院办公厅印发了《跨省域补充耕地国家统筹管理办法》和《城乡建设用地增减挂钩节余指标跨省域调剂管理办法》。新土地政策运用经济手段，发达地区和贫困地区资源优势互补，助推脱贫攻坚和乡村振兴。自然资源部贯彻落实《办法》规定，下发了《关于实施跨省域补充耕地国家统筹有关问题的通知》《关于健全建设用地"增存挂钩"机制的通知》以及《城乡建设用地增减挂钩节余指标跨省域调剂实施办法》。同时，为推动相关工作顺利实施，财政部制定了《跨省域补充耕地资金收支管理办法》和《城乡建设用地增减挂钩节余指标跨省域调剂资金收支管理办法》，明确了资金收取、下达、结算、使用等方面的要求。

（3）六类项目允许占用永久基本农田。2018年7月，自然资源部正式下发《关于做好占用永久基本农田重大建设项目用地预审的通知》，现阶段国家允许申请占用永久耕地基本农田的重大工程建设项目主要范围包括：党中央、国务院明确支持的重大工程建设项目；工程军事性的国防类；交通运输工程类（主要包括机场运输工程、铁道运输工程、公路工程）；能源工程；水利类以及为了贯彻落实党中央、国务院重大决策会议部署，国务院项目投资管理行政主管机构部门或者国务院投资主管机构部门应当及时会同其他有关部门决定予以支持和认可的道路交通、能源、水利等各类基础交通设施基建工程。

第二章 理论基础的梳理与国内外研究评述

（4）土地经营权入股。2018年12月24日，农业部与农村部、国家发展改革委、财政部、中国人民银行、国家税务总局、国家商品市场价格监督检验管理检疫总局六个主管部门共同签署联合发布印发《关于开展土地经营权入股发展农业产业化经营试点的指导意见》。通过对乡村土地所有经营权投资入股的配套扶持优惠政策和农村金融与土地资本进入市场的其他相关配套扶持政策措施进行有效性的衔接，可以使得包括集体承包农地、集体资产建设用地、宅基地和其他用地，通过资本方式在乡村土地资本市场中获得资产价值的综合评估和土地资产资本价值共同提高优化升级的巨大空间彻底性的打开，这种资本手段彻底打开了土地资产和其他土地经营所有者资产价值共同优化升级的巨大空间，正是乡村土地的所有经营权、资产与资本的投资开发孕育了巨大的发展机遇。

（5）修订《农村土地承包法》。2018年12月29日，十三届全国人大常委会七次会议表决通过了新修订的中国农村土地所有者承包立法，进一步巩固和健全完善以家庭所有者承包经营为基础、统分结合的双层经营体制，保持农村土地所有者承包的关系稳定并长期保持不变，维护农村土地所有者承包经营相关当事人的合法权益，进一步保障和促进中国现代农业和乡镇的发展与农村的和谐安定，都将起到积极的引导与推动作用。

（6）奖励土地利用计划指标。2019年2月，自然资源部研究制定了《落实国务院大督查土地利用计划指标奖励实施办法》，对落实有关重大政策措施真抓实干、取得明显成效的地方实行土地利用计划指标奖励。按照每个市（地、州、盟）奖励用地计划指标5000亩，或每个县（市、区、旗）奖励2500亩的标准。奖励的用地计划要优先用于基础设施、社会民生和新兴产业等建设，支持稳增长、调结构、惠民生、补短板项目建设。

（7）调整完善土地出让收入使用范围。2020年9月，中共中央办公厅、国务院办公厅印发了《关于调整完善土地出让收入使用范围优先支持乡村振兴的意见》。土地出让收入是地方政府性基金预算收入的重要组成部分，要把土地增值收益更多用于"三农"中，按照"取之于农、主要用之于农"的要求，调整土地出让收益城乡分配格局，稳步提高土地出让收入用于农业农村比例，拓宽实施乡村振兴战略资金来源，为乡村振兴战略提供有力支撑。

（8）确保农村土地承包："两不变、一稳定"。土地集体承包涉及亿万农民的切身利益，要努力确保绝大多数农户原有土地承包权得以继续保持稳定。2019年11月发布的《中共中央 国务院关于保持土地承包关系稳定并长久不变的意见》中明确指出要做到"两不变、一稳定"，即继续保持土地集体所有、家庭联产承包经营的基本制度长久稳定不变，保持全体农户依法承包集体土地的基本主体性和基本权利长久稳定不变，保持农户依法承包集体土地的稳定。要长期坚持维护和稳定农村土地经营承包关系，充分考虑保护和继续维护农民对土地经营承包的基本合法权益，既能够不断增强广大农民对继续发展生产的自主性和信心，又能够有利于国家鼓励和支持促进农村土地的有效流转，发展适度规模经营，加快推进实现乡村振兴的步伐。

（9）修订农村土地经营流转管理方法。近些年，各地积极引导和规范了工商资本下乡，在带动乡村产业的发展、加强农村基础性设施建设、推动了农民增收等方面起到了积极的作用。但与此同时，也有一些工商资本违反相关产业发展规划大规模流转耕地不种粮。关于这类问题，2020年12月国务院颁布的《关于防止耕地"非粮化"稳定粮食生产的意见》一文中明确提到了要进一步修订对农村土地经营权的流转管理办法，规范工商企业等社会资本租赁农地的行为，加强对土地经营权的流转进行规范化管理，防止浪费耕地资源、损害了农民的土地权益，让更多的农民成为土地流转及规模化经营活动的积极参与者和真正的受益者。

3. 乡村规划和建设方面的政策

"三农"领域还存在着很多必须要做好的硬任务，它们涉及脱贫攻坚、人民群众生活环境、乡村特色产业、农村改革等许多方面。乡村的生态空间具有独特的自然属性，修复并改善乡村的整体环境，对农村人居生活环境进行整治和发展乡村休闲旅游相结合，大力培育第三产业。通过以县级政府为单位多规合一的现代化实用型村庄规划，将会更有利于扎实推动乡村建设，加快填平和补齐农民群众的人居环境、公共服务的短板。为了确保乡村规划与建设工作能够良好地顺利开展，政府已经出台了多项政策、建议措施来扎实推进乡村建设。如表2—4所示。

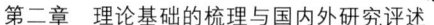

表2—4　　　　　各部、委关于农村规划建设的相关政策

发文机构	时间	政策文件	主要内容
住房和城乡建设部	2018年9月18日	《关于进一步加强村庄建设规划工作的通知》	鼓励规划院下乡开展村庄建设规划
农业农村部、自然资源部、财政部等	2019年1月	《关于统筹推进村庄规划工作的意见》	到2020年底，在全国县域层面基本完成村庄总体布局的规划建设工作
中共中央办公厅、国务院办公厅	2018年2月	《农村人居环境整治三年行动方案》	到2020年，实现农村人居环境明显改善，村庄环境基本干净整洁有序，村民环境与健康意识普遍增强
中央农办农业农村部等18部门	2019年1月	《农村人居环境整治村庄清洁行动方案》	着力解决村庄环境"脏乱差"问题，村容村貌明显提升，长效清洁机制逐步建立，村民清洁卫生文明意识普遍提高
住建部	2019年2月	《关于开展农村住房建设试点工作的通知》	加快建设一批具有功能接近现代化、风貌乡土、成本节约经济、结构安全、绿色环保的适用性农村宜居型城市示范乡村农房

（1）鼓励规划院下乡开展村庄建设规划。2018年9月18日，住房和城乡建设部正式下发《关于进一步加强村庄建设规划工作的通知》，要求尽快实现对村庄的总体规划设计管理基本全覆盖，因地制宜研究编写村庄基础建设总体规划，积极组织动员各类中高职专科院校、规划院和设计研究院等相关技术单位下乡开展村庄总体建设规划的研究编制与执行管理，以及为从事村庄总体建设人员提供规划相关的技术咨询服务，探索通过社会公开招聘、购买服务等各种招聘形式挑选专门的规划人才，建立驻镇规划师、乡村建设规划师等招聘制度。住房和城乡建设部将每年重点筛选一批优秀的村庄基础建设工程规划案例，表彰一批优秀村庄基础建设工程规划的有效编制与监督管理。

（2）统筹推进村庄规划工作。2018年9月，中共中央、国务院联合发布的《乡村振兴战略规划（2018—2022年）》中明确提到，要根据不同类型村庄的整体经济社会发展现状、区位以及地理位置优势等不同特征，划分和推出集聚提升类村庄、城郊融合类村庄、特色保护类村庄、搬迁撤并类村庄，分类地统筹推进乡村振兴，不搞"一刀切"。2019年1月，中央农办、农业农村部、自然资源部、国家发展改革委、财政部共同联合制定了《关于统筹推进村庄规划工作的意见》，力争到2019年底基本明确集聚提升类、城郊融合类、特色保护类、搬迁撤并类等村庄分类；到2020年底，结合国土资源空间规划的建设编制，在全国县域层面基本完成村庄总体布局的规划建设工作，有一定条件的村庄可结合自身实际单独编制一个新的村庄总体规划，做到应编尽编。

（3）农村人居环境整治三年行动。2018年2月，中共中央办公厅、国务院办公厅印发了《农村人居环境整治三年行动方案》，要求到2020年，实现农村人居环境明显改善，村庄环境基本干净整洁有序，村民环境与健康意识普遍增强。2018年是农村人居环境整治三年行动的第一年，全国各地全力实施整治提升村容村貌、全面推进农村生活垃圾治理、梯次推进农村生活污水治理、持续推进"厕所革命"等重点工作。各地要充分认识农村人居环境整治三年行动方案验收工作的重要意义，强化责任担当，抓紧组织验收。要进一步落实农村人居环境整治三年行动方案验收的重点、标准和程序，强化组织保障，确保验收客观、公正、真实。要全力抓好三年行动方案实施收尾工作，抓紧查漏补缺，确保全面完成各项目标任务。同时研究谋划好"十四五"农村人居环境整治提升工作。

（4）农村人居环境整治村庄清洁行动。2019年1月，中央农办、农业农村部等18部门关于印发《农村人居环境整治村庄清洁行动方案》的通知，以"清洁村庄助力乡村振兴"为主题，以影响农村人居环境的突出问题为重点，动员广大农民群众，广泛参与、集中整治，着力解决村庄环境"脏乱差"问题，实现村庄内垃圾不乱堆乱放，污水乱泼乱倒现象明显减少，粪污无明显暴露，杂物堆放整齐，房前屋后干净整洁，村庄环境干净、整洁、有序，村容村貌明显提升，文明村规民约普遍形成，长效清洁机制逐步建立，村民清洁卫生文明意识普遍提高。

（5）开展农村住房建设试点工作。2019年2月，住建部批准印发《关于开展农村住房建设试点工作的通知》，农村居民住房工程建设作为试点的新配套政策文件明确提出了加快建设一批具有功能接近现代化、风貌乡土、成本节约经济、结构安全、绿色环保的适用性农村宜居型城市示范乡村农房，这些都有利于改善乡村农民的日常生活居住条件和改善农村群众居住生活环境，提升整个农村的精神风貌。条件好的地区也要努力赶在争取2019年底前建成一批示范性农房，到2022年，多数地区都将逐步建成示范性农房。

（6）中央农办、农业农村部提出2020年农村人居环境整治50项举措。2020年3月，中央农村工作领导小组办公室、农业农村部联合印发了《2020年农村人居环境整治工作要点》，确定的主要工作任务包括：扎实深入开展乡镇农村人居环境污染整治面上的各项工作，抓好落实国务院关于乡镇农村人居环境污染整治专项检查并对存在的突出问题排查整改，举办全国乡镇农村人居环境污染整治重点工作专题培训会，研究和组织谋划开创新一轮乡镇农村居民人居环保环境整治行动方案。认真组织抓好农村黑臭水体综合治理试点，指导和组织推动各地深入开展县域农村黑臭污染水体综合治理试点工作的专项行动计划，督促和指导各级河长、湖长认真落实自己的责任，履职尽责。指导各地分类推进农村"厕所革命"，进一步提高农村改厕的质量及成效，到2020年东部地区、中西部城市附近以及郊区等一些具备良好基础、有一定条件的地区基本实现对农村家庭日常使用厕所的无害化清理改造。推进农业用地生产生活垃圾和工业废弃物的资源化综合利用，完善乡村绿化建设及环境保护规划管理机制，加强对村庄的规划建设保护管理。

第二节　家庭经营模式

一　家庭经营的概念与内涵

从不同的角度进行解释家庭经营会有不同的内涵。从一般意义上来说，家庭经营就是以家庭为基本单位开展各种经营活动，家庭成员在其经营的过程中进行科学的管理和资源配置。在中国现代农业领域，家庭经营管理模式是一种综合管理模式，是以农民家庭为基础开展农业生产活动，以家庭劳动力为主开展农业生产和经营的一些活动。家庭经营模式是农业生产的基本形式，适用于农业生产涉及的多种环节，具有很大的普适性，其主要的特点之一就是土地的所有权归于国家，经营权属于个体。

所谓"农业家庭经营"是指农业的生产经营活动以家庭为基础单位，农户拥有农作物相关资源所有权，从而自主决定农作物的生产，农户在生产经营过程中要自负盈亏。通过家庭经营模式开展的生产经营活动所涉及的农业收成直接与农民自身利益挂钩，有助于激发农民的生产热情和责任感，使农民能做到"不误农时"，及时关注农作物的生产状况。农业家庭经营的特点可以概括为"经营目标的双重性、经营决策的复杂性、经营功能的统一性"。美国耶鲁大学詹姆斯·C. 斯科特教授提出："农民家庭不仅是个生产单位，而且是个消费单位。"[①] 事实上，农民的家庭经济活动并不是为了最大限度地谋求利益，最大的追求是为了生存。农民的家庭经济活动有两个核心要素，就是家庭成员的生存与消费诉求。农民家庭如果想要以"单元细胞"继续存在，它就要尽最大努力实现家庭成员的这些诉求。

从发达国家农业经济整个发展过程来看，农业遵循着市场化的运行规律，农业市场化的发展使自给自足的农业经营方式逐渐消失，农业生产随着科技的发展趋向于机械化，并逐渐取代传统的手工体力劳动，但是这样的变化并没有使农业原本的家庭经营得以消失，反而促进了农业家庭经营模式的发展、创新。美国作为西方发达国家的一个重要代表，在20世纪40年代就基本实现了农业机械化，并在50年代基本实现了农业现代化。在美国，家庭农场占全国农场总数的85%以上，美国农业也因此被称为"家庭控制的农业"。法国作为西欧发达农业国家的典型代表，农业经营也多是以家庭为基本经营单位，在法国关于农业经营有这样一种说法："80%的农场不雇工，18%的农场只雇佣1—2个工人。"由此可见，法国大多数的农场都是以家庭为基本单位进行生产经营的，农业生产劳动力以家庭成员为主。另外，以国土耕地面积小、人口密度较大为特征的日本，在农业生产经营中种植面积属于中小型的农民占总农民数的70%左右，其中种植面积在1公顷以下的农户占69%，可以说日本也是以家庭经营为主的，并以家庭为单位开展生产活动的农业现代化国家。长期以来，农业发展思想中的经典理论一直认为农业家庭经营是小农业生产才采用的方式，

---

① ［美］詹姆斯·C. 斯科特：《农民的道义经济学：东南亚的反叛与生存》，程立显译，译林出版社2013年版。

这一经营模式与现代化的大农业生产方式不协调,并且家庭经营方式会随着市场经济的发展和大农业生产方式的推进而逐渐被企业式的大农场所取代。但事实上,虽然20世纪以来农业生产相比之前在很多方面都发生了很大的变化,但是农业家庭经营这一生产经营方式并没有被撼动,目前依然是主流的生产经营方式。发达国家在发展农业现代化的过程中没有让家庭经营变得黯然失色,没有出现弱化现象,也没有让农业家庭经营与农业生产商品化、社会化之间变成对立的恶性关系。与此相反,随着农业生产趋向于科技化、机械化,农业生产力的不断提高的同时也为农业家庭经营注入了新的动力,使农业家庭经营管理能力不断增强,商品化、社会化、合作化程度也日益提高。

实践证明,在市场经济条件下,农业家庭经营仍然是一种基础性的经营模式,是一种具有巨大的发展空间和多元化的经营方式。尽管农业家庭经营在很早时期就已出现,具有历史性、传统性的特征,但农业生产的方式在很大程度上决定了我国在发展中国特色社会主义农业现代化的过程中仍要采用家庭经营这一模式。但是家庭经营的具体内涵并不是一成不变的,要让家庭经营这一基本生产模式随着中国在发展中国特色社会主义农业现代化的同时不断地丰富、完善其发展内涵,例如要进一步克服自身抵御风险的能力相对薄弱、组织化水平较低、市场适应能力较差、劳动资金投入的持续性相对不稳、周期性的收支相对不均以及农民工兼业化倾向的增强等制约性因素。现在看来,家庭作为农业生产和经营的基本组织形式,与中国人多地少的自然资源禀赋状况相适应,并且也符合中国现代农业生产的需求。除此之外,中国在以家庭经营为生产单位的基础上实现农业现代化的同时,要不断地将现代化农业要素补充进去。只有这样,才真正能够让农业在家庭管理过程中的基础性、战略性地位不被削弱。相反,在推进农业现代化的过程中,健全的农村社会化服务制度体系、良好的生产要素投入以及稳定的政策保障均将促进农业家庭管理经营模式的改变、创新和发展,为传统农业到现代化的农业转型升级提供一个制度性的动力和保障。

二 家庭经营的理论渊源

从现代农业的发展逻辑来讲,规模化、市场化是总体的发展趋势,而农业现代化的大趋势也是规模化农业生产。采用规模化农业生产的方式，可以实现较高的经济效益。规模化经营下，可以提高整个农业市场的竞争力，在农业生产经营发展到一定规模时候，就会因适宜的生产规模和较高的技术水平获得更高的经济效益。采用规模化农业生产的方式，可以提高农产品竞争力。专业化的生产方式会实现规模效应，提高农产品品质，降低生产的成本，交易、运输等费用也会降低，从而农产品就获得了较强的竞争力。采用规模化农业生产的方式，可以提高技术水平。规模化的生产使得经营者对于细分领域的农业技术更加精通，在该农业生产细分领域的技术会得到提升。此外规模化农业生产方式可以增加就业弹性，稳定社会秩序，改良社会结构，改善邻里关系，促进社会和谐，保护传统文化并有利于培养一批职业农民，农业生产可以快速实现产业化、现代化、生态化。

但是中国人多地少，农业资源禀赋条件差异大的国情农情决定了在相当长的时期内，小农户家庭经营仍将是中国农业的主要经营方式。以家庭经营为主的小农生产是中华传统农耕文明的重要载体，凝聚着独特的文化和特色。家庭经营的优势如下：第一，农户家庭经营的性质和农业生产特点契合度高。农业生产的周期性和季节性决定了农业生产劳动除了丰富的经验和技术外，更需要农民的高度责任感和灵活性，这和家庭经营完美契合。第二，家庭经营具有强大的生命力。农业生产的风险性和收入的不确定性刚好符合家庭经营成本低抗风险性弱的特点。小农户具备精耕细作、合理分工、内在激励等优势，在维护国家粮食安全、支撑工业化和城镇化发展、塑造乡村社会结构、传承中华农耕文明等方面发挥着不可替代的基础性作用。

关于农业经营方式许多著名人物在早期就存在一些争论。自从亚当·斯密以来，一些经济学家认为在现代市场经济体制的自由竞争中，只有利用资本主义的农场管理才能真正实现农业现代化；著名的马克思主义经典作家认为，在资本主义的政策体系下，采用大规模的农业生产优于小规模的农业生产，并且最终将会取代小规模生产；爱德华·大卫在《社会主义和农业》中根据农业自身特点进行了研究，并认为小型农业生产要优于大型的农业生产；苏联著名政治和经济学家斯大林曾批判"小农经济稳定论"，而实践证明，斯大林的"一大二公"、集中劳动、统一分配的农业集

第二章 理论基础的梳理与国内外研究评述

体化模式给当时的苏联经济发展带来了惨重的代价。

农业家庭经营的发展主要经历了以下五个阶段：（1）原始社会阶段：在这一阶段，生产力技术水平低下，家庭本身是社会的基本经济组织单位；（2）奴隶社会阶段：这一阶段，家庭的日常经营管理主要表现为奴隶主作为大家长，控制家里的所有资产并支配家里的其他成员；（3）封建社会阶段：此时的农业家庭经营是自给自足，自己耕作劳动来满足家庭自身日常生活需求，农民农业生产种植获得的收益需要向地主上交一部分，剩下的才能供自己家庭日常生活使用；（4）资本主义社会阶段：欧美一些发达国家开始出现一些具有一定规模的家庭农场，这些农场主要是以家庭为基本生产经营单位，农业种植所用的生产资料归农民所有，农民可以自主决定如何支配这些生产资料，这种生产组织能完全独立经营，农场主是农业生产种植活动的劳动者、经营者，同时也是农业生产活动的最终受益者；（5）社会主义制度出现后：苏联率先在农村地区建立集体农场，试图想让集体化、国有化的农业生产取代农业家庭经营，但是尝试的结果是苏联经济效益下降，效果远远达不到预期目标。家庭经营在经过上述五个阶段的发展之后，不仅没有被其他生产经营方式所取代，而且其地位变得更加牢固。现如今在当代农业中，不管是在发达国家还是发展中国家，家庭经营仍然是主流的生产经营方式。

自封建社会以来，中国农业的经营模式长期以家庭经营模式为主，形成了一系列基于家庭经营模式的生产销售流程及习惯，为家庭经营模式奠定了历史基础。中华人民共和国成立初期，中国土地经历了短暂的以土地农民私有制为基础的家庭经营制、农业合作化运动催生的合作制、以人民公社为载体的集体经营制、改革开放后的双层经营体制以及21世纪以来双层经营体制的创新拓展，共计五个发展阶段，分别为：（1）家庭经营制：农民私有、家庭经营；（2）合作经营制：农民私有、合作经营；（3）集体经营制：集体所有、统一经营；（4）双层经营制：家庭承包、统分结合；（5）多层经营制：家庭承包、多层经营。1978年，随着中国改革开放范围的逐渐发展扩大，农村地区的生产经营也进行了相应的创新和改革，由最初的人民公社到联产到组、联产到劳、联产到户，最后发展到包干到户。包产到户的农业创新举措让农民成为生产活动的劳动者、经营者和受益者的综合统一体，同时也极大地调动了广大农民的生产积极性，并进一步解放了农村生产力。由于家庭经营模式与农业生产许多特性相契合，分散的农民家庭开始成为农业最基本的生产合作单元，该模式在很大程度上激励农民劳动，监督成本相比其他模式自然就较低。另外，家庭经营模式也存在着不足，由于其经营规模小，往往由单个农户经营，而单个农户在对市场的变化和抗风险能力较差。除此之外，小规模经营在很大程度上限制了农业向大规模化方向发展，也限制了先进生产技术的应用。

关于家庭经营，学术界对其的观点存在着一定的分歧。其中有一种观点认为：（1）农业发展现代化与小农户的生产经营之间存在对立关系，传统农业土地偏向于零散化，小农户的综合条件比较弱，他们很难摆脱落后的农业生产方式，这样就导致先进的机械技术和现代生产要素没法得到广泛的推广使用，不利于中国农业现代化的发展；（2）家庭经营模式下的土地不仅分散，而且大多数是由小农户经营，这样就导致村级组织在对耕地"统"这一方面的功能减弱，农民缺乏有效组织造成农民间出现无序竞争的现象，生产要素难以进行集中地整合；（3）家庭经营模式下，农民在农业种植之前往往会分散购买生产资料，在购买时则处于相对劣势的地位。在种植期间，由于农作物生长周期长、季节性较强，并且农作物的生长情况受自然因素的影响很大，在其整个生长周期过程中存在很大的不确定性。产后由于农民缺乏市场竞争意识，农民的生产命运几乎由各种市场因素决定，小农户缺乏销售渠道，无法大批量对外批发，所以小农户在市场上对外销售农产品时完全处于劣势地位；（4）现代农业的发展会让农业变得商品化、资本化，而商品化和资本化的出现必然会排斥小农经营，与小农经营密切相关的小农户将最终会消失。持上述类似观点的人认为农业现代化应该走资本主义大农业发展道路，农业种植面积应尽可能地实现大规模，关于土地零散化问题，他们认为可以通过加快土地资产流转来解决。另外，他们认为小农户自身综合素质的不足会在一定程度上限制农业发展，因此应该培育新型农业经营管理主体，多方面、多角度、多途径来加快农业生产经营实现规模化、商品化。

另一种观点认为，小农户与发展现代农业之间并不存在对立关系。相反，小农经营反而更符合中国农业的基本国情，符合中国农业实际情况且小农户基础牢固，具有极强的坚韧性，更有利于促进中国农业健康快速发展，并加快实现农业现代化的步伐；另外，农业发展在趋向于商品化和资本化的同时，也并不一定会完全排斥小农经营，许多小农户具有战略性眼光，也会有效地利用现代科学生产技术，懂得增加农业资本投入并将农业生产经营和现代先进科技紧密结合在一起，中国农业呈现出"没有无产化的资本化"的农业发展特征。因此，中国在发展农业现代化的同时需要坚持"小农经济"，要将"小农经济"和现代农业实现有机结合。在之后很长时间内，农业生产仍然以小农户经营为主体，这也是立足于中国农业发展基本国情所作出的必然选择。在这一大背景下，小农户家庭经营的现代化构成了中国农业现代化的主要矛盾，虽然小农经营会在一定程度上限制农业的快速发展，但是绝不能完全说小农经营没有益处，农业国情决定了中国必须得选择以家庭为基本生产经营单位，我们应在农业家庭经营的基础上进行农业生产方式的创新，尽量避开并消除小农经营的弊端。目前有很多地方在家庭经营的基础上进行了生产方式创新，如北京市L村就绿色蔬菜农业种植展开了一系列实践，形成了降低农民人均生产成本、生产面向市场、高科技高资本投入并以小规模农村家庭经营模式为主要特征的"小而精"现代农业经营模式，这是在原来传统的小农户农业家庭生产经营的基础上对农业转型发展的尝试和创新。这种农业模式是由各方社会力量共同参与建立所塑造的，为了农业生产支持政策引导机制较好地帮小农户分担农业生产现代化和市场化的成本，以村（社区）和集体组织为主导组织，并自上而下地协调联动来促进农业面向生产和市场现代化能和"单、散、小"的农户有效地对接起来，并结合能人带动的市场竞争机制解决小农户与大市场之间的有效对接问题。"小而精"的农业综合发展经营模式能有效地将小农进行农业生产管理的优势与现代农业的发展特色结合在一起，并取得了不错的生产和经济方面的收益。"小而精"的农业发展经营方式不仅能够在很大程度上维持生鲜农产品的新鲜程度和有效的供给，而且能够有效地规避农业被投资化的风险；不仅为广大农民提供了更多的就业机会，而且还增加了农民的收入、巩固和加强了农村社会的稳定性。

现代农业的社会化服务体系是家庭经营和先进的农业生产技术、完善的市场经济体制之间必须紧密结合的中国环节，也是家庭经营在农业社会化建设的基础和条件下可以继承和保持下来的关键因素。首先，它促进了家庭经营与工业、商业贸易、全球市场之间联系起来,改变了小农经济的孤立性和自给自足状态。其次,通过建立社会化服务系统,能够解决单个家庭不能解决的问题困境,克服了家庭小规模经营的局限性。再次,通过建立社会化的服务系统,解决了中国现代农业科学技术的引入、农业机械作业范围的最小规模限制问题,改变了中国小农经营的科学技术落后情况。现代农业社会化生活服务体系的出现间接导致农业的生产方式规划大致分为两个阶段,一是小农经济:家庭经营+落后的科学技术手段+自给自足;二是社会化大生产的农业:家庭经营+先进的技术手段+社会化服务体系+商品经济。相应地,家庭经营也存在两种经营形态,一种是小农经济下的家庭经营;另一种是社会化大生产条件下的家庭经营。因此,在过去曾把家庭经营看成等同于小农经济是错误的看法。

法国农业经济学家罗歇·韦利说:"真正的农业,卓有成效的农业,一定要以个人负责为基础。"美国前农业部长弗里曼说:"当劳动者的利益直接取决于他的工作时,便产生了刺激,这种刺激是大农场——不管是私有的、公有的、合作经营的还是国有的——所不能产生的",这也是长期以来农业工厂化劳动始终无法取代家庭劳动的根本原因,因此农业生产不适合工厂化劳动,而更适合采用家庭经营的生产方式。

美国的农业生产方式:在美国,人均耕地面积大约为12.8亩,是中国人均耕地面积的10倍左右。但是在美国,从事农业生产种植的人数仅占全国人口的2%—3%,所以相关数据统计出来的美国人均耕地面积非常可观,农场经营面积也相应较大。在20世纪早期,美国农场平均经营规模为140多英亩,到80年代后期这一数据已达到400多英亩。虽然农场经营规模不断地扩大,开展农业大规模地生产种植,但是美国的农业生产方式和相关制度从始至终都是以家庭为基本的农业生产种植主体。1987年,美国的农场中,家庭式农场占总数的87%;合伙式农场占10%;公司式农场占3%。再加上一些合伙式的农场和公司式的农场也都是以家庭经营为主,因此可以说美国99%的农场是通过家庭进行管理[①]。

日本的农业生产体系:日本总国土面积较小,但是人口密度大,导致

[①] 《中国农业生产方式与美国的比较》,https://www.taodocs.com/p-250996246.html,2019年5月27日。

日本农户人均耕地面积只有 0.8 公顷左右。日本在"二战"后进行了农业体制改革，以土地赎买的方式从地主手中收回了全部的土地，并将土地的经营使用权转交给了广大的农民，日本农业种植从传统的土地租赁制转变成了自耕制，土地户均种植面积从始至终都很小。为了解决土地耕种面积小的问题，日本政府为此尝试了多种方法，进行了多次的改革，试图扩大土地的开发和经营规模，但最后取得的成果都不太明显。随着农业人口开始向城镇化转移，非农人口逐渐扩大，土地的经营规模随之有所增加，达到 1.5 公顷左右。之所以农业种植规模相比之前并没有增大很多，主要是因为日本许多农民都是兼职农户，他们在发展其他事业的同时并没有放弃农业生产经营。日本的制度性质和特点与美国大致一样，表现出来的都是以土地私有化为基础的农业家庭经营，家庭农场占全国农场总数的 99%。

农业的家庭经营管理体制和农业的规模经营管理、农业的现代化发展之间并不矛盾，这一事实已经被全球的农业发展史所证实。况且目前，在中国人地矛盾极为突出并且大批量的农村人口无路转移的情况下，任何一种人为地推行规模经营和土地流转的行为都有可能不仅无法保障、改善中国宏观整体利益与社会的总福祉，而且有可能导致社会发展变得不稳定，其最终代价将是巨大的。

三 家庭经营的时代意义

从古至今，家庭经营都是农业生产的基本组织形式，其基础地位之所以能一直地稳定不变，其根本原因在于家庭经营模式与农业生产的许多特性相符合。主要包括以下几个方面：（1）家庭成员决定农业生产过程中所涉及的各种事项，正是因为享有对农业生产种植的最终决策权，当农业生产过程中遇到各种灾害时农户才能及时、准确、尽力地采取各种有效措施；（2）家庭经营模式使从事农业生产活动的生产者、劳动者和受益者相统一，权责明确。家庭成员之间有共同的利益目标并为之不懈努力，农业生产活动中充分调动了家庭劳动力，几乎不需要进行过程监督就可以有效地保证农业生产工作顺利进行，不仅能最大限度地保障农产品的正常生产和安全质量，也能最大限度地获得农产品带来的收益；（3）家庭经营模式能在很大程度上避免农业生产中短期行为造成的不利后果，家庭成员在耕种时自发地对土地采取保护措施，不会无节制、无顾忌随意使用土地，从而对耕地、农业生态平衡起到很好的保护作用。

家庭经营模式下,耕地的分布比较分散并且农户对土地拥有最终决策经营权,这样会使村组织在农业生产一体化的建设过程中比较困难。当前,中国农业在家庭经营模式下出现了一些新问题和新现象,例如,家庭经营下的农业生产正在面临种田难以实现增收致富的困境;随着城镇化进程的加快,农民开始向非农转移,土地流转面积不断增多。在这样不断变化的情况下,为了顺应现代农业发展的基础性要求,原有的农业经营管理方式应该有所创新。在创新的过程中一定要结合本国实际情况,不追求最佳的农业现代化模式,只需找到最适合中国发展农业现代化的模式即可。从各国的实际经验来看,一些发达国家在推动农业现代化建设方面已探索出了不同的适合自身发展的模式:在人少地多的国家,如美国、加拿大等,采用大规模的家庭农场道路;日本等耕地面积小的国家更多是采用小规模的家庭农场道路;德国基础条件则是介于上述两种情况之间的国家,它采用的是适度规模的家庭农场道路[1]。上述的这三种模式虽然条件迥异,但是也都存在着共同之处,即都是采用以人为基础的家庭经营体制,甚至在农业机械化程度最高的美国,全国所有农场中90%都是家庭农场。

人多地少一直以来都是中国农业的基本国情,中国农业的主要经营形态和方式始终都是农户小规模的分散经营。这种经营方式不利于先进生产技术的应用和劳动生产效率的提高,在一定程度上减缓中国农业现代化的进程。随着近些年来中国工业化、城镇化以及建设产业的不断迅猛发展,许多农村剩余劳动力都逐渐转向了非农劳动就业,为继续扩大规模经营,探索适度的规模经营等方式创造了有利条件。自从2010年起,国家每年中央文件都强调"要大力培育新型农业经营主体,加快构建新型农业经营体系",值得强调的是,在进行模式创新的同时要以家庭经营为主。中国是人口大国、农业大国,传统的"小农经济"思想深深植入每一个中国农民心中,再加上中国自然资源等方面的情况,直接决定了中国不能走大规模化农场的农业现代化道路,也不能选择大规模农场和小农户并存的农业现代化道路,目前的农业体制改革都必须坚持以家庭经营为基础。要想大力发展农村经济,就必须从创新经营模式这一角度寻找突破口,世界各国

---

[1] 韩俊:《农业改革须以家庭经营为基础》,《环球财经》2014年第1期。

农业现代化发展到今天，绝大部分国家的农业现代化发展仍是以家庭经营为基础。因此要在家庭经营模式的基础上进行体制创新，创新发展新的经营模式对大力推动农村经济发展具有十分重大的意义。

第三节 农村电子商务

一 农村电子商务的提出

随着中国信息化网络技术的进步和发展，经济和信息都开始迈向全球化，在这样一个大背景下，电子商务应运而生并成为全球经济一体化的重要表现形式。互联网新兴技术的出现和快速发展为电子商务在全球的传播提供了条件，正在向全球各行业、环节和领域推进，它的出现颠覆了原先传统的商务活动。

电子商务的应用发展是基于互联网的快速发展，互联网为电子商务搭建了基础架构。随着互联网技术的迅猛发展，早些年就有许多国家尝试探索电子商务，在1990年以前一些西方发达国家就开始探索和优化网上购物的系统，第一个网上购物系统是由英国的 Michael Aldrich 在1979年发明出来的，用于开展商务活动。1984年，英国的 SIS/Tesco 推出了第一个 B2C 系统，开启了个人消费者在线购物的先河。1985年，美国的 CompuServe 推出了一个较为全面的电子商城。1989年，美国的 Sequoia Data Corp 公司推出了第一个基于互联网的电子商务系统 Compumarket，消费者可以利用互联网购买心仪的商品。这个时候，电子商务市场就已基本成型。

关于电子商务的概念目前还没有比较权威的定义，其随着市场的发展不断演化。电子商务的概念最早是由美国的 IBM 公司提出，其在1996年引入了 electronic commerce（E-Commerce）的概念。随着对电子商务的不断深入理解，之后该公司又在1997年底提出了 electronic business 的概念，美国政府则在同年7月发布了一份关于电子商务的白皮书，从此电子商务引起了全球的广泛关注。关于什么是电子商务，不同的专家学者、企业家、政府部门等从自身的需求和权限出发，都有自己的看法和观点，对电子商务的理解也不尽相同。联合国经济合作与发展组织（OECD）认为电子商务的开展是建立在开放的网络上的，主要是企业之间、企业和消费者之间进行的商业交易；美国政府在"全球电子商务纲要"中指出电子商务是通过互联网开展的包括交易、支付和服务等各项商务活动；中国关于电子商务的定义是"网络化的新兴经济活动，即基于互联网、广播电视网和电信网络等电子信息网络的生产、流通和消费活动，而不仅仅是基于互联网的新型交易或流方式"①。综合多种看法，总的来说电子商务的定义可划分为广义和狭义两种，广义的电子商务是指使用各种电子工具从事商务活动；狭义的电子商务指以互联网为交易平台的商务活动。目前，通常认为电子商务是一种泛指在现代通信技术和移动互联网环境下，买卖两者之间不需要相遇即可以直接实现两者之间的信息互换和沟通，促成两者之间交易活动的一种新型商业运营模式，简单地说就是一种利用移动互联网的电子手段和工具直接从事各种商务和经济活动。电子商务的到来使得商业贸易活动不再仅仅局限于面对面地直接进行，而是突破了传统的时空概念，没有了时间与地域上的限制，增强了购买者与卖主双方的互动性，降低了交易的成本，提高了效率。

农村电子商务是在电子商务的基础上形成的一种新模式，是电子商务的一个分支。农村电子商务的出现主要是为了解决农产品的销售问题，是在原来电子商务的大范围下细化出来的产物，主要是涉农的电商贸易活动，将农产品通过网络电子商务平台开展各种贸易活动。农村电子商务的出现使农村各项资源都得以充分地利用，服务于农村，使其成为覆盖全国各个县、镇、村的综合性"三农"信息服务站。农村电子商务与一般的电子商务相比，共同点是两者都利用电商平台买卖产品，开展交易活动，不同点在于农村电子商务所经营的主要是涉农产品，以农产品生产和经营为主体，进而开展的农产品生产经营、网络营销等一系列电子交易活动，目的是实现农产品上行和消费品下行，扩宽农产品的销售渠道，实现农民增收。电子商务是泛指通过电子商务平台向客户销售所有商品，农村电子商务是对电子商务这一概念的延伸，两者是包含和被包含的关系。由于农业和农产品本身具有的一些特性，农村电子商务与其他行业的电子商务有很多区别，其特征主要有以下几个方面：

---

① 2007年国家发改委和国务院信息化工作办公室联合发布的《电子商务"十一五"规划》中所提出。

农村电子商务的特征之一是经营主体身份变动的自主性原创活动。从总体看，国内大部分地区的农村电子商务的起源是从农民进行试探性行为开始发展的，这些自主行为参与者积极性很高，有很强的市场化意识，主体身份走向市场化。首先从农户身份的转化，这是开创性的转化，从农业生产者转变为产品销售者，农户转换了社会角色，由以前的小农经济类型生产发展成为了由小家族为单位的微小企业；紧接着，从微小企业发展成具有一定规模的公司。当前，大部分电商主体还处在处于微小企业，需要面对最重要的过渡阶段。

农村电子商务的特征之二是发展过程中其辐射效应和集群效应不断凸显出来。与一些传统的企业发展模式不同，农村居住密集，人们交往范围比较集中，在农村具有显著的集群效应。当农村电子商务发展起来后，从总体来看，某一产业逐渐发展壮大并非完全是农村电子商务的应用所产生的结果，而是最初由从事某一产业的一个公司所带来的辐射性，在集群效应、财富效应等多个因素的共同作用下，使全村、县相关产业共同发展壮大。在农村，一般是在一两个主动探索主体转型成功之后，其他村民对其转型方向方法进行模仿和传播，这与中国农村独有的文化、传统有一定关系，信息极易扩散。在这样高密度、高同质性的商业环境下，虽然会形成行业的竞争关系，但也更容易形成完整的产业链和企业的联盟。

农村电子商务的特征之三是一些农产品具有明显的区域性。相较于城市的电商，农户的网商在电商素质、信息透明度，以及对市场认知程度上都处于弱势，而它们的优势则是拥有得天独厚的资源禀赋。如堰下村的花木、清河县的羊绒、海宁的皮革等，都是结合了自身地域优势。

农村电子商务的特征之四是农村电子商务依赖于互联网和服务平台。由于农户在农村受到了环境和自身电商素养的影响，交通不发达，信息堵塞，无法把控市场需求，农民难以在传统的交易方式下从事买卖交易。从电商网络平台的出现，一定程度上为农民解决了麻烦，网络平台能直观反映人们的各种消费需求，农户网商只需要在平台上注册和提供商品信息，就能实现对应供需，从而顺利销售产品。农村电子商务的早期发展对互联网和服务平台有较强的依赖性。

关于农村电子商务的发展历程，其最早应用起源于美国，全球真正意义上的农村电子商务的应用就发生在20世纪90年代的美国得克萨斯州的美孚尔农场。中国在 20 世纪就开始发展一些涉农的电子商务，但是由于信息化的水平的落后，导致农村电子商务发展处于较低水平。近几年，随着信息化的不断深入，再加上政府在 2015—2008 年的中央一号文件中连续提到农村电子商务并采取多种措施加以支持，中国农村电子商务才开始迅猛发展。结合农村电子商务发展的阶段性特征，中国农村电子商务的发展可以划分为涉农电子商务阶段（1994—2004 年）、农产品电子商务阶段（2005—2012 年）、农村电子商务阶段（2013 年至今），各个发展阶段的具体情况如下：

涉农电子商务阶段（1994—2004 年）：这一阶段的主要任务是电子商务基础设施的建设，在农村进行信息化和道路的建设，这是农村电子商务发展的基础阶段。当时，中国的信息化建设相较于欧美国家晚二十年，农村地区的信息化水平更是十分落后。从 1994 年开始，中国实施"金农工程"，到 2005 年末已经取得了阶段性的成果，农村地区基本上都能通上电话，很多地区都修建了公路。之后，随着互联网的迅速发展和电子商务的应用，一些涉农网站开始出现，提供技术、产品、政策、市场等信息服务。

农产品电子商务阶段（2005—2012 年）：从 2004 年开始政府每年会发布关于农业、农村的一号文件，对农村发展给予政策支持并指引正确的发展方向。在这一阶段，农村基础设施的建设加大投入力度，农村地区的信息化水平也不断提高。在 2005 年，出现了中国第一家农产品网络零售商"易果生鲜"，主要是为城市一些收入水平较高的家庭提供进口水果。这一阶段主要是农产品交易服务，不再局限于以前的信息服务，许多企业开始涉猎农产品电商领域。

农村电子商务阶段（2013 年至今）：这一阶段电子商务从原先的侧重促进农村经济的增长转向促进农村全面转型。这一阶段，党中央加大对电商的支持力度，2010 年起连续几年的中央一号文件中都提到要大力发展电子商务，2015 年首次提到"农村电子商务"这一概念，之后每年的中央一号文件都有提到农村电子商务。在社会各界的共同努力下，农村电子商务取得了突破性的成就，2019 年全国农产品网上零售市场总体交易规模已经累计达到 3975 亿元，同时带动 300 多万名贫困地区农民解决就业实现增收，成为助力脱贫攻坚和巩固脱贫攻坚成果的重要手段。

二 农村电子商务相关政策梳理

当前,中国农产品电子商务发展得十分迅速,在很大程度上拉升了农村经济,提高了农民收入,但是也存在着一定的问题:第一,中国农产品电子商务与发达国家相比存在着一定的不足之处,在基础设施建设方面还不足,物流网络不发达,运输成本高。第二,电商专业人才匮乏,最近几年虽然中国移动互联网的信息技术发展非常快,普及度也得到了提高,但是宽带还未实现全覆盖,一些农村偏远地区家庭仍然没有通宽带,并且大多数农村文化水平程度较低,思想还相对于比较传统,风险承担能力弱,对于接受具有虚拟特征的电子商务更存在着诸多顾虑。目前中国电子商务的信用监管体系还存在着一些不足和缺口,网络虚假诈骗事件、买卖双方信用出现虚假情况经常发生,这些问题也加重了农民心中的顾虑,在一定程度上制约着电子商务的发展。第三,农产品品牌标准不完善。许多农产品都没有建立相应的品牌,也因此没有相应的品牌标准来约束。由于农产品种类多、具有季节性等多种特征,质量标准体系很难做到完全地兼顾所有农产品,目前相应的质量体系尚未完善,由于体系的不完善而导致出现许多违规现象,这严重损害了广大农民的切身利益。第四,农产品的品牌意识较弱。许多农产品没有强势的品牌作为支撑,广大农民缺乏必要的品牌意识,这将会直接影响未来农产品电子商务的持续稳定发展。

为了有效地规范促进中国农村电子商务能够尽快走进农村,带动农村经济的健康繁荣发展,规范和推进农村电子商务,使农村电子商务能够得到更高效有质量地持续健康发展。从 2015 年起,国务院新闻办公室发布《关于大力发展电子商务加快培育经济新动力的意见》[①],并随之相继颁布了一系列的相关政策,从而在政策上指导农村电子商务的规范推进工作。在这些政策的支持下,从 2015 年起,中国农村电子商务的发展呈现了快速增长的态势,梳理 2015 年到 2020 年农村电子商务相关政策,具体内容如表 2—5 所示。

---

① 国务院为促进电子商务能创新发展从而出台该项政策,并针对电子商务如何发展做出了总体部署。

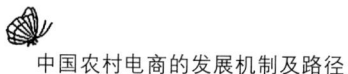

表 2—5　　　　　2015—2020 年中国农村电子商务相关政策

时间	发布单位	政策文件	相关内容
2015 年 2 月	国务院	《关于加大改革创新力度加快农业现代化建设的若干意见》	加快全国农产品市场体系转型升级，创新农产品流通方式
2015 年 5 月	国务院	《关于大力发展电子商务加快培育经济新动力的意见》	为促进电子商务创新发展作出部署，推动转型升级，积极发展农村电子商务
2015 年 5 月	商务部	《"互联网＋流通"行动计划》	将在农村电商、线上线下融合以及跨境电商等方面创新流通方式，解决电商"最后一公里"和"最后一百米"的问题
2015 年 7 月	国务院	《国务院关于积极推进"互联网＋"行动的指导意见》	明确"互联网＋"电子商务重点行动，提出要积极发展农村电子商务，开展电子商务进农村综合示范
2015 年 9 月	农业部、发改委、商务部	《推进农业电子商务发展行动计划》	明确了农业电子商务的总体目标和具体任务，提出了 20 项具体行动
2015 年 11 月	国务院	《关于促进农村电子商务加快发展的指导意见》	全面部署指导农村电子商务健康快速发展，明确了三方面重点任务和七个方面的政策措施
2016 年 1 月	国务院	《关于落实发展新理念加快农业现代化全面实现小康目标的若干意见》	提出要推进农村产业融合，加强农产品流通设施和市场建设促进农村电子商务加快发展
2016 年 5 月	农业部等 8 部门	《"互联网＋"现代农业三年行动实施方案》	出台支持农业电子商务发展的具体扶持政策
2017 年 2 月	中共中央、国务院	《关于深入推进农业供给侧结构性改革加快培育农业农村发展新动能的若干意见》	专设一小节从多个方面强调"推进农村电商发展"
2017 年 8 月	商务部、农业部	《关于深化农商协作大力发展农业农产品电子商务的通知》	要求开展农产品出村试点和农产品电子商务标准化试点，打造农产品电商供应链

续表

时间	发布单位	政策文件	相关内容
2017年12月	农业部	《关于深入实施贫困村"一村一品"产业推进行动的意见》	明确"一村一品"产业推进行动的指导思想、发展目标、重要任务和工作要求
2018年5月	财政部、商务部、扶贫办	《关于开展2018年电子商务进农村综合示范工作的通知》	为2018年深入推进电子商务进农村综合示范工作提出了基本原则、目标,财政支持中点、工作程序和要求
2018年8月	全国人大常委会	《电子商务法》	鼓励各类社会资源加强合作,促进农村电子商务发展
2019年1月	国务院	《关于深入开展消费扶贫助力打赢脱贫攻坚战的指导意见》	通过社会各界消费来自贫困地区和人口的产品与服务,拓宽贫困地区农产品销售渠道,助力脱贫攻坚
2019年2月	中共中央、国务院	《关于促进小农户和现代农业发展有机衔接的意见》	提出要推进面向小农户的产销服务,实施"互联网+"小农户计划,发展农村电子商务
2019年4月	国务院、财务部、商务部	《关于开展2019年电子商务进农村综合示范工作的通知》	鼓励各地优先采取以奖代补、贷款贴息等支持方式,通过中央财政资金带动社会资本共同参与农村电子商务工作
2019年5月	中共中央、国务院	《关于建立健全城乡融合发展体制机制和政策体系的意见》	完善农村电商支持政策,实现城乡生产与消费多层次对接
2019年12月	农业农村部、财政部等	《关于实施"互联网+"农产品出村进城工程的指导意见》	推动建立适应农产品网络销售的供应链体系、运营服务体系和支撑保障体系
2020年5月	财政部、国务院、商务部	《关于做好2020年电子商务进农村综合示范工作的通知》	健全农村电商公共服务体系,培育壮大农村市场主体,夯实农村物流设施基础,以信息化驱动农业农村现代化
2020年6月	财政部、商务部	《关于设立农村电商公开课的通知》	进一步整合农村电商培训资源,提升电子商务进农村工作实效,完善农村电商培训

中国最早出台的电子商务相关政策是国务院办公厅在2005年发布的

《关于加快电子商务发展的若干意见》，之后在乡村振兴战略实施的大背景下，国家政府从全局出发先后出台了 40 多个农村电子商务领域相关的重要政策。中国农村电子商务发展水平从 2015 年开始迅速增长，从多角度、多领域、多层次出发相继出台和完善了众多与农村电子商务相关的政策。在 2015 年 2 月，国务院出台了《关于加大改革创新力度加快农业现代化建设的若干意见》政策文件，文件主要提出要加快发展农村电子商务，创新农产品流通方式，农产品市场体系要转型升级，不能只遵循原来较为单一的市场模式，同时又针对农村电子商务发展过程中遇到的问题提出了 10 项举措，该政策为之后农产品与电子商务的深度融合打下了良好的基础；2015 年 5 月商务部出台的《"互联网 + 流通"行动计划》中提到农村电子商务要与线上线下、跨境电商深度融合，创新农产品流通方式，争取解决物流方面的"最后一公里"和"最后一百米"的问题；2015 年 11 月国务院印发的《关于促进农村电子商务加快发展的指导意见》明确指出农村电子商务是转变农业发展的重要手段，也是实现精准脱贫的重要途径，要将实体店和电子商务进行有效融合，加快农村电子商务的发展，该政策充分肯定了农村电子商务的重要作用；2017 年 2 月印发的中央一号文件《关于深入推进农业供给侧结构性改革加快培育农业农村发展新动能的若干意见》为后面农村电子商务的发展指明了方向，同时也为农村电子商务的发展提供了强大的政策支持；2017 年 8 月商务部、农业部联合印发了《关于深化农商协作大力发展农业农产品电子商务的通知》，针对农村电子商务提出了 10 项重点任务，如建立电商基地、搭建电商供应链、打造电商品牌等；2018 年 5 月印发的《关于开展 2018 年电子商务进农村综合示范工作的通知》从资金方面提出了以奖代补、贷款贴息等支持方式；2019 年 1 月出台的《关于深入开展消费扶贫助力打赢脱贫攻坚战的指导意见》号召社会各界消费群体要主动积极地购买贫困地区的产品，通过消费扶贫方式助力脱贫攻坚，该政策让全国人民通过电商都参与到了助力脱贫攻坚的行列中；2020 年 6 月印发的《关于设立农村电子商务公开课的通知》提出要加大农村地区电商培训力度，该政策的出台促进了农村地区出现了越来越多的电商专业人才。众多政策的出台极大地推动了中国农村电子商务的发展，是农村电子商务发展的坚强后盾和保障，从总体全局出发为其指明了正确的发展方向，是农村电子商务取得巨大成就不可或缺的重要因素。

第四节 国内外研究综述

一 农村电子商务的概念与内涵

目前农村电子商务的概念并没有一个统一的定论，许多学者从不同角度提出了他们对于农村电子商务的概念和看法。周畅（2019）认为农村电子商务能够被理解为一种充分利用互联网技术的时代产物，农民通过电商平台把农产品卖出去，城里的工业品也能够销售到农村中，即能够实现农产品的上行和消费品的下行，通过这种方式能够在很大程度上缓解农产品滞销的问题，提高农民收入的同时还能够刺激农村地区的消费水平[①]。骆巧巧（2013）从传统的商品贸易角度来理解农村电子商务这一概念，认为中国农村电子商务的实际性和本质意义是一种商品的交易活动，就是通过互联网直接进行各类农产品的交易活动，通过物流把各类农产品从贫困地区的农民手中运输到广大消费者手中的一种电子商贸。洪勇（2016）从农村产品类别这一角度出发，认为农村电子商务是与农村资源密切相关的一种电子商贸，也可以被认为是中国农村资源和工业化产品服务类型之间的双向流通。李欣（2012）从农村电子商务产业价值链这一角度出发，认为农村电子商务的整个过程是一个产业价值增值过程，产业增值过程中涉及的主体包含农户、农产品加工厂、经销商、物流服务体系、网络平台、支付服务平台、认证机制、监督管理机构和消费者。韩萌（2017）认为农村电子商务是充分利用现代互联网信息技术，促进城乡之间信息流、商流、资金流的流通。笔者认为农村电子商务不仅仅是局限于一些农产品和工业品的消费，它是一个利用数字化、信息化的科技将农村与全国甚至是全世界各地相连接的平台，使农村资源（包括农产品、乡村旅游、乡村文化等）走出去，外面的一些资源信息输入进来的媒介。

二 农村电子商务的研究现状

1. 农村电子商务的作用

关于农村电子商务的出现各个学者都有着自己的一些看法。世界各个

[①] 周畅：《"互联网+"中农村电子商务的发展探讨》，《智库时代》2019年第35期。

国家在"小农户"与"大市场"对接方面都存在着一些问题（Markelovaetal.，2009；Wigginsetal.，2010；Poultonetal.，2010），在"小农户"与"大市场"对接过程中存在的问题主要是信息不对称以及销售渠道不畅通。信息不对称的问题主要表现为大多数小农户综合素质低，很难利用周围可用资源来掌握市场上一些关于农产品的价格、供求等相关信息，他们在进行生产经营时大多数都是根据上一年度的市场情况和自身经验来决定今年的农产品生产计划。由于农民获取的市场信息不全面，经常会出现农民对农产品的供给和市场上对农产品的实际需求不匹配等相关问题，导致最后出现农民"增产不增收"等现象。而且，即使小农户在生产之前了解了一些市场信息，如果销售渠道不畅通也会导致农产品滞销，出现"菜贱伤农"的现象。农村电子商务是现代化信息技术和农业生活现代化相融合的必然产物，能够在很大程度上解决和改善传统的农业信息不对称及和农产品市场销售渠道不畅通的现实性问题（Poole，2001）。近些年，电子商务的快速发展在很大程度上增强了农村的内源发展动力，赋予了农民新技能，为农村扶贫工作提供了新路径、新思路。AnitaKelles Viitanen（2003）认为发达的信息科技水平在扶贫方面会起到很好的积极作用，不仅能够带动农村地区经济的健康快速发展，也能够带动教育和公共服务水平的提高，提升政府的治理能力。许多著名国际机构都提出可以通过电子商务技术来开展一些扶贫、帮贫计划，例如IN4D（Information Technologies for Development）即利用信息技术促进发展（世界银行，1994，1995）、TCT4D（Information&Communication Technologies for Development）（世界发展研究中心，2003）和ICT4P（Information&Communication Technologies for Poverty Reduction）（世界信息峰会，2005）等机构都出台了一些利用电商开展扶贫的措施。

近些年来由于国家对"三农"问题越来越重视，不断地投入资金加大对农村电子商务基础设施的建设，农民的物质生活水平日益提高、收入也得到了快速增长、农村网民的数量也持续迅猛增长，再加上电子商务本身就具备信息更新及时、成本较低等优势，所以很大程度上促进了农村互联网电子商务的产生（方成，2014）。农村互联网电商的出现促使原来较为偏僻的乡村也能够获得与城市相同的产品，不再局限于当地附近的商品，这也很大程度上改变了原有的乡村生活模式（于红岩，2015）。随着国家政策、资金和技术的大力支持，目前农村地区的道路和网络基础设施逐渐完善，农村地区网络覆盖不断提升，网民数量也在逐年增长，物流运输体系日益完善，许多地方物流"最后一公里"的问题已经得到解决。据统计，2019年全国农产品网络零售额已经达到3975亿元，同比增长27%，让农村地区300多万贫困户都实现了增收①。从地区的发展情况来看，目前中国的农村电子商务已经呈现出了区域性发展不平衡的问题，主要表现为东部地区电商发展水平远高于中西部地区（王波等，2018）②。目前农村电子商务的整体分布主要表现为以浙江为中心向周围省份扩散，先向东部沿海地区扩散，继而向中西部地区扩散，淘宝村、镇目前在国内的分布情况就能很好地说明这一点（龚榆，2018）。随着电子商务的逐渐深入发展，农村地区网民规模逐渐扩大，宽带入户率不断提高，小农户通过网络与外界的信息交互效率大大提高，许多农户都尝试使用电子商务平台与外界开展贸易往来（韩弘，2019）。越来越多的农民通过电子商务实现了增收，帮助许多贫困人口实现了脱贫致富，给农民带来了实实在在的收益。虽然依靠电子商务不能完全解决农村贫困问题，却是解决农村贫困最有效的途径（冯文静，2017）。2020年底中国已实现全面脱贫，电子商务仍是未来巩固脱贫攻坚成果的重要工具。在"互联网+"这一大时代的背景下，农村电子商务作为一个服务于"三农"的战略性新兴产业，为中国农村电子商务的发展注入了强劲的生命力，加快了中国实现乡村振兴的步伐。

2. 农村电子商务的影响因素

通过文献梳理分析，学者们认为中国电子商务有目前这么好的发展态势是由以下几个因素共同作用的结果：

首先是由于农村自我发展需要所驱动的。凌红（2017）认为农村有广阔的土地、丰富的自然资源、廉价的劳动力以及低成本的创业门槛，这些是城市相较于农村所没有的特点优势。胡天石、傅铁信（2005）、苑金凤（2014）认为电子商务在使得农产品的销售突破时空界限限制的同时，也加快了线上的市场竞争，从而倒逼线下的农产品生产更加标准化和服务优

---

① 2020年5月12日商务部副部长王炳南在国务院政策例行吹风会上所讲述。
② 王波、王兴帅：《新常态下农村电商发展研究——以山东省为例》，《商业经济研究》2018年第3期。

势化。

其次是由于政府的大力支持、电商企业和农民相互协作所造成的。HongBG.（2014）认为农村电子商务涉及多种影响因素，其中政府所扮演的角色尤为重要，农村电子商务的发展离不开各级政府的推动和支持。钟燕琼（2016）认为农村电子商务的快速发展始终离不开政府近些年的大力支持，各个大型电商企业之间的行业竞争和农村居民参与度的不断增强等因素都是导致农村电子商务迅速发展的重要原因。郑亚琴、郑文生（2007）、李艳菊（2015）认为农村地区的电商基础配套设施不完善以及物流体系的不发达等因素，都会限制一个地区电子商务的开展，而政府的大力支持和积极作为的态度是农村电子商务发展进步的必要保障。

最后是由于创业主体在逐渐发展壮大。魏延安（2015）指出当前农村电子商务多以青年电商创业为主体，拉动新生消费需求，催生农村新产业。陈亮（2015）认为创业主体主要是指一些返乡创业的大学生以及之前是外出务工的人员等，他们是农村电子商务发展的中坚力量，拥有创新精神，敢于创新。方成（2014）认为目前农村网民数量的快速增加也为农村电子商务的发展提供了强大了推动力，许多中老年农村居民也开始直接或者间接地加入网购队伍中。郭承龙（2015）认为与城市电子商务相比，农村电子商务主要发展特点之一就是以本地农民工和草根创业为主，他们在外面创业打拼积累一定的运营经验和资源，回到家乡去实地挖掘家乡拥有的优势和产业资源后进行创业，创业的成员大都是家庭成员。一旦获得成功，由于财富效应，很快就会迅速吸引周围其他农村成员加入创业大军中，大量人员的加入会形成更具规模的电商发展团体，然后以家庭为基本单位开始生产制造产品，整个村内打造成一条完整的电商产业链。

虽然目前农村电子商务呈现出良好的发展态势，但也存在着许多因素制约其发展速度，制约因素主要有以下几个方面：

（1）基础设施不完善。Juan Rendon Schneir；Yupeng Xiong（2006）指出农村的网络建设费用要高于城市地区，这会在一定程度上导致农村地区的网络覆盖不高。Brizetal. J（2016）针对西班牙的食品电子商务市场展开了研究，研究发现信息通信对农村电子商务的发展起着至关重要的作用，这些基础设施的缺乏也将会阻碍电商的发展。周畅（2019）指出贫困地区一般位于比较偏僻的地方，基础设施落后，交通不便使农产品不易送到消费者手中，再加上农产品具有易腐性特征，太长的运输过程会让农产品容易腐烂，这就会导致农村电子商务发展受到影响。胡平源（2015）指出中国大部分农村地区物流体系并不发达，物流不发达导致电商运输成本高，影响电商的快速发展，"最先一公里"和"最后一公里"问题在大部分农村地区都未解决。贺国杰（2015）认为农村地区基础设施不发达、时效性差、物流公司和电商企业之间的配合不够畅通、快递公司出于运营成本和公司信誉等问题拒接农村地区的物流订单，使农村地区物流变得更加不畅通。另外，基础配套设施条件也存在不足，韩弘（2019）指出目前普惠金融政策在农村地区仍相对落后，农村电子商务获得的资金支持还远远不够，制约了电商企业的进一步扩大发展。

（2）同质化现象严重。洪勇（2016）指出现在农产品同质化现象很严重，产品溯源管理体系不完善，多数厂商缺乏品牌经验，自身很难进行农产品品牌创新来提高农产品附加值，从而使得各个厂商之间价格竞争日益激烈。陈佳华、叶翀（2015）认为目前中国的农村电子商务经营是以当地特色产业为主，例如新郑大枣、信阳毛尖等，由于农村电子商务门槛低，缺乏产品创新，所以一些电商模仿、复制其他比较成功的农产品，使这些农产品在市场上陷入低价营销的困境。杨静（2008）认为农产品的同质化问题比工业品严重许多，农业不能像工业一样进行大批量、标准化生产，不具标准化优势，这会在一程度上影响农产品的生产安全，不利于体现出电子商务的优势。

（3）电商平台不完备。电商网站的信息安全性、质量及其服务也是直接影响农村电子商务发展的另一重要因素，网络交易过程中隐藏着许多安全隐患，一些黑马、病毒、黑客等严重威胁着网络安全，个人隐私可能会被暴露，给商家和顾客带来很大的不便。Volpentesta and Ammirato（2007）将意大利211家企业作为研究样本，认真分析了企业的网站界面，发现许多网站功能都不完善，有些甚至没有支付交易功能。洪勇（2016）指出目前中国开展农产品交易活动的电商平台主要是第三方企业创建的或者是农户自发创建的简易平台，专门为农产品提供交易的电商平台很少，并且这些平台的安全性、服务性以及美观性等都远不及国内的那些大型综合类电商平台，另外政府对那些新兴的电商平台和平台内的农户给予的优惠力度不太大①。巫江（2005）针对甘肃省的农村电子商务发展现状以及目前存在的问题进行了深入分析研究，经过研究发现甘肃省的农业互联网网站人员数量较少，规模小，农业信息服务系统不完善，其实际应用只处于发布信息的初级时期。

（4）电商专业人才严重缺乏。农村电子商务是一个系统工程，优秀的农村电子商务相关专业人才培养是保持农村电子商务良好发展的重要有力依托，而目前农村电子商务相关专业人才十分严重匮乏。相关报告指出未来电商专业人才很稀缺，特别是市场运营、产品设计和数据分析这三类人才②。由于农户所接受到的教育水平相对偏低，文化素质相对中等偏下，关于一些新兴社会事物的主动接纳认识能力比较弱，教授他们电商技能并能掌握的难度比较大。除了在培养人才方面存在困难，在留住人才方面也存在很大的困难，许多农村人才偏向于去比较发达的城市地区发展，且较大多数农户在外学成后很少回归农村带动家乡发展，反哺意识不强，进一步加剧了农村电子商务专业人才的匮乏程度。龚榆（2018）指出虽然近些年来国家鼓励农民工和大学生等有志青年返乡创业，但是由于城乡生活水平差距较大以及创业存在风险，大多数人还是更愿意留在城市生活，这就导致农村人才净流入可能形式负数。张柯（2016）指出中国农村地区"空心化"问题比较严重，农村地区的中青年人群并没有长期在农村从事农业，而是选择常年在外务工，这样一来农村地区留下的人群主要是老人和小孩，缺乏了解电商的专业技术人才。李亚杰（2015）认为电商专业人才的缺失阻碍了中国大部分农村地区电子商务的建设和发展。苑金凤（2014）指出为了有效保证网销农产品的质量，网商经营者需要向相关部门进行食品安全认证，但是整个认证过程比较烦琐，而且需要支付较高的认证费用，这对于一般小农户来说缺乏现实可行性，导致很多农户无法直接加入电子商务大军中。

3. 农村电子商务的发展对策

针对农村电子商务发展过程中遇到的问题，众多学者根据相关研究提出了自己的对策建议。洪勇（2016）指出发展农村电子商务要首先完善基

---

① 洪勇：《中国农村电商发展的制约因素与促进政策》，《商业经济研究》2016年第4期。
② 2015年10月阿里研究院发布的《县域电子商务人才研究微报告》。

础配套设施的建设，多建设物流快递服务点，最大限度地解决"最先一公里"和"最后一公里"难题；加强培养农村地区电商专业人才；为保证产品质量建立健全产品质量溯源体系；对农产品实施品牌化、差异化策略来缓解产品同质化问题；探索农村电子商务金融发展路径。孙毅（2017）指出，兴建农村基础配套设施、加大宣传工作力度、增加专业人才引入、改变农民消费观念等都将有助于推动中国农村电子商务政策优化。甘小冰（2013）认为要充分地借鉴一些发达国家的农村电子商务发展模式，引入农业专业协会指导农产品的运营，构建产业链一体化。郑舒文（2017）认为可以从五大方面入手来加强农村电子商务的发展：加强农产品销售培训工作、灌输农村电子商务发展理念、加大培养电商人才、建设电商产业园、合理配置和协调各方资源。任晓聪（2017）提出要转变农民传统思想，引导广大农民参与农村电子商务的发展过程中，加强培养电商人才，对整个农产品交易过程加大监督力度。王波（2018）提出在人才培养方面，要多层次、全方位、多角度地开展培训工作，不仅要加强培训本地群众的电商技能，还要鼓励原籍人才返乡，更要吸引外地优秀人才；在基础设施建设方面，要加快农村地区基础设施建设，包括物流配送体系、公路、县乡村三级服务体系、冷链仓储体系等；在农产品管理方面，要实施品牌化战略，完善农产品质量可靠性追溯体系，加强农产品标准化管理体系建设；在惠农政策方面，拓宽资金来源渠道，加大财政扶持力度。钟芸（2018）指出，农村电子商务要想实现迅速发展，当地政府相关工作人员需要加强对农村电子商务领域的了解，并不断地完善和制定监管政策、加大对人才和技术政策的支持力度。单文丽（2019）得出，普通高等学校兼具着就业社会保障服务功能，为了加速中国农村电子商务发展，要大力开设电子商务等相关专业，培养电商专业人才，让高校的人才、技术和资源发展延伸到广大农村地区。

Tania Ferreira（2017）为了更好地满足用户的需求，认为可以在农村电子商务中引入智能技术，通过智能化分析客户行为以及消费习惯，并从中寻找多种方式改善与客户之间的关系，开展多种营销方式形成消费黏性，进而获得更多的利润。在供应链方面，Jang W（2009）通过创新构建模型让中小企业进行合作来解决农产品供应链中出现的问题；Ruizgarcial（2010）提出可以对农产品采取跟踪措施，进而方便物流查询,提高供应链跟踪速度。Cheah Ws(2014)对可能影响农村电子商务的各种因素都建立了模型,最终得到了能够帮助加快农村电子商务发展的积极因素。Jalali A(2011)以伊朗为研究对象,并结合其农村电子商务的实际发展状况,采用定性和定量的方法构建了一个适用于伊朗的农村电子商务发展。

4. 农村电子商务的发展模式

经过文献梳理,总的来说可以分为两类:一种是根据电子商务的理论知识对农村电子商务模式进行划分;另一种是按照出发角度的不同进行划分。

(1)按电商理论知识划分。有学者专门研究电子商务中的B2B模式,如Lerouxetal(2001)定性地分析农业B2B电子商务发展的影响因素,Janom and Zakaria(2003)定量地评价中小涉农企业B2B电子商务发展绩效,Ng(2005)研究了企业采用B2B电子商务模式的影响因素,Strzebicki(2014)研究了波兰在发展B2B农业电商的两种方式。除了B2B模式,也有部分学者专门研究B2C电子商务发展模式,如张华(2016)采用B2C模式构建了物流服务体系,并以此希望能提高农产品的网销量,Hobbs et al.(2003)研究了一些农业相关企业之所以选择B2C电子商务模式的影响因素都有哪些。当然,还有一些专家学者对其他电商模式进行了深入研究,李海平(2011)认为农产品要想通过市场化销售,必须得将C2B电商模式作为主要的运营模式,这是因为中国的实际情况不适合采取C2C模式和B2C模式,郭瑶瑶(2015)认为中国未来"农家乐"的发展应将O2O模式作为主要的发展模式。

(2)按研究角度划分。陈亮(2015)从中国成功一些的县域农村电子商务出发,划分为四种模式:"遂昌模式""武功模式""成县模式"和"通榆模式"。遂昌模式的核心是建立了遂网,其主要起到资源整合作用,整合上游的农产品供货商和下游的消费者,并通过网店协会统一管理整合订单;"武功模式"的核心是招商引资,吸引大卖家到武功县;"成县模式"核心是信任背书以及打造爆款,之后再带动其他农产品;"通榆模式"核心是引进了第三方公司,该公司可以与合作社和单个农户直接对接,并采取措施实现农产品生产标准化、运营品牌化。张柯(2016)从人才和需求角度出发,提出"双驱动力"模式,主要是引进电商人才和提高农村消费需求，盘活农村经济。Wen W.（2007）从智能电商平台的角度出发，创新了农村电子商务模式，提出了电商平台模式可以像英国学习，实现电商平台智能化，这样电商平台在帮助农民解决农产品销路问题的同时，也能根据农产品销售情况对未来农产品的销售趋势做出预测。李毅（2017）从线上线下这一角度出发考虑，认为发展农村要积极地建设电商产业园，不能只单独采取农产品实体店销售或者网上销售中的一种方式，要将线上和线下渠道充分地结合起来，实现"双管齐下"。骆毅（2012）从实际案例出发，根据企业的运营模式，提出了农业企业与超市对接模式、农业企业与社区对接模式、农业合作社与居民住宅对接模式。凌红（2017）从网络经济视角这一角度出发，认为农民可能自身综合素质较差，受制于自身因素无法与农产品消费者很好地沟通交流，从而在农民和消费者之间引入代理人，在农产品的销售过程中让代理人在农民和消费者中间起桥梁作用。Jang W.（2009）从供应链这一角度出发，通过研究和构建模型分析农村中小企业之间的相互合作来解决农产品供应链管理过程中的诸多问题。

目前，农村电子商务发展模式多种多样，有"政府主导+第三方电商企业+农户"、"传统产业+电子商务"、社区团购、电商平台智能化等，不同模式都各具特色。随着互联网的出现和普及，对人们的日常生活方式和消费习惯产生了很大影响，许多新兴的网络应用带来了很大商机。随着微信、微博等网络社交平台的广泛应用，许多人在网络虚拟空间中彼此进行交流和共享信息，使得虚拟社群逐渐形成，并成为产品营销、掌握消费者需求、刺激消费者购买欲望的重要阵地，社交化已经成为一种发展趋势。张夷君（2010）从虚拟社群信任视角出发，了解虚拟社群对消费者网络购物的影响力，并找出了影响网络团购消费者购买意愿的关键因素。汪文波（2016）也从虚拟社群信任视角出发，深入研究了虚拟社群信任对消费者网络购物的影响，并找出关键影响因素。虽然目前农村电子商务的发展模式有很多，关于虚拟社群对消费者购买欲望影响的研究也很多，但是将虚拟社群与农村电子商务结合起来的研究却很少。本书将虚拟社群这一概念应用到农村电子商务中，创新农村电子商务发展模式，接下来对目前虚拟社群的研究进行详细的梳理分析。

三 基于虚拟社群的电子商务研究

1. 虚拟社群的定义

"虚拟社群"这一概念最早由 Rheingold 提出,指的是基于计算机网络社交发展起来的对知识和信息有共同认知的聊天团体。陈晓强认为虚拟社群是"具有特定的共同目标和共同归属感、存在着互动关系的复数个人的集合体",虚拟社群是一种新出现的又真实存在的社群形式,在一定程度上表示互联网时代下的社群模式已经不再局限于以往的实体聚集形式,它是专属于互联网时代的社群形式。王琪从虚拟社群的基本特征、构成要素等方面展开了详细研究,认为一个社群的群体结构稳定并且社群内成员群体意识一致;成员之间保持着稳定的互动关系;成员具有分工合作、共同行动的能力。虚拟社群的概念及其形成机理之间存在着很大的关联性,有相关学者从虚拟社群的形成机理角度出发提出虚拟社群的概念,如 Hagel 与 Armstrong 就曾共同指出,虚拟社群的建立主要是基于商品的交易活动、成员之间的互动交流、成员的想象空间以及成员和企业之间的关联度四大方面。同时,他们还指出,虚拟社群之所以能够持续稳定地发展,主要是因为它可以在一定程度上满足人们的个人兴趣爱好、商品交易、想象和人际关系这四大需求。结合日常生活中的实际应用,他们还指出如果一个虚拟社群很活跃,那么可以在一定程度上表明这一虚拟社群内成员之间的信任度和忠诚度就越高,有利于该虚拟社群的存活时间。

2. 虚拟社群的特性

虚拟社群中成员大多都有共同的兴趣爱好和目标,他们利用网络的虚拟性开展日常沟通交流活动并共享信息。在互联网迅猛发展的大背景下,越来越多的人开始使用社交网络进行沟通交流,并逐渐发展为人们日常生活沟通交流的必不可少的工具,完全融入了人们的日常生活中。于是,在这样的环境下形成的各类社交虚拟社群,已经不再仅仅具有人们拓展人际关系、开展娱乐活动的功能,由于虚拟社群成员之间的紧密黏合性,进而为网络营销提供了规模庞大的消费群体,并创新开拓了一种新的网络营销途径。

随着经济全球化的日益发展和网上购物的大规模普及,许多电商企业开始将营销方式转向虚拟社群,并纷纷探索创新出一种新型、有效的社交化的网络营销模式。在这样的发展大背景下,部分虚拟社群中的成员也看到了社群所能带来的巨大商机和利润，都开始积极地介入社交网络营销这一新兴领域。特别是最近几年，微信、微博等社交聊天软件的火爆，更是吸引了越来越多的人对社交网络营销的关注。顾名思义，社交网络营销是利用社群中的人际关系开展的营销活动，虚拟社群是人们购物、分享信息并开展交易活动的载体，其成员之间的信任度会影响其他人的消费意愿和消费行为，这些现象和问题很值得众多学者去研究。

3. 虚拟社群的信赖机制

社群认同感、社群参与动机、个人信任倾向三个因素是影响虚拟社群成员之间关系的主要因素，通过以上三个因素，成员之间能够形成一种信赖机制。

心理学家 Tajfel 在社会认同理论中表示，当个人认为自己是属于某一群体或者自己与群体内其他成员有相似之处时，则认为是社会认同的表现，他主张社会认同是通过个体对社群的情感联系来实现。黄照贵与颜郁人（2009）从参与虚拟社群的动机这一角度入手，将其动机分为功能性需求、社会性需求和心理需求三大类，以此实现在社群中寻求问题解答、新信息的获取、交易的需求的满意度。McKnightetal 在研究中认为个人信任倾向是个人在不同情况下对他人的依赖程度，并将其分为对人性的信念和信任立场这两个方面。同时认为在一般的情况下，个人关于人性的信念在某种程度上可以说是其信任的来源。汪文波认为，社群的信任感可以通过培养社群内成员对社群的认同感来增强，并建立社群成员之间的互动机制，不断地增强社群成员对社群的黏性和信任感，让社群成员之间能彼此信赖。赵建彬等汽车俱乐部群体为研究对象，发现客户之间存在着一定的心理契约，他们之间的关系互动对心理契约有着十分重要的影响，并进一步影响他们对社群的忠诚度。

品牌是能给所有者带来一定的市场溢价，进而能直接产生增值的一种无形资产，其载体是和其他竞争对手的产品与服务能够区分开的记号、名称、设计及相关组合。品牌之所以能够增值，主要是因为消费者对载体的印象和认知。品牌能在很大程度上代表着消费者对消费产品和服务的认可度和接受度，它是品牌所有者和消费者之间相互磨合的产物。在虚拟社群中，品牌的建立也能为虚拟社群的信赖机制构成起到正向作用，而品牌社群则是以品牌为核心建立的虚拟社群的代表。徐伟在对品牌社群的研究中指出，品牌社能够对顾客的社群归属感和社群忠诚度起直接或间接正向影响，王新新指出消费者关于品牌建设能产生许多社会价值，这能促进形成品牌忠诚。葛继红在对褚橙的案例研究中心指出，品牌的塑造是互联网营销手段中的重要一种，而褚橙通过产品选择、产品质量、品牌策略、价格策略等方式获得了成功。

4. 虚拟社群的传播性

随着互联网技术的发展，QQ、微信、微博等能够建立虚拟社群的平台不断发展和壮大，在虚拟社群之中或者虚拟社群之间的信息传播已经成为社会上不可或缺的一种传播形式。Jones指出，虚拟社群中其最关键的点不是如何构建虚拟社群，也不是信任的生成与传递，而是在虚拟社群中成员之间进行互动的整体现象。可以说，虚拟社群之间的信息传播互动行为已经成为虚拟社群的重要组成部分。李根强在对网络舆情传播趋势的分析中指出，信息传播的速度与社群认同的高低息息相关，社群认同度高的社群中信息传播较快而社群认同度低的社群中，信息传播较慢，如果个体在现实中有用自己的小社群，这种社群会对个体是否参与信息传播产生重大影响。这一研究成果充分表明，虚拟社群能够对消息传播产生重大影响，而虚拟社群中的消息传播速度同样会受到虚拟社群中信赖机制的影响。

5. 虚拟社群特性对电子商务的影响

对传统电子商务模式消费者的购物行为进行分析，可以将消费者的行为划分为产生需求阶段、信息收集阶段、产品评级阶段、购买决定阶段和购买后评价阶段，对传统模式中消费者的行为和虚拟社群消费中消费者的行为进行对比分析，研究结果如下：

（1）产生需求阶段。消费者出于自身实际需要或者受到外界刺激进而对产品产生需求时，这一时刻是其作出判断并采取决策的开始。在实际生活中，存在着许多影响消费者进行决策的因素，例如虚拟社群内成员对该产品的评价和口碑好坏，这些信息会使社群内成员在无形中就接受了产品的相关信息，从而激发社群成员的产品需求和消费兴趣，使他们变成潜在或实际消费者会使社群中的其他成员被动或主动地接收到相关产品的信息，引起消费兴趣，刺激需求产生，使他们成为某种产品的真实消费者或潜在消费者。

（2）信息收集阶段。网络的快速发展和普及帮助消费者降低了信息搜索所用的成本，并大大提高了搜索效率。消费者如果想要在网上购买商品时，不仅可以询问亲朋好友直接获得产品信息，也可以利用网络上一些虚拟社群，可以向社群内一些陌生人了解产品的更多详细信息和他们之前的购买经验、使用评价。

（3）产品评价阶段。在信息收集后，消费者要进行分析、评价和选择，这是关乎消费者做出最终决策的决定性环节。网上购买商品不同于以往的实体店购买，网络交易过程中存在着风险，不小心就会上当受骗。所以消费者在最终下单之前，要根据所掌握的信息认真地挑选产品，同时还要对产品进行风险评估，这一过程中虚拟社群内的产品口碑评价为消费者提供了更多参考依据，最后综合多种因素再进行下单。

（4）购买决定阶段。消费者在经过较长时期的产品选择后，产生了购买欲望。但是从有购买欲望到最后的真正购买中间存在着众多影响因素，例如产品的购买价格、付款方式等等。所以，结合实际情况，从有购买欲望到最后的真正购买之间存在着时间间隔。

（5）购后评价阶段。消费者对于购买产品的满意程度主要由消费者在实际购买前对产品的期待值和产品实际性能之间的差距这一因素所影响。另外，消费者对某一产品的满意度在很大程度上影响其购后行为，例如消费者在网上买过一件产品后，其对该产品的满意度能决定之后是否会再购买该产品，并影响其是否会向别人推荐此产品。互联网的出现让消费者能从多个途径来表达对购买产品的评价和适用体验，并将自己的购买体验让更多的人知道。在生活中，消费者经常会通过虚拟社群，例如微博、微信等社交软件向陌生人分享自身的购物体验，为其他消费者提供参考意见。

根据上述分析，虚拟社群中的信赖关系能够对消费者产品评级阶段产生影响，通过信赖关系，减少消费者对产品的疑虑，从而促成交易的完成。通过虚拟社群成员互动性形成的产品信息传播，能够对产生需求阶段、信息收集阶段产生影响，购买完成后，如果消费者对产品满意，将会在购后评价阶段对虚拟社群中其他成员或其他虚拟社群中的成员产生循环性的影响，从而产生级联放大的效果。

6. 基于虚拟社群的特色农产品电商研究

近年来，随着微信等聊天工具的不断升级、微信公众号的影响不断扩大、抖音等直播电商平台的推广和应用，微信群、公众号以及直播的过程中出现的特色农产品交易行为越来越被用户广泛认可，类似于微商、微信群团购、公众号推荐带货、直播带货等基于虚拟社群的电商也越来越多，学术界针对基于虚拟社群的电商开展了一系列的研究。

周芳、胡月玖基于信任建立了区域性的农产品电商平台，主要目的是通过聚集一些比较分散的商家，让他们之间形成联系并进行互动，进而解决农产品销售时所遇到的季节性问题。张丹丹、雷宇通过微信平台的虚拟社群开展对农产品电商的研究，并指出可以通过微信公众号、朋友圈、群聊等途径来销售农产品。李茹对基于消费者社群的生鲜特色农产品电商进行了研究，提出 F2C、C2F、售前、售中、售后的"产品＋社群＋增值服务"盈利模式。

通过上述对国内外农村电子商务相关研究的梳理，发现国外开始研究农村电子商务的时间比较早，对农村电子商务的研究有了丰富的经验，近几年中国农村电子商务受到越来越多的关注，相关文献研究也明显增多。通过国内外文献的对比，发现国外的研究文献对农村电子商务的研究思路和方法都很丰富，这在一定程度上为中国学者们研究农村电子商务提供一些新思路和新的研究方法。从上述学者们对农村电子商务作用和意义的论述可以看出，基本上所有学者都对农村电子商务持以积极态度，认为农村电子商务是帮助农民实现增收、助力乡村振兴的重要工具；在农村电子商务影响因素的研究中，发现目前大多数学者在研究农村电子商务的影响因素时主要从促进因素和制约因素两大类展开进行研究的，其中促进因素主要包括政府政策支持、创业主体发展壮大、农村自我发展需要等，制约因素主要包括农村基础设施不完善、农产品同质化现象严重、电商平台不完善、缺乏电商人才等。但大多数学者的研究都是针对规模化的农村电子商务，针对小农户家庭经营的研究较少，很少关注到小农户与大市场的衔接仍存在着很多的问题；在关于农村电子商务未来发展对策的研究中，主要是从物流服务体系、供应链、电商人才、品牌建设、产品营销等方面出发，很少有学者从小农户家庭经营这一角度出发，制定出一些让小农户与大市场更好地衔接起来的发展对策。

目前，小农户仍是中国农业生产经营的主体，但是在农业生产经营过程中却处于弱势地位，家庭经营模式下如何让小农户探索农村电子商务、帮助小农户嵌入大市场是一个亟待解决的问题。随着互联网的广泛应用，社交化已经成为一种发展趋势，充分地利用虚拟社群帮助小农户实现与大市场的有效衔接是一个新发展路径。本书立足于中国"大国小农"的基本国情，在家庭经营的基础上利用虚拟社群手段对农村电子商务进行模式创新并制定模式实施路径，为农村电子商务发展模式提供新的发展对策。

第三章 中国农业生产经营的历史发展与农业现代化

第一节 "三农"问题的重要性

长期以来,中国一直重视农业、农村、农民这三大主要问题,对"三农"问题极为关注。各届政府均把"三农"问题放在至关重要的战略地位,结合"三农"对国民经济的重要性,对"三农"问题的论述经历了"加强农业基础地位""把农业放在国民经济发展的首位",到现在的"把'三农'工作放在全党工作的重中之重",可以看到表述越来越体现对"三农"问题的重视程度。那么什么是"三农"问题呢?"三农"问题是在当前中国广大的农村地区,以农民为主要身份,以种植和养殖为主业的人民如何改善其生存状态,实现生产和社会发展,促进人类社会文明进步的重大问题。更为系统的表述是基于历史形成的中国二元社会背景,在新世纪的中国,随着城镇化进程的加快,第二产业、第三产业逐渐发展壮大,城市居民的生活水平得到了很大程度上的提高,但是中国农村居民的总体生活品质、农业的发展水平、农村的经济发展仍处于相对滞后的水平[1]。"三农"问题已经不仅仅是一个经济上问题,也是一个社会和政治问题。

"三农"问题不仅仅在中国,在世界上任何一个实现了工业化的国家都会面临该问题。"三农"诞生于中国历史发展的进程中,存在于从农业文明逐步转变到工业文明的过程中,是时代发展的必然产物。在中国,如何解决好中国社会经济发展的根本问题——"三农"问题,不仅成为中国

---

[1] 中华人民共和国中央人民政府网。

经济持续稳定增长的关键,也称为保持社会繁荣稳定的关键。同时,"三农"问题在中国具有一定的特殊性:第一,农民数量众多,规模巨大;第二,历史问题积攒时间长,在中国工业化进程跨越式发展的进程中,解决难度大;第三,短时间内凸显,矛盾突出,解决复杂程度高。党的十六届三中全会明确指出,要坚持以人为本,强调了对统筹城乡发展的要求;十六届四中全会接着提出,根据其他工业化国家的经济发展史,在中国工业化进程的第一个初级时期,就是以农业来支撑工业的发展,但当中国工业化的进程已经达到了一定水平之后,工业就应该反哺农村农业,转变成城市来支撑农村,最终实现工业和农业交织式相互推动、城镇与农村协调发展的普遍趋势;到党的十六届五中全会明确提出,要把解决农村、农业和农民问题作为全党和各级政府工作的重中之重,进而稳步地促进社会主义新农村的建设,实现了农村现代化。至此,"三农"问题成为引起社会各界广泛关注的热点词汇,"三农"问题连续多年地出现在党中央一号文件中。长期以来,坚持做好"三农"工作,坚持农业农村的优先发展,坚持农民群众的主体地位,体现了党中央以人民为中心的宗旨和解决"三农"问题的重大决心。

在中国这样的农业大国中,"三农"问题重要程度愈发凸显,关系到国计民生,解决好"三农"问题是全面建成小康社会、解决社会发展不均衡矛盾、实现乡村振兴的最基础和最根本所在。当前中国经济社会发展的主要矛盾就是人民群众日益增长的美好生活需求同不平衡不充分的发展之间的矛盾,而这种不平衡不充分的发展矛盾在农村地区尤为严重。在社会经济飞速发展的今天,中国农村总体发展水平滞后,缺乏持续发展的基本条件,建设小康社会,实现现代化建设进程中最为薄弱的环节就是农业、农村、农民,中国经济社会持续稳定发展中最明显的短板也是"三农"问题。因此必须一如既往地坚持农业农村优先的发展原则,"小康不小康,关键看老乡",只有实现农业农村的现代化,才能最终实现整个国家的现代化建设。

新时代背景下,促进农业农村发展,对于缩小城乡发展差距,推进城镇化、农业现代化建设,解决新时代主要矛盾具有重要的现实意义。对于中国这样一个农村面积大、农民人口多的国家来说,没有农业的现代化,就不能说中国实现了现代化,没有农民的共同富裕,也不能说共同富裕的目标实现了。所以,立足于中国特色社会主义新时代新的历史方位,要推进城镇化、农业现代化,促进农业农村持续发展,帮助农民增收致富,实现乡村振兴。

党的十九大描绘了实现"两个百年奋斗目标"的路线图。到 2020 年全面建成小康社会,在全面建成小康社会的基础上,"我们要乘势而上开启全面建设社会主义现代化国家新征程,向第二个百年奋斗目标进军"。以 2020 年为起点分两步走,第一步:从 2020—2035 年,在全面建成小康社会的基础上,奋斗十五年,基本实现社会主义现代化;人民生活更加富裕,城乡区域发展差距和居民生活水平差距显著缩小,基本公共服务均等化基本实现,全体人民共同富裕迈出坚实步伐;第二步:从 2035—2050 年,在基本实现现代化的基础上,再奋斗十五年,把中国建成富强、民主、文明、和谐、美丽的社会主义现代化强国。全体人民共同富裕基本实现,中国人民将享有更加幸福安康的生活,中华民族将以更加昂扬的姿态屹立于世界民族之林。食为政首,农为邦本。农业是中国的第一产业,关系到十四亿人口的吃饭问题,关系到第二三产业的原材料供应,关系着"两个百年奋斗目标"实现。中国是农业大国,现阶段中国国情表现之一就是农村面积大,农村人口多,农村发展薄弱且不平衡、不充分,面对着农村发展现状,面对着"两个百年奋斗目标"、党的十九大报告中提出的 2020 年以后新的"两步走"发展战略对农村、农业支撑的要求,现在农业农村发展现状还不能完全支撑建设社会主义现代化强国的任务目标,所以要在中国特色社会主义新时代背景下,大力发展农业,解决好"三农"问题,增加农民收入,帮助农民走上共同富裕之路,为实现"两个百年奋斗目标"、为实现中华民族伟大复兴的中国梦提供强有力的支撑。

因此,面对建设社会主义现代化强国的奋斗目标和对农业、农村发展的要求,各级政府必须想方设法促进农业农村发展,农民增收,推进城镇化、农业现代化,帮助农民增收增产,使城乡人民同步迈入全面小康社会,共同谱写建设社会主义现代化强国新篇章。

在当前中国经济增长速度持续下行的压力不断增大,面临正在发生百年未有之大变局的外部环境下,必须坚持毫不动摇地把"三农"问题作为我们国家和全党工作的重中之重,巩固发展农业农村工作的良好发展趋势,发挥"三农"的压舱石作用。切实解决好"三农"问题,促进农村经济健康稳定发展，是保持国民经济稳定可持续健康发展的迫切需要，也是维护社会稳定发展、实现国家长治久安的必然要求。尽快补上"三农"工作的短板，为农业生产经营打好坚实基础，最大程度实现农业丰收和农民富裕，才能实现在脱贫攻坚的基础上全面推动乡村振兴战略，维护好来之不易的脱贫成果，为整个社会的经济发展和社会稳定提供最坚实的支撑。

第二节　中国农业现代化的进程

一　农业现代化的概念与内涵

农业是生命之本，是工业发展的基础，也是人类社会存在和发展的基础。中国是一个拥有五千多年农耕文化的文明古国，自古就十分重视农业。新中国成立后，虽然我们完成了工业化进程，成为世界制造强国，但农业仍需为拥有十多亿人口的国家不断提供食品之源，"要把饭碗牢牢的端在自己手中"，这就决定了中国仍然是一个农业大国的国情没有改变。

农业现代化既是一种过程，又是一种手段，是指从传统农业向现代农业过渡的全部过程和实现手段。在这个过渡的过程中，农业逐渐用现代工业、现代科学技术、市场引入、社会服务和现代经济管理等方法武装起来，充分发挥政策制度、自然资源和科学技术等要素，由落后的传统农业生产力日益变成当今世界先进的农业生产水平。简单来说，农业现代化主要是依靠科技发展和社会进步，利用先进设备和技术进行农业生产；利用科学的方式进行农业管理，充分使拥有的资源发挥作用，从而实现高产、高效的农业生产体系。农业现代化包括了农业机械、技术、组织管理、市场经营、社会化服务等各个组成方面，可以说是农业在国际竞争上的综合性现代化。

党的十八大以来，习近平总书记多次强调农业、农村、农民这一重大问题，始终将"三农"问题摆在全党工作中的重中之重。他强调："中国是农业大国，重农固本是安民之基、兴国之要。"在习近平总书记领导下，中国新时代农业发展取得了巨大成绩，农业现代化建设步伐稳健有力，粮食生产能力不断增强，农业领域供给侧结构改革工作成果显著，现代农业生产体系、管理制度、经营体系建设迈出了新步伐，农业绿色经济的发展取得了良好进展。但同时应该认识到，中国现有的农业生产方式中粗犷、低级的生产方式仍然占较大比例，农业机械化技术、良种化程度、科技化水平和市场率与西方国家相比仍存在较大差距。在农业经营方面，中国依然是传统的精耕细作小农经营方式，市场化、合作化和组织化的现代农业生产和经营组织亟待推广。中国现阶段农业总体来讲，大而不强，还存在有许多凸显暴露、急需解决的困难和不足。

党的十九大提出的乡村振兴战略在十三届全国人大全体会议上乡村振兴再次被写入了政府工作报告，大力支持推动和贯彻实施乡村振兴战略，实现中国农业强、农村美、农民富的美好发展愿景，是新时代解决"三农"难点问题的总纲和抓手，是推进中国建设特色社会主义现代化经济体系的重要发展战略之一，也是作为全民推进建成小康社会、实现中华民族伟大中华复兴的重要战略路径。要把振兴农业和推进农村生产现代化始终摆在重大战略地位的高度上，必须要紧密围绕实施现乡村振兴战略、解决"三农"难点问题和建设社会主义现代化强国等三大农村领域的重点实际问题，认真进行统筹谋划，始终坚持推进农业现代化和推进农村现代化为一体进行战略设计、一并稳步推进的发展原则，从而加快实现由传统农业发展大国向现代农业发展强国的伟大跨越。"农业农村现代化是实施乡村振兴战略的总目标，坚持农业农村优先发展是总方针"，习近平总书记这一论断为实施乡村振兴重大战略的发展提供了明确的发展目标要求和政策导向，在国家经济发展政策上更准确地保障了乡村振兴发展战略的贯彻落实，从而加速推进建设中国农业农村社会现代化体系的历史性新征程，更加巩固了中国农业现代化的重要地位，以及在贯彻推进乡村振兴发展战略、统筹"三农"战线各项工作、全力建成小康社会、实现建设社会主义现代化强国的奠基作用。

"中国要强，农业必须强，任何时候都不能忽视农业。""三农"问题关乎能否如期达成全面建成小康社会的目标，能否尽快完成社会主义现代化强国的战略，能否早日实现伟大复兴的中国梦。2013年11月28日，习近平总书记在山东农科院召开座谈会时明确指出，"农业的出路在现代化"，现代化是中国农业的根本出路，这为中国农业发展指明了前进的方向和出路，明确了加强农业现代化建设在农业发展中的中心地位。

二 农业现代化的因素与路径

加快推动和实现农业现代化,既是从农业大国走向现代化强国的必然需要,又是决胜全面建成小康社会,建成中国特色社会主义现代化强国的重要基础。目前,中国发展已经进入了新时期,尽管科学技术的进步加速了第二三产业的快速发展,但是农业在中国经济发展中仍处于基础性地位。不论什么时候,农业的发展都关乎国家的发展和人们的生活,在农业发展过程中促进农业现代化的发展更是重中之重,加快实现农业现代化也是中国从农业大国转向农业强国的必然要求。那么如何实现农业现代化?实现农业现代化有哪些路径和方式?如何从农业大国走向农业强国?在采取措施加速实现农业现代化之前,要明确农业现代化的发展因素都有哪些,找出重要的影响因素从而合理、精准地制定发展措施。经过研究分析,农业现代化的发展影响因素主要有以下几个方面:

第一,政策法规。任何一项措施的实施都需要制订相应的规划,起到导航作用。农业现代化的实现是一项复杂而艰巨的系统工程,不同阶段要采用不同的理念、政策和举措。合理的政策法规是农业现代化发展的根本保证,对农业的发展起到很大的助推作用,同时也能够合理地将所用的要素搭配起来,使各个资源都能够很好地发挥作用,农业生产基础变得更加牢固。相反,如果政策不合理时,会阻碍农业农村的发展,生产能力就会下降。

第二,自然资源。农业的自然资源一般是指土壤质量、气候、水资源等。众所周知,优越的自然资源是提升农业生产能力的基础,是农产品质量的保证。尽管科技能够在很大程度上缓解气候、自然灾害所给农产品带来的恶劣影响,但是与农地等自然资源相比,自然资源仍然是影响农产品产量的最重要因素。如今,只有让自然资源和科技等因素良好地结合在一起,才能最大限度地提升农业的生产能力。

第三,科学技术。先进的科学技术能为农业的发展和农产量的提升带来很大的助推作用,其在农业中的应用是提高农业现代化水平的重要举措之一。农业现代化的实现主要依靠科学技术的突破,而且传统农业与现代农业的主要区别正是在科学技术上。一般来讲,在其他因素比较稳定的情况下,科学技术的投入与农产品的产量成正比,同时,农业现代化的实现要注重将农业生产与先进的科学技术的结合。

第四，农民素质。中国农业现代化的关键是农民素质现代化，提高农民的自身素质是农业现代化的战略重点。农业现代化的发展需要采用先进的科学技术和机械设备，通过机械化和科技化加速实现农业现代化，在实现机械化和科技化的过程中需要农民具有一定的人力资本。农民素质水平越高，接受农业新技术、农业机械化普及的速度就更快，从而实现农业现代化的快速发展。

许多发达国家在实现农业现代化的进程中，虽然道路不尽相同，具有各自独特风格，但它们在发展过程中也都存在着一些共同特性，例如：首先是注重对先进科学技术的应用。发达国家在推动实现农业生产经营现代化的过程中主要是依靠科学技术，它们甚至还建立了完善的科技推广服务体系，促进科技在农业发展进程中的推广和应用效率。美国人多地少的客观情况在一定程度上导致劳动力成本增加，故美国农业更多的选择在农业中加大机械化和先进科学技术的投入。日本人多地少的资源禀赋要求其在发展农业现代化的过程中需要更多地依靠科学技术，故采用生物技术改良农业品种、利用科技提高化肥和农药的施用水平[1]。以色列由于无法依靠机械化和规模化发展农业现代化，所以更多的是利用现代科技加速推进；其次是政府的重视和宏观调控。哪一个国家在发展农业现代化的过程中都离不开政府的大力支持，政府的支持是农业现代化发展的重要保障。美国政府针对农业制定了许多有利政策，如农业资源的保护政策、农产品价格补贴政策、农业风险保障政策等，这些政策的制定增强了农民的风险承受能力，提高了市场调节能力。同时，政府还加强关于农业的基础设施建设，保证技术能得到有效地利用。日本政府通过将政策和措施法律化推动农业现代化，如《土地改良法》《农药管理法》等，并针对农业发展给予财政支持和信贷支持[2]。荷兰政府为保证农业能实现可持续发展，制定了许多关于生态的政策，如加强对农业化肥的使用量的控制、通过保护环境来保证农产品的质量等。以色列政府在实现农业现代化的过程中采取资源节约型的策略，制定了《水法》《量水法》等法律保护水资源；再次是在

---

[1] 孙纲：《黑龙江县域农业现代化路径选择研究》，博士学位论文，东北林业大学，2016年。
[2] 白跃世：《中国农业现代化路径分析》，博士学位论文，西北大学，2003年。

对自然资源的利用方面，发达国家采取的方式是因地制宜发展当地特色农业，充分利用各自的资源优势，形成了自己的独特的农业发展模式，例如美国以西部平原地区的农业为主、荷兰以设施农业的发展模式为主、以色列以旱作农业模式为主；最后是建立了完善的农业组织协会。农业组织协会承担着农业信息的传递、农业技术的推广和经营管理等任务，在农业现代化的发展中起到了不可估量的作用。美国就建立了一大批农业合作组织，是其实现农业现代化的中坚力量，同时，为了促进这些农业组织协会的发展，美国政府出台多项优惠政策促进发展。日本建立农业协会，拥有完善的服务体系，几乎日本所有的农户都参加了农协组织，帮助农户解决了许多农业生产中的问题。荷兰农民相互合作，通过合作社的力量大力发展农业，构建了完善的农业产业链，大大地方便了农民。以色列构建了吉布兹和莫沙夫这两种农业组织，帮助农民负责农产品的加工、原料的采购等一系列服务。

由于中国幅员辽阔，不同地区的土地都各具特色，并且由于各国在社会经济、科技等方面的发展水平差异较大，所以在探索农业现代化的路上，我们不能完全照搬他国的农业发展模式，而应该在借鉴别国先进农业发展经验的同时，充分结合中国基本国情和农业实际情况，积极探索属于中国的中国特色农业现代化道路。结合其他发达国家的发展经验以及目前中国发展农业现代化过程中所遇到的问题，提出以下一些发展农业现代化的路径：

第一，因地制宜大力发展农业。目前，很多地区认为农业现代化就是简单的农业"规模化"或者"机械化"，试图通过土地流转实现农业规模化生产，但这种做法并未考虑到各个地区的资源禀赋特色，有可能最终并不利于农业现代化的发展，甚至起到阻碍作用，威胁经济和社会的稳定。中国农业的最大特征就是各个地区土地独具特色，呈现出土地多元化。例如，东北地区呈现地广人稀的特点，并且黑土含有大量的氮元素，适宜大规模的粮食种植生产；中部地区大都是为平原，农业基础资源较为丰富，并且在劳动力方面具有很大优势，农业发展可以朝着多元化和丰富性的方向发展；西南地区主要为丘陵和山区，应该充分发挥本地区的优势，发展特色农业。土地多元化也一定程度上决定了经营主体多元，经营主体多元化是从传统农业转向现代农业的必然步骤，在"大国小农"的基础上，也新兴起许多其他经营主体。目前，中国有家庭农场、农村合作社、国有经营主体、集体经营主体等新型经营主体。对于各个地区不同的自然资源，我们应首先应以发挥各地的区域优势为基础，因地制宜，再进一步探索农业现代化的路径和方式。

第二，引进、培育、吸引优秀人才。无论采用多么先进的科学技术来实行农业大规模生产，但科技仍然替代不了人才所起到的作用。在实现农业现代化的进程中人才仍然是核心力量，吸引一些有文化、有远见、有经营头脑的人才是非常重要的。目前，农业经营主体多种多样，经营主体的多元化也会导致利益多元、组织多元，会形成多元化的农业经营体系，对于人才的要求较高。优秀的经营主体能根据当地的土地、农产品和气候等资源采取合理的举措，从而更好地发挥出各种资源的潜力。当然，除了引进优秀人才，也要尽可能地采取措施留住那些本地农民，因为他们长期居住在农村，非常熟悉农村，重视土地的作用，能为农村的进一步发展出力。另外，还要加强对本地农民的培训，普及相关政策和先进技术，让他们成为拥有一定科学技术的科技农民。

第三，加快推进农村科技化、数字化。要想实现农业现代化，必须要加强对农村的科技、数字建设。利用现代科技，对农村进行合理的规划，建设科学的农业生产体系，加强利用互联网数字技术和农业相结合，提高科技在农业现代化中的支撑能力。以"互联网+农业"的模式推动现代农业的进步和发展，将现代农业与新一代信息技术高效率地融合，基于互联网平台销售农产品，创新农业发展体制。在加强对农村的科技基础设施建设时，也要推广和提高农业机械化的普遍性，特别是一些受地理位置影响的偏远地区，并针对不同地区设计农业相关机械装备。除了要加强科技的推广和应用，也要加快农业科技的自主创新，例如搭建自主创新平台、发展精准农业、发展农机装备创新、发展生物科技农业等举措，实现创新驱动的农业发展，加快实现农业现代化的步伐。

第四，制定合理、精准的政策法规。要想做强做优农业现代化，就要从中国国情出发，及时把握不同阶段的特征变化，从总体进行谋划布局，政府及时地制定合理、正确的政策法规，发挥好总揽全局的作用。良好的政策法规是实现农业现代化的基础保障，要根据各个地区的优势和特色，通过采取多元化政策，精准定位，促进当地农业的持续发展。实现农业现代化的过程中需要不断地进行财政投入，政府应根据实际情况，对农业经营尽可能地给予补贴；由于经营主体日益多元化，在金融方面也应该尽可能地满足多元化主体的金融需求；除了有对农产品遭到自然灾害的险种，还应增加创收、增品等其他险种，减少农业生产经营者的损失；采取措施深化粮食产业供给侧结构性改革，从主攻粮食产量变为保证粮食有效供给。除了政府要及时、准确地制定各项措施，各地要积极地响应政府制定的政策法规，根据政策法规及时、精准地采取措施，强化发展农业现代化的政策导向。

三 农村电子商务对农业现代化的积极作用

农村电子商务是现代农村社会信息化的组成部分，其内容十分丰富，包括现代农业信息技术，通信技术、管理等相关技术应用。其实质是科学技术的进步。农村电子商务以促进农民获得经济效益为核心，以农民为基础，可以给农民在农作物种植、农业物资采购以及农产品销售等各个环节遇到的问题提供准确清晰的解决路径，农村电子商务成为推动农业产业化生产经营的重要助推力量。2015 年 10 月发布的《国务院办公厅关于促进农村电子商务加快发展的指导意见》指出，"农村电子商务是转变农业发展方式的重要手段，是精准扶贫的重要载体。要加快农村电子商务发展，将电商与实体店铺相结合，释放实体经济与互联网产生的叠加效应"。随后发布《中共中央、国务院关于打赢脱贫攻坚战的决定》明确指出要依靠农村电子商务来实施精准扶贫战略。2017 年 7 月，国务院扶贫办再次阐述，要让电商扶贫成为精准扶贫的有力手段。由此可见，农村进行电子商务活动作为中国"互联网＋"政策的具体措施，有利于推动现代化农村的建设。中国实现农村现代化意义重大，农村电子商务进入了一个全面的引爆期，互联网赋能"三农"已成为推动农业农村现代化转型的重要途径。2020 年上半年，全国农村互联网零售总额一共 7668.5 亿元，比去年同期增长了 5%，其中实物商品的销售额约为 6999 亿元，比去年同期增长 7.3%。这就说明，在中国农村地区网络零售行为日益增多，销售额一直保持着高速增长，并且网络零售在中国农村地区的发展前景持续向好。而网络销售额不断增长得益于农村地区的信息化基础设施不断完善，电子商务在农村兴起并得到很好的运用。

1. 农村电子商务有助于推动产业结构升级，促进一二三产融合

就中国现阶段而言，农村经济现代化主要从经济结构看，是农村经济结构的成功转变，使农村第一产业占主导地位变为第一、第二、第三协同发展，改变以前的农民靠天吃饭，看地务农的传统。一地多种、多收多卖成为可能，以此发展农业，提高农民收入。农村地区并不意味着只有农业生产，也可以发展第二产业、第三产业，以农业为主，第二产业、第三产业共同促进农村的发展。通过发展农村电子商务，科学调整农村产业布局，使得农村产业布局更加生态、健康、合理，多方面增加农民收入。与农村第一产业融合，有利于提高农业资源配置效率，缓和大市场和小农户的矛盾。其一，利用电商引进先进农业生产资料，改进耕种技术，促进传统农业向智慧农业等现代农业发展。其二，利用电商，借助大数据、云计算技术打开对口市场，促进农产品流通，提高农产品价值兑换效率。与农村第二产业融合，有利于扩展企业发展空间，推动贸易企业扩大市场。第一，贸易企业线上线下联合发展，更好把握境内境外市场，提升产品在国内外市场中的品牌营销和竞争力。第二，新技术新工具支撑助力二产企业转型升级。与农村第三产业融合，有利于拉动农村旅游、物流、健康养老等服务业，为农村经济发展提供机遇。其一，提升农村服务业水平，改善农村购物消费环境。其二，打开农村旅游市场，促进农村专业传统优势资源流通。总之，农村电子商务与农村三大产业融合发展，加快推进农村三大产业经济，更推动三大产业之间的联动融合，加速助推"六次产业"新业态。

2. 农村电子商务有助于缩小城乡鸿沟，促进城乡要素流动

由于，农村的农业生产要素主要包括土地、资金、劳动力和其他生产资料几个方面，借助电子商务也可以最大限度地发挥农村生产要素的作用。网络信息时代，农村电子商务为广大农民提供了低成本创业渠道，促进了人才回流，让农民这个职业更有吸引力。截至2019年，拼多多平台已累计带动8.6万名"新农人"返乡创业；2019年，全国淘宝村镇带动就业逾683万人。农村电子商务不仅意味着打通农产品从乡村到城市的上行销售渠道，更畅通了资金、人才、信息、知识、商业模式等要素和变革力量的下行渠道。上下贯通，才能让乡村真正"活"起来。中国农村电子商务蓬勃发展，引导资金下乡，吸引着广大"新农人"返乡创

业，使市场信息得以无延迟地直达农户，催生了多元商业模式，激发了农民的致富潜能。农村电子商务为广阔乡村架设了交易的空中平台，让各种资源和要素源源不断地流向农村。例如，从农业基础劳动力要素来看，着力发展新型农村电子商务，可以在一年中农作最闲暇的季节为农民们创造更多的收入和就业机会，由农民角色向非农民角色进行转化，由自给自足的自然经济向商品经济进行过渡，推动中国社会主义新农村的现代化进程。

3. 农村电子商务可以改变农业生产经营模式，节约生产成本

首先，电子商务能有效降低农业生产成本。农业生产过程中对农药、化肥、薄膜、饲料等原料需求很大，相应地，这些原料在总成本中的比重就高。所以，它们的价格和质量对于农产品收益也有重要的影响。通过应用电子商务，人们可以在农业采购过程中进行集体采购，掌握主动议价权，获得较大的折扣和享受价格优惠，降低了原料采购的成本。同时也会降低物流运输成本。并且农户能够通过移动端和互联网方式获取信息技术、气象预报信息、法律法规等信息，对这些数据和信息的获取和学习有助于降低农业生产成本和生产风险。其次，电子商务能够降低中国农村地区的农业和农产品贸易成本。买卖双方在进行农产品电商交易的过程中，可以通过互联网信息技术进行线上直接沟通，简化了交易的各个环节，相应地农业活动方面的交易费用也大大地降低了。

4. 农村电子商务可以拓展农产品销售渠道，提高农民收入

由于农产品相关信息流通不畅造成买卖双方信息严重不对称是当前中国农产品销售的最大障碍，一旦生产出的农产品无法及时卖出，就会给农民造成严重的经济损失。通过电子商务途径进行农产品销售的优势如下，第一，农民们也可以借助互联网的信息技术做宣传营销。在互联网平台发布广告的成本与传统的在大街上张贴广告、电视上播放广告相比要低得多。而且互联网上发布广告的范围更广，农村电子商务可以利用网络把本地特色产品、特色旅游推向全省、全国甚至全球，起到产品宣传、推销的作用。第二，通过电商平台开办网店，在网上公开出售自己的农产品，可以减少场地租用费、聘人工资费，水电杂费等费用，降低销售成本。第三，电子商务为农产品及生产资料带来了更广泛的市场空间。一方面，从时间上来说，农村电子商务是建立在互联网的基础上的，一天24小时都

在经营，不像传统商店一样有经营时间限制。所以，客户可以随时下单，店主便会发货；另一方面，从地域角度来说，农村电子商务可以打破地域限制，可以将远在山里的特色农产品、工艺品、旅游景区等信息传输给农村之外的地方。第四，电子商务可以及时地获取客户的反馈，有利于促进店铺管理者及时发现问题并改进自身的经营工作，为广大客户提供个性化的服务，构建稳定的消费者群体，获得长期稳定的客源。

5. 农村电子商务可以促进农业特色产业的发展，形成农业发展新动能

2020年，全国农村商品零售额持续上涨，其中全国832个国家级贫困县的网络销售总额达到684.4亿元，比去年同期增长13.3%，增速比全国农村互联网整体零售额增速高8.3%；全国农产品的网络销售额高达1937.7亿元，较去年同期增长39.7%。这说明，中国农村地区第三产业开始发展并且未来前景无限。在电子信息网络技术日益发展的今天，农产品加工企业利用电子商务这种商业运作服务模式，抓好信息化的机遇，是中国农产品加工业加快发展的有效路径。如今，网络销售大大提高了对农产品的要求和质量标准，倒逼农产品生产者进行标准化生产，保障每一件到达消费者手里的农产品都是安全放心的。这就要求农产品不仅要质量好，而且更要有自己的特色。所以，农村一定要形成自己的农产品品牌。发展当地特色农产品意味着将本地区的农产品品种优势或其他优势发挥出来，代表着本地的产品质量。根据2014年农业部印发的《特色农产品区域布局规划（2013—2020年）》可知，中国已经基本确定了10大类、含144个具体品类的特色农产品。例如：贵州省有荞麦、芸豆、薏苡等农作物。对于农产品加工经营者来说，其生产过程分为产品加工与产品销售两个阶段，其中产品销售至关重要，电子商务的发展为产品销售创造了一个前所未有的良机。例如，辽宁省兴城市就是借助于电商平台促进了农业特色产业的发展，比如徐大堡镇，2014年被授予"辽宁特产海参之乡"的称号，这是一个沿海小镇，该镇充分利用这一地理优势，借助农村电子商务的手段，让本地的海参、多宝鱼、兴城苹果、红崖子花生等带有国家地理标志的产品，从产地走上餐桌，从线下延伸扩展到线上，打造了全流程运营管理模式，生产出了特色优质海鲜食品，加上对当地农副产品的品牌化经营，当地的特色农副产品成功走上了国内外广大消费者的餐桌。为当地农民创造巨大财富。总而言之，电子商务对促进农产品加工业良好发展

具有积极作用，能够更好地推动农产品加工业的发展，同时为现代农业的发展增加新动能。

第三节　中国农业生产经营的发展历程

一　新中国成立以前

众所周知，中国是个人口众多却耕地稀缺的国家，耕地分布复杂，有适合大面积种植的平原，也有大量梯田、丘陵地带。历朝历代的农业生产情况都和人民群众的生计息息相关，也事关整个国家的兴衰存亡，因此农业生产历来是各朝代统治者管理的核心事项，被当成国之重事。在历史上长期推行重农抑商政策。重农抑商思想最早产生于战国时期，即在魏国李悝（公元前455—前395年）倡导的改革中有所体现。李悝在经济上推行"尽地力"和"平籴法"的政策，他认为粮食产量直接与农民的种地积极性有关，增长土地的生产能力最终要取决于农民精耕细作的程度。统治者为了维持粮食价格的稳定，往往会在丰收的年份用正常的价格购买粮食防止粮价过低，也会在荒年用平常价格卖出防止粮食价格过高，使粮食价格得以维持。商鞅首次明确提出重农抑商政策，并以此政策为基础，成为治国典范被后世统治者学习借鉴。重农抑商政策一直延续到明清时期，即使在中国首次出现资本主义萌芽的情况下，统治者仍然奉行重农抑商政策，将商业发展和农业发展作为对立面，这就严重违背了经济发展的客观规律，使中国在封建社会晚期，农业生产与经济发展大大落后于世界发展水平，积贫积弱，逐渐沦为西方列强的殖民地。

二　新中国成立以后

新中国成立初期，全国耕地面积约14.68亿亩，人均土地面积2.71亩，人均粮食占有量为209公斤，粮食总产量约1.3亿吨/年，粮食平均亩产产量仅有68.6公斤；棉花总产量约44万吨/年；油料总产量约256万吨/年；糖料年度总产量约294万吨/年；肉类年度总产量约220万吨/年，全国仅有大型水库6座，中型水库17座，小型水库1200座，水库总库容大约200亿立方。到底什么样的生产经营方式，才能适应新中国农村经济的建设和发展，共产党人带领农民进行了长期的艰辛探索，概括来说，可以分为五个阶段。

1. 第一阶段：土地改革下的农业经营私有制时期（1949—1952年）

1949—1952年是土地私有制下的农业快速发展期，新中国成立后继续进行土地改革，没收封建地主阶级的土地归农民所有。新中国成立初期，全国拥有3亿多人口的新解放区还没有进行土地改革。封建剥削的土地制度不仅使广大贫雇农遭受残酷的封建剥削和压迫，也严重地束缚农村生产力的解放。为废除封建剥削制度，解放农村生产力，使广大贫雇农从地主阶级统治、压迫下解放出来，必须进行土改。在人民解放战争期间，中国共产党制定了《中国土地法大纲》，在东北、华北等老解放区进行土地改革。那时中国已有1亿多人口的地区实行了土地改革。新中国成立后，1950年6月，中央人民政府通过颁布《中华人民共和国土地改革法》，并从当年冬开始在华东、中南、西南、西北等广大新解放区实行土地改革，没收地主阶级的土地，分给无地和少地的农民，废除地主阶级的封建土地所有制，实行农民的土地所有制。到1952年冬，除一部分少数民族地区外，全国土地改革基本完成。全国3亿多无地或少地的农民分到了大约7亿多亩土地和大量生产资料。通过土地改革使农民私有化经营，彻底废除了两千多年来的封建剥削制度，消灭了地主阶级；农民分得了土地，成为土地的所有者，在政治、经济上翻了身，这就使中国最大多数人民获得了解放；解放了生产力，农业生产迅速发展；土地改革运动的胜利，摧毁了帝国主义和蒋介石国民党集团的社会基础，巩固了工农联盟，进一步巩固了人民民主专政的国家政权，并为社会主义改造和社会主义建设创造了有利条件。1949年，全国粮食总产量为11318万吨，1952年粮食总产量增加到16391.1万吨，比解放前的产量高9.28%，比新中国成立初期增长5.1%；1949年棉花总产量为44.44万吨，1952年增加到130.37万吨，比解放前最高产量高53.6%，比新中国成立初期增长193.7%，年均增长42.2%；其他农产品的产量也大幅增长，到1952年，全国农业总产值达到461亿元。从新中国成立初期，政府就开始着手推进土地改革，争取尽快恢复农业正常生产。为了满足农民对土地的需求，专门于1950年出台了《中华人民共和国土地改革法》，土地改革在农业生产取得巨大进步的同时，由于农民个体经营分散，生产工具不配套，资金短缺的矛盾日益突出，把农民组织起来，走互助合作、共同富裕的道路，把私有化的小农经济改造为公有化的社会主义集体经济就势在必行。

2. 第二阶段：集体所有制下的农业合作化（1953—1957 年）

农业合作化是在中国共产党领导下，通过各种互助合作的形式，把以生产资料私有制为基础的个体农业经济，改造为以生产资料公有制为基础的农业合作经济的过程。这一社会变革过程，亦称农业集体化。其大体分为三个阶段：第一阶段是 1949 年 10 月至 1953 年，以办互助组为主，同时试办初级形式的农业合作社。1951 年 9 月，中共中央召开了第一次互助合作会议，讨论通过了《关于农业生产互助合作的决议》，并以草案的形式发给各地党委试行。此后，各地党委加强了领导，使农业互助合作运动取得了较大的发展。到 1952 年底，全国农业互助合作组织发展到 830 余万个，参加的农户达到全国总农户的 40%，其中，各地还个别试办了农业生产合作社（初级社）3600 余个。1952 年冬至 1953 年春，在发展农业互助合作运动中出现了急躁冒进倾向。为纠正这种倾向，中共中央于 1953 年 3 月 8 日发出了《关于缩减农业增产和互助合作五年计划的指示》，又于 3 月 26 日发表了《关于春耕生产给各级党委的指示》，并公布了《中共中央关于农业生产互助合作的决议》。4 月 3 日，中共中央农村工作部召开第一次全国农村工作会议，阐述了"稳步前进"的方针。10 月 15 日、11 月 4 日毛泽东两次同中共中央农村工作部负责人谈话，提出互助合作运动是农村中一切工作的纲，是农村工作的主题，说"纠正急躁冒进"是一股风，吹倒了一些不应吹倒的农业生产合作社。两次谈话，有许多正确的意见，但也表现出在农业合作化问题上急于求成、贪多图大的思想。12 月 16 日，中共中央公布了《关于发展农业生产合作社的决议》，此后，农业合作社从试办进入发展时期；1954 年至 1955 年上半年，是农业合作化运动的第二阶段，初级社在全国普遍建立和发展。1954 年春，农业生产合作社发展到 9.5 万个，参加农户达 170 万户，大大超过了中央提出的数字。4 月中央农村工作部召开第二次农村工作会议，会议分析了互助合作运动的形势，指出农村将相继出现一个社会主义革命高涨的局面。为了吸引更多的农民入社，国家从各方面大力支援农业生产合作社。到同年秋，全国新建农业生产合作社 13 万多个，加上原有的共 22.5 万多个。1954 年 10 月，中央农村工作部召开了全国第四次互助合作会议，决定到 1955 年春耕以前，将农业生产合作社发展到 60 万个，中共中央批准了中央农村工作部关于这次会议的报告。到 1955 年 4 月，合作社发展到 67 万个。由于发展速度过猛，不少地方又出现了强迫命令、违反自愿互利原则的现象。中共中央在1955年初发现了上述问题，发出了一系列通知和采取措施纠正偏差。1月10日，中央发出《关于整顿和巩固农业生产合作社的通知》，要求各地停止发展，集中力量进行巩固，在少数地区进行收缩。3月上旬，毛泽东提出了"停、缩、发"的三字方针，即根据不同地区的情况，停止发展、实行收缩和适当发展。为了贯彻三字方针，农村工作部于4月下旬召开了全国第三次农村工作会议，总结经验、布置工作、提出要求。到1955年7月，全国原有67万个合作社，经过整顿，巩固下来的有65万个。1955年5月17日，中共中央召开华东区、中南区和河北、天津、北京等15个省市委书记会议。根据毛泽东原来的提议，会议提出1956年发展到100万个社的意见。6月中旬，中央召开政治局会议，批准了关于到1956年合作社发展到100万个的计划。不久，毛泽东从南方考察回来，主张修改计划，加速发展，担任农村工作部部长的邓子恢不赞成改变计划，认为合作化运动应与工业化速度发展相适应，不宜发展过快。毛泽东认为邓子恢和中央农村工作部思想右倾；1955年下半年至1956年底，是农业社会主义改造的第三个阶段，也是农业合作化运动迅猛发展时期。1955年7月31日，中共中央召开省、市、自治区党委书记会议，毛泽东在会议上作了《关于农业合作化问题》的报告，对党的农业合作化的理论和政策作了系统阐述，并对合作化的速度提出新的要求，报告还严厉批评了邓子恢等人的"右倾"。10月4日至11日，中共中央在北京召开七届六中全会，通过了《关于农业合作化问题的决议》，要求到1958年春在全国大多数地方基本上普及初级农业生产合作，实现半社会主义合作化，会后农业合作化运动急速发展，仅3个月左右的时间就在全国基本实现了农业合作化。到1956年底，参加初级社的农户占总农户的96.3%，参加高级社的达总到农户总数的87.8%，基本上实现了完全的社会主义改造。通过农业合作化经营，完成了由农民个体所有制到社会主义集体所有制的转变，进一步提高了农业生产力，为初步奠定国家工业化基础创造了重要条件。[①] 据相关统计数据显示，在这一时期，中国大力兴修水利，累计投入水利灌溉工

[①] 张志、李晓晨：《建国六十年来农村土地政策、制度演变历程以及启示》，《中国商界月刊》2010年第6期。

程 26.6 亿元，新增水利灌溉面积 21810 万亩，总计扩大了 867 万亩耕地面积，这些水利工程促进了中国农业的稳定发展。1957 年全国粮食总产量比 1952 年增长 19%，达到 19505 万吨；1957 年棉花产量比 1952 年增长 25.8%，达到 164 万吨；猪、牛、羊肉的产量比 1952 年增长 17.7%，达到 398.5 万吨；全国农业总产值比 1952 年增长 25%。农业生产得到了较大发展，农民收入不断增加，生活有了较大改善，当时农民总结有"六好、五高"，即责任清楚好、劳动质量好、干群关系好、大家动脑好、增产可靠好、记工方便好和农活质量高、粮食产量高、学技术热情高、劳模威信高、生活水平提高，得到了农民的普遍赞同。

3. 第三阶段：高度集中统一的人民公社阶段（1958—1977 年）

1958 年，随着反右斗争的扩大化，中国进入"大跃进"时代，农村地区开始推行人民公社化运动，浮夸之风盛行。农村人民公社实行高度的集中统一经营方式，在组织管理上，实行政社合一，公社对生产资料、劳动力和产品统一指挥、调度、经营、核算、分配，权力高度集中，基层的生产单位和个人没有自主权；在生产生活管理上，把军事编制套用于农业生产，强调实行"组织军事化、行动战斗化、生活集体化"，破坏了一家一户的农民传统生活方式，敲钟集合、等齐下地，晚出工、早收工，干多干少一个样，干好干坏一个样，生产效率极其低下；在分配上，推行绝对平均主义的供给制，严重挫伤群众生产积极性。"一平二调"的共产风，平均主义的集体分配方式，加上严重的自然灾害，使得中国农业遭受了严重创伤。公社随便调用社员、生产队的劳力、资金、土地和财产，取消了农民的自留地，出现了剥夺农民的情况。按劳分配的原则遭到破坏，发生了严重的平均主义。这一阶段，粮食产量连年下降，1960 年和 1961 年粮食产量下降到 1958 年的 70%，人民群众的粮食安全稳定收到了威胁。1957 年全国人均粮食消费量为 203 公斤，1960 年减少到 163.5 公斤，而农村地区的人均粮食消费量比 1957 年下降了 23.4%，由此产生了可怕的后果，有 1500 万—3000 万人因饥饿而非正常死亡。1963 年国家对国民经济结构进行了调整，扩大了基础农业方面的投资，同时提高农产品的收购价格，减少对粮食的直接征收，在多种措施并举下，农业生产的总体水平迅速回升，并且逐渐加速增长。自 1966 年爆发"文化大革命"，全国范围内掀起了"农业学大寨"的浪潮，在这种浪潮之下，强调人民公社体制，收回农民的土地，防止走资本主义道路，禁止农民从事任何家庭经营，农村的自由贸易市场被关停，农民因此缺少了进行自主生产经营活动的基本权利和劳动积极性，中国农业经济发展异常缓慢。

4. 第四阶段：统分结合的家庭联产承包责任制（1978—2000年）

1978年12月，中共十一届三中全会制定发布了《中共中央关于加快农业发展若干问题的决定（草案）》，草案中提出要在中国农村经济社会领域展开一系列以市场为导向的经济体制改革。推行包干到户的家庭联产承包责任制，农民就具有了直接参与农业生产经营的自主权，农业生产的积极性也被充分调动起来，农业基本建设长期以来积蓄的巨大潜力和发展能量得以充分释放。各地农村干部群众从实际出发，抛弃过去"瞎指挥"、"大锅饭"的经营方式，恢复和创造了包产到组、包干到组、专业承包联产计酬、包产到户、包干到户等多种形式的以"包"为主的经营方式。1982年至1984年中央连续两年出台了3个政府"1号文件"，引导农民不断完善农业生产责任制，对于推动中国农业形势的好转和良性平稳发挥了重要的作用。1983年中央一号文件明确指出："家庭联产承包责任制是在党的领导下中国农民的伟大创造，是马克思主义农业合作化理论在中国实践中的新发展"。自1985年起，党中央、国务院连续发出文件，强调"长期稳定以家庭联产承包为主的责任制，完善统分结合的双层经营体制，逐步壮大集体经济实力"。

家庭联产承包责任制，是在主要农业生产资料公有制保持不变的基础上，把土地长期承包给农民使用，变生产队集体经营、集体劳动、统一分配为农户单独经营、分散劳动、自负盈亏，同时集体所有的大型农机具及水利设施由集体统一管理，农田基本建设统一规划，这就实现了以家庭承包为基础，集体统一经营和农户分散经营相结合的双层经营体制，它纠正了人民公社集中统一经营的诸多弊病，使集体统一经营和劳动者自主经营两个积极性同时得到发挥，是一种实事求是，符合中国农业实际和农村生产力水平的经营方式，焕发出了旺盛的生命力。在此期间，粮食种植面积比1979年减少了6%，但粮食总产量比1979年增加了1/3，在1984年达到了40731万吨；全国农业总产值平均每年增长8.29%左右，其中畜牧业每年平均增长10.7%，种植业平均每年增长6.8%；平均粮食占有量接近世界人均粮食占有的平均水平，人均约393公斤。1984年农业大丰收以后，中国开始对农产品—流通体制进行改革。在这一阶段，中国粮食产量呈现不断波动反复起伏的特点，农业生产结构也逐渐发生转变，全国粮食生产的总体增长速度和发展规模在波动种有所下降。粮食总产量自从1984年达到40731万吨的高峰值后，开始连续四年陷入徘徊不定，直到1989年，粮食产量实现1984年后的首次正增长，并且在1990年达到44624万吨，创下粮食生产的历史最高纪录；从1991年开始，粮食产量再次陷入徘徊，1994年的粮食总产量和1990年相比，下降了0.2%；1995年又开始快速增长；1998年粮食生产总产量又达到51229.5万吨的高峰值。和粮食总产量的周期性波动相比，畜牧业和渔业等其他农牧行业的发展一直保持正增长，在粮食总产量只实现14.6%的增速的情况下，肉类产品的总产量一共增长了211.2%，水产品总产量增长了306.6%，中国的农业经济结构出现了良性的结构调整。进入21世纪后，尽管在2000年和2001年遭遇了百年一遇的旱灾，中国农业发展总体保持平稳，中国农业种植结构进行持续调整，粮、棉种植面积减少，油料、糖料、蔬菜种植面积增加，畜牧业产生的经济效益在逐年增长，渔业经济也实现了稳定持续的发展。在这一发展时期，国民经济发展总体比较平稳，农业领域出现了高速度的增长。

5. 第五阶段：三权分置下的土地适度规模流转（2001年至今）

小农户分散经营与社会化大生产的矛盾，是中国农业现代化的最大难点。中国目前仍有2.4亿小农户，户均土地经营规模不足0.5公顷，大大低于世界平均水平，可以称得上是世界最小规模农业，很难想象在"家家包地、户户种田"的基础上可以实现农业现代化。江泽民在党的十六大报告中指出："有条件的地方可按照依法、自愿、有偿的原则进行土地承包经营权流转，逐步发展规模经营。"转包、出租、入股等多种形式的土地使用权流转逐渐发展，2006年全国农村土地流转面积达到5551.2万亩，胡锦涛在党的十七届三中全会进一步指出，"加强土地承包经营权流转管理和服务，建立健全土地承包经营权市场，发展多种形式的适度规模经营"，党中央允许土地规模适度流转的政策越来越明晰。2016年，国务院颁布《关于完善农村土地所有权承包权经营权分置办法的意见》，将农村土地产权中的土地承包经营权的进一步划分为承包权和经营权，实行所有权、承包权、经营权分置。这一意见的出台是继家庭联产承包责任制后农村改革又一重大制度创新,意义重大。完善承包地"三权分置"制度有利于落实农村集体的土地所有权,推动土地资源的规范使用;完善承包地"三权分置"制度有利于保障承包农户的土地承包权,促进土地资源的优化配置;完善承包地"三权分置"制度有利于保护经营主体的土地经营权,提高其从事农业活动的积极性。

总体来说,1949—1978年间,中国粮食生产11318万吨迅速增加到30477万吨,30年累计增长2.7倍,肉类增加3.9倍,水产也增加10倍,农业生产取得了巨大成果。60年来,共产党人引导农民对农业经营方式进行了积极探索,在"统"和"分","公"和"私"的道路选择上曲折前进,历史告诉我们,只有适合中国国情和农村发展经济现状,真正解决农民需求的经营方式才是最适合的农业生产经营方式,农业经营方式的改革要实事求是,从实际出发。

第四节 中国农业现代化的发展模式

纵观30多年的新中国农业发展历史,中央政策主要是扶持农村自下而上的发展模式,此后,也开始大力扶持自上而下的产业化发展,通过鼓励资本下乡推动规模化农业,这一趋势在2009年中央提出建立健全土地承包经营权流转市场开始加速。在农业现代化的发展进程中,"农民"阶层迅速分化,新型农业经营主体不断出现,农业资本化进程加快,农村社会不断分化,家庭经营模式下的小农经济变得不再稳定。今天中国的农业现代化既存在自上而下的动力,也存在自下而上的动力。

一 自下而上的模式

自20世纪四五十年代的土地革命,中国已经彻底消灭了地主阶级,而自70年代末开始的去集体化改革则造就了数量庞大的小农户生产者。政府从农村改革开始便鼓励分化、推动自下而上的农业资本化,积极推动农业的规模化经营、土地流转和土地经营权向规模生产者(在20世纪80年代被称作专业户)手中集中,小农户生产者在市场化过程中不断分化,形成"种粮大户",依靠市场经济条件而实现的资本积累自下而上地推动农业现代化进程。这一进程的核心在于如何解读农村的分化,即"列宁—

恰亚诺夫之争"。列宁指出，农村生产者分化为三个阶级——贫农、中农和富农阶级，并指出两极化趋势是由于阶级动力的作用（Lenin，1899）。恰亚诺夫承认农民分化，但认为不同农户在家庭生命周期中所处的阶段不同，人口抚养比也存在差异，这直接影响了家庭生产规模的扩大与缩小，从而导致了农户之间的不平等（Thorner Kerblay & Smith，1986），因此分化只是一种暂时状态，并不存在累积渐增的趋势，小农家庭农场既是一个生产单位，也是一个消费单位，农户生产作为一种家计经济，是以需求为导向的，因而它与以资本积累为导向的资本主义企业存在本质的差别，会长期稳定存在。农业在资本集中的趋势下实现规模经营主要有两种路径：普鲁士道路和美国道路（Lenin，1907）。在普鲁士道路中，封建地主阶级经过了一个"内部转型"的过程，渐进地过渡为资本主义容克地主（Lenin，1899）。而在美国道路中，农民则是通过自然分化而实现了资本主义转型，这种小农经营引发的"自下而上"的农业转型，是"人民的生产"，符合"劳动原则"（Lenin，1907），因此具备合理性。

二 自上而下的模式

尽管中国改革之初没有地主阶级，但我们认为，中国的农业现代化进程也存在自上而下的驱动力，特别是近年来推动工商业资本进入农业生产领域，即所谓的"资本下乡"。进入21世纪，中央自上而下的"去农民化"的步伐开始加快。2004年，中央一号文件提出关注龙头企业；2009年明确提出"建立健全土地承包经营权流转市场"；2011年提出"引导土地承包经营权流转"；2013年又提出了四种新型农业经营主体，包括专业大户、合作社、家庭农场和龙头企业，通过引导农村土地承包经营权有序流转，鼓励和支持承包土地向专业大户、家庭农场、农民合作社流转，发展多种形式的适度规模经营，"支持龙头企业通过兼并、重组、收购、控股等方式组建大型企业集团，创建农业产业化示范基地，促进龙头企业集群发展"，以资本集聚、规模化经营促进农业实现现代化的意图愈加清晰。之所以出现这样的局面，是因为当下中国农业资本化转型的历史条件与列宁和拜尔斯所分析的俄国（19世纪）、普鲁士（19世纪）和美国（18世纪晚期到19世纪）农业资本主义形成的背景条件有很大的不同。伯恩斯坦（Bernstein，2006：450）认为这些国家当时的农业转型都为其工业化的资本积累创造了条件,这一脉络下的资本积累是经典农政问题的核心(agrarian question of capital)。当前中国农业转型的条件不同于"经典"的农业资本主义脉络,因为它发生在中国已经完成工业化进程,并且出现资本过剩的情况下,这也是自上而下推动"资本下乡",以资本化带动农业现代化的基本逻辑支撑点。

第五节 中国农村生产经营现状与农业现代化的制约因素

一 中国农村生产经营的现状

"大国小农"是中国农业发展的基本特征,在长期的历史发展中形成了中国农业这种独有的特征,人多地少的是难以改变的基本国情,各地区的农业资源禀赋差异很大,有些地区的丘陵山地地块分布零散,不能够全部都实行规模化经营,也不是所有地方都适合进行集中连片的大规模生产[1],这就决定了中国的小农户将在未来很长时间内一直存在,小农户家庭经营在中国农业生产经营中的地位不会改变。根据相关部门的统计数据,中国目前的小农户大约有2.4亿多户,小农户的数量占全国农户总量的97%,而小农户的耕地面积占到了全国耕地总面积的82%左右,因此说小农户问题的解决是"乡村振兴"战略能否实现的关键。国家一直以来重视小农户问题,党的十九大报告明确指出,小农户在中国农业中的占有重要地位,要促进小农户和现代农业产业实现有效的衔接,这是实施乡村振兴战略也是推动中国农业农村现代化的重要历史课题。从中国农业生产的实际来看,当前中国推进农业现代化的现状如下:

1. 农业发展方式与中国农业实际还存在偏差

19世纪50年代,为了发展农业,中国在苏联集体农庄发展方式的启发下,在国内兴起人民公社运动。苏联集体农庄的发展核心是使用大一统的发展思维来处理农业问题;中国小农户经营的实际状况,需要进行分散决策。因此学习苏联的结果是农业发展滞后,人民群众食不果腹。效法苏联的失败让一些人开始鼓吹借鉴美国的大农场经营模式。美国大农场经营

---

[1] 参见《关于促进小农户和现代农业发展有机衔接的意见》,2018年9月20日。

第三章 中国农业生产经营的历史发展与农业现代化

模式的前提是美国具有人少地多的农业特点，美国总人口3亿多，家庭农场平均种植面积3500亩。与美国相比，中国农业呈现人多地少的特点，目前中国总人口14亿，平均每户耕地面积仅不足10亩。美国大农场经营的农业发展模式在中国人口稠密的农村是不可行的。而且，土地经营也具有经济学规模效应的普遍规律，当经营规模超过一定程度的时候，总体效益就会下降。

美国基于地广人稀、农业科技发达的特点，其农业经营逻辑是单位劳动力产出最大化。以1970年美国和日本为例，从生产力来看，美国农民拖拉机拥有量约为1人1台，而日本平均45人才有1台；从产出来看，美国劳动力劳动产出率是日本的10倍左右。中国由于人多地少的国情，农业追求的总体目标应以实现单位土地产出最大化，中国和日本的情况一样，在土地上毫无优势，但在劳动力资源方面占有优势，因此必须要充分考虑国内现实情况。当前，中国工业化的发展进程处于中级阶段，创造的就业岗位有限，不能盲目地将农民转移到工业中，必须要把握转移速度。此外，经济效益不是全部的衡量指标，必须要确保社会效益，保证农民稳定就业，如果采取大规模的农场经营方式，就会让剩余的人没有土地，没有就业岗位，造成社会不稳定因素。当年照抄苏联发展的惨痛教训给我们沉重的打击，现在更应该认真考量效仿美国的恶果。

不能盲目照搬别国的发展经验，必须要在经济发展规律的基础上，遵循农民的发展意愿，考虑中国农业的基础条件，走中国特色的农业现代化发展之路。首先是在规模上，必须要适度发展，根据现代农业对于规模的要求，结合各地特点，在农业产业布局、农产品产业链条、农业服务等方面严把规模观。根据农业部专家的估算，中国南方的适度规模为30—60亩左右，北方的适宜规模为60—120亩。其次是要规范农业经营的准入制和退出制。农业是具有很强专业性的行业，不掌握相关农业技术，不具备种植知识，就无法成功。中国目前的农业是只要想去就可以去进行农业生产经营，有一批企业因为不具备相关农业经营的能力，导致了自身损失严重，另外也是对宝贵的土地资源的浪费。所以，推行农业土地经营的准入制和退出制是很有必要的，要把选择权交到农民手里。无论采取哪种形式，政府只能按照客观规律进行引导，做好服务，农业生产经营的方式只能让农民自行决定。

以美国大农场农业发展模式来解决中国小农户经营的现实问题，只能是和学习苏联一样的后果，因此，中国农业需要因国制宜，挖掘出中国农业的精华，在借鉴现代农业经验的基础上，找出适合自己发展的特色道路。

总体而言，在中国一部分地区，地方政府非常青睐对大规模从事农业经营的项目进行投资，因为这样可以在短时间内打造出当地现代农业的"面子"工程，从而导致出现为了打造俗称的现代农业"样板间"而不惜采用各种手段来逼迫农民退出农业生产经营的现象，这样的行为加剧了农产品供需的矛盾，极易引发一系列的社会经济问题。

从国内实际情况来看，近年来中国部分地区的土地向涉农龙头企业或各种类型民营公司的流转速度过快，导致中国农业"非粮化"的现象加剧，造成了对中国粮食安全严重侵蚀的隐患。到2018年，全国农村人口承包国有耕地的综合流转利用面积已经累计超过5.3亿亩，占家庭承包耕地（合同）总面积的35%。同期，全国范围内流入工商企业的耕地面积已高达2800万亩，占当年总流转面积的10.3%；2010—2012年间土地流转面积年均递增29%以上。由于工商企业使用出租地不仅呈现出一种租期久、面积广泛的发展特点，而且企业"非粮化"显著，这容易直接影响当前农村的社会治理结构体系，并且在未来农村的长远发展中埋下风险和隐患。此外，一部分地区在土地流转过程中未能充分尊重当地农户的流转意愿，容易直接造成群体性突发事件，甚至有些农业公司因经营管理不善导致对土地流转协议毁约、老板"跑路"等恶性事件的发生，发生农民土地流转的收益难以兑现。借鉴国际上相关农业农村的发展经验，像中国这样的一个发展中农业大国，要用公司式现代农业经营方式大面积地替代传统农户家庭经营，往往面临巨大的风险，甚至需为此付出沉重的代价。

2. 农业现代化的发展逻辑还不够清晰

当前发展中，很多人不理解现代农业和农业现代化的区别和联系，错误地认为农业现代化就是在实现土地规模化的基础上，运用现代技术和相关设施完成生产经营的各过程。这种片面的理解会使中国现代化建设朝着错误的方向发展。

事实上两个概念是完全不同的，二者之间最根本的不同在于目标是不一样的，农业现代化的目标是实现一个复杂的农业系统工程的运作，这个系统工程包括社会、政治、经济、文化、生态五个方面子系统。而现代农业所追求的目标只是经济上的提升,是一个单一的目标。

人类农业历史的发展历经了从原始农业到传统农业,最后到现代农业的三个阶段。第一个阶段是原始农业,这个阶段主要是靠刀耕火种来进行农业生产;第二个阶段是传统农业,在这一阶段,农业呈现的是封闭的内循环,并且向前滚动式发展;第三个阶段是现代农业,现代农业的特点就是传统农业的升级和改造,打破传统农业封闭内循环的格局,在外力的作用下,拉长农业产业链的长度。而现代农业又被分为前、后两个时期,前现代农业发展阶段主要有两个特征,一是引入了化肥、农药的使用;二是解放了人力,用机械进行取代,依靠工具进行农业生产。后现代农业发展阶段的主要特征是延长农业产业链的链条,在农业生产的基础上,建立一个融合第一二三产业的产业体系,使农业、农业加工、农业服务能够有效联通起来,形成供产销相互促进、上中下游产业一体的综合产业体系,现阶段中国就在努力建设这样一个综合的农业现代化产业体系。

农业现代化的实现是一项长期的历史任务,要运作好这个复杂的系统工程,就要依托先进的科学技术来渗透,政府相关部门有效接入、多种现代化生产要素的投入、市场化运营机制的引入和现代农业服务体系的建立。总体来说就是要用现代科学技术武装农业、用现代科学管理方法运作农业、用健全的服务体系来保障农业、用现代的机器设备装备农业,提高农业生产经营的综合能力素质,提高农业生产能力,提高农民的收入水平,创造良好的自然生态环境,实现可持续的健康发展。

在实现农业现代化的进程中,需要从农业、农村、农民三个方面共同推进。现代农业所追求的仅仅是农业的现代化,这不是完整的现代化,农业是现代化的本体,农村是现代化的载体,农民是现代化的客体,只追求单一方面的现代化是不合理的,真正的现代化是"五位一体"共同发展的综合目标。所以重新构建中国农业现代化的体系,再次将农业现代化提上议程,努力达到"三体共化、十农并进"。"三体共化"的内涵就是要在农村人才、组织、农民工、道路、水利、土地、农产品与农资价格、家庭农场、农村金融、农村环境等方面同步建设同时推进。

总而言之,中国农业现代化的建设从理论层面上应该坚持"五个创新":一是要创新目标,不同于美国劳动力产出最大化的目标,中国应结合实际状况追求土地产出最大化的目标;二是要在路径上进行创新,不仅要依靠外延扩张的带动作用,还要从内部开始内涵的改造提升;三是在结构上的创新,统筹考虑各方影响因素,从生态学的视角出发,按照生态学的基本原理重构农业现代化在经济、文化、政治、社会和自然五大目标下的整体发展架构;四是内涵的创新,明确农业现代化是要建立综合完善的产业体系,打通农业产业上中下游,促进第一二三产业的融合;五是外延创新,分离实现"三体共化、十农并进"。

3. 部分领导干部对于农业现代化的认知存在误区

在当今中国的制度体系下,存在某些地区负责农业农村相关工作的党员干部甚至领导班子成员对于农业现代化的理解存在严重的错误认知。这些错误的认知是:农业是典型的自给自足状态下的自然经济,是一种落后的文明形态;只有城市文明和工业文明才是现代化文明的表现;改善中国农村落后的现代文明发展现状的方法只有将工业文明和城镇化,以及落后的现代生态文明紧密结合,并以此作为发展目标和前进战略。因此在这些错误的认知中,要想离现代化越近,就要离农业农村越远。这种被广泛流行的错误认知导致了中央发布的很多重大农业相关战略不能够被贯彻落实,导致当地部分空谈农业发展,更是有谈农色变的现象。事实上,工业文明和城市文明只是现代人类文明之二,农业文明也是人类文明的基本载体之一,这三大文明是所有人类社会文明的重要组成部分,其他形式的任何文明形态都存在于这三大文明之上,弄清楚农业文明和其他文明之间的关系,才能够走出对于农业现代化的认知误区。

农业文明是历史上最早孕育起来的文明,是人类其他文明的发源,农业文明和工业、城市文明是一种共生共荣的关系。它们之间的联系和区别如下:农业文明是基本文明,是其他文明的基础,为人类赖以生存的空间提供了最基本的生存方式和生存资料。所以,如果离开农业文明,则整个社会文明是残缺不全的,社会经济也是断裂的,社会形态是危险的,社会发展不可持续的。落后、腐朽、应该被抛弃不是农业文明的代名词,农业文明和工业、城市文明之间的关系也不应该是你死我活、相互对立。在19世纪60年代,国外社会学家舒尔茨就曾经对工业化的发展思想提出质疑,他指出不应该轻视农业,牺牲农业的发展来实现工业化的发展,他提出要通过对人力资源合理以及生产要素进行合理配置来实现对传统农业的现代化改造。

人类文明的发展是有一定规律的,所有高一层次的文明都要建立在上一层次文明的发展之上。而农业文明就是人类工业、城市文明的发展基础。以美国为例,美国首先实现的是农业现代化,在此基础上才逐步完成了工业、城市现代化。农业目前是中国社会文明的发展短板,如果不能实现对农业现代化的正确认知,那么实现农业现代化就无从谈起。必须要遵从人类文明发展的规律,正确地看待文明发展地顺序性。我们现在走的是首先发展工业,持续扩张,把城市发展起来,最后让工业和城市来反哺农业的路子。当前这种模式的弊端已经完全显现,仅仅靠工业和城市对农业的输血机制是不能够完全解决农业农村问题,必须要增强农业的内部"造血"机制,把现代化的元素融入农业的发展,从而使得农村物质基础具有内生性,才能让农业和工业、城市一样实现现代化,才能让农业文明和工业、城市文明同步发展。在对农业文明的认知上,只有真正明白其对于社会文明发展的意义,才能够使各项政策稳步推进,才能够采取正确的措施来确保农业现代化。

4. 农民支持改变现有经营模式,但仍存在诸多障碍

虽然中国农民也赞成现代化的农业耕种生产方式,但是仍存在很多限制地方农业现代化推进的因素。自然环境条件是非常重要的因素之一,自然条件和地理区位是短期内无法改变的客观存在。地方经济实力也关乎是否能够有力推进农业现代化的建设,地方经济实力较弱的地方,当地的农村集体经济水平一般较差,农户的经济实力一般也会比较薄弱。根据中国农业农村部公布的相关统计数据,在中国所有实现经济收益的村集体组织中,57%的村集体组织当年取得的经营收益都不足5万元,同时当年取经营收益在5万—10万元之间的村集体组织占到总数的75%,经济实力薄弱限制了现有的农户家庭经营,农户更难通过现有的是市场运作机制来获得促进发展的各项资源,农业现代化也就无从谈起。

二 中国实现农业现代化的制约因素分析

新中国成立70年以来,中国农业发展取得了举世瞩目的成就,农业农村发生了巨大的历史性变化,实现了重大的历史性跨越,粮食连续多年取得丰收,农民收入持续取得增长,中国农业发展一路向好。在农产品供

给方面，主要农产品已经由长期短缺到总量平衡、丰年有余，中国粮食的总产由1949年的11320万吨增加到2008年的52850万吨；农业发展已由粗放生产到不断提高集约化水平。科技对农业的贡献率已经达到50%，特别是农业机械化快速推进，2018年耕种综合机械化水平已经达到67%，比1978年提高了24.8个百分点；农村经济已由第一产业为主到三次产业协调发展。乡镇企业异军突起，2008年乡镇企业的增加值占GDP的28%。农产品加工业方兴未艾，农业产业化经营快速推进，农村劳动力有序转移，农民工已经成为产业工人的重要组成部分；农民生活由温饱不足到总体小康。1949年到2018年，全国农民人均纯收入已由44元增加到14600元。2020年底，中国现行标准下农村贫困人口实现全面脱贫，贫困县全部摘帽，解决区域性整体贫困；村经济制度由自给自足的小农经济到社会主义市场经济。确立家庭承包经营为基础、统分结合的双层经营体制，全面放开农产品市场和价格，彻底取消农业税，逐步建立农业补贴制度。目前，与市场经济体制相适应的农业宏观调控体系、行政管理体制、法律制度和支持保护政策体系已经初步形成，中国农业产业化的国际进程也随之不断加快。综合来看，在推动中国传统逐步实现农业产业化经营的发展过程中，仍存在以下问题：

1. 农业现代化发展缺少必要的金融和资金扶持

农业现代化发展的关键就是保证资金的支持，只有加快农村地区的经济发展，建立并完善农村地区的金融体系，才能实现资金对于农业发展的支持，实现农业的良性发展。现阶段，中国农村农业现代化进程缓慢，部分地区农业金融支持力度不够，缺乏完善的农业金融体系，亟须对中国农村金融体制进行改革。

农村生产生活离不开农村金融的支持，中国大概从19世纪末，"中农工建"四大国有银行纷纷将其下属分支机构从农村撤离，从而退出农村市场。现有的商业银行、国有银行、农商行等金融机构多数只对农业基础设施建设和粮食等主要产品收购进行贷款，为维护自身利益，回避风险，不愿意给予农业企业资金运转支持，村民之间有息或无息的非正式借贷已成为农业企业经营信贷中的重要来源，但村民间的借贷数量少且不及时，影响了农业发展。另外农民的存款持续输入城市、工业中，部分县市的存贷比高达80%左右。中国20多年来，农业贷款的比例仅仅占到全部贷款额度的5%左右,有关资料显示同期印度的农贷比占到20%左右,部分较高的年份可以达到25%。

要解决农村发展的资金问题,必须依靠政策性银行下乡推动,农村本土金融一定得以加速成长。在美国,一共有9000多家银行;台湾地区在1949年就已经成了土地银行;印度作为当今的农产品出口大国,在历史上一共进行过三次农业革命,最重大的改革就是发展了适合农业需要的农村金融体系。在印度每3—5个村子都有一个政策性银行的分支机构,为了方便农户贷款,给每个农户都开设了银行账户,政府推出了一系列计划,如"大众金融计划"等,以此来激发农村市场的金融活力,创造良好的创业环境,这非常值得中国借鉴经验,深入学习。

在全球化的今天,培育农村金融力量是促进农业发展更加国际化、现代化的举措。第一,解决2亿小农户资金紧缺问题最便捷、有效、成功的道路就是要大力促进各类农民互助金融组织的发展。各地政府要秉承鼓励、放手、扶持、帮助的原则,为农业发展创造良好的资金环境。第二,从中国具体实践中来看,安徽农信社改制为农商银行的做法值得全国推广。在安徽包括省联社在内的83家法人机构,已全部改制为农村商业银行。截至2017年,安徽农信社全系统存款余额从2004年仅有712亿元增长到5583亿元,总体增幅达到8倍左右;全系统贷款余额也由2004年的513亿元大幅增长到3713亿元,增幅接近7.2倍,不良贷款率从39.3%下降到了2.99%,历史上的亏损也得以全部消化。存贷款总额占到安徽全省银行市场份额的18.26%和17.26%,累计代发"三农"补贴约4亿笔,社保卡、金农卡和ATM机的市场份额都居全省第一,大大增强服务"三农"的能力,坚定奉行为"三农"服务的宗旨。

2. 农业现代化的发展缺少农业科技支撑

中国是农业大国,有着悠久的农业发展历史。随着工业化、城镇化的发展,中国农业的劳动生产率仅仅相当于第二产业的1/8、第三产业的1/4左右,导致农业产业的要素不断流失,解决这些问题的根本出路在于科技创新。当前中国农村农业科技创新发展瓶颈主要表现在:

由于体制机制的不完善,农业科技创新和协同管理机制欠缺,导致农业科技创新不能完全发力,效果不突出。主要存在农业科技创新与生产效益转换衔接不当,多数农业科技创新缺乏实践转化和成果运用,导致农业科技成果与现实需求间缺乏契合度，科技链与产业链衔接不匹配。对农业科技创新成果认识不足，创新成果利用率低，没有形成有效的转化机制。从目前统计数据来看，中国农业科技成果转化率远低于西方发达国家，这与没有形成完善的管理机制有关，直接的后果是农业科技在农村基层难以有效推广，经济效益不显著，农业科技产业供需双方形不成有效沟通机制。农业科技协同机制不完善，农业科技推广过程组织混乱，很难发挥科技创新合力，科技资源浪费严重。

注重农业科技创新知识产权保护，是农业现代化事业建设的重要举措，也是推动农业现代化发展的重要手段。近年来，中国加大了对知识产权保护的力度，国民对知识产权保护意识显著增强，但与发达国家相比，仍存在较大差距。一是中国至今还没有一部完整的农业科技知识产权法，同时现有的农业产权保护法规与农业科技创新产业间存在法规制定和运行机制不符，交互不对称现象比较突出，严重阻碍中国农业科技创新发展，对中国农业科技走出国门参与世界竞争不利。二是农业科技知识产权保护内容亟待全面升级，当前中国针对农业制定的法律法规内容偏重对动植物或珍稀品种的保护，忽视了对农业科技创新或产业加工的有效保护。三是农业科技成果推广过程中相关产权问题执法力度不足，对农业科技创新技术保护能力差，科研成果很容易被盗取剽窃使用。四是农业科技工作者自身缺乏维权意识，这主要是由于中国科技专利尚未形成有效回报机制，科研人员不能及时通过专利获得物质收益，导致其维权积极性、主动性不强。

今后，农业增产增效，国家粮食安全，不能再靠扩大面积，增加量的积累，只能靠科技创新，实现质的飞跃。党的十九大提出的科技创新推动新农村建设也为改变农村发展滞后的战略部署指明了方向。利用农业创新科技有助于全面改变农村产业结构，有效突破农业发展瓶颈，从而实现乡村振兴战略的实施。

3. 农业现代化的发展没有农业人才的保障

一个行业的发展的根本在于人才储备，没有研究人才就意味着缺乏科学技术，没有经营人才就会使农业企业难以可持续发展，没有技术服务型人才就难以将先进技术进行推广，这就制约着现代农业的发展。目前，中国现在农业发展所面临的问题也是由于农业人才缺乏而造成的。

现代农业发展一度停滞不前，究其原因，还是因为人才的缺失导致农业发展原地踏步，而且农业的人力资源水平还远跟不上资本的跟进速度。《全国第三次农业普查主要数据公报》显示，2016年末在全国仅有1.2%的农业从业人员拥有大专及以上文化程度。而且除了东北地区略高于平均水平，东中西部地区这一比重均是0.2%。截至2020年中国大约需要农业企业经营人才150万人，各类技术服务型人才150万人等，农村实用人才需求总量在1800万人以上。现代农业涉及诸多科学技术，不仅包括植物学遗传学等农业科技，还包括农业机械，物联网，冷链等方面。同时，现代农业是高度市场化的，需要做好销售、管理、物流各方面工作。简单来讲，任何农业企业都希望能拥有既懂农业又懂经营管理的专业人才。农业发展有很强的地域性，同样的农作物品种在不同地域的栽培方式也存在很大差异，这就需要专业的农业人才进行指导由此可见，中国现代农业能够快速发展，必须以农业专业人才培养和储备为依托。

在农民工"打工潮"火热的今天，进城打工就业的收益相比传统务农有所提高，同时也是以很多无形的、不能估量的非物质损失和长期性的损失为代价的。外出打工往往意味着三代人的离别，由此导致的青少年教育问题是非常令人忧心的。现在，中国农村适龄，小孩又面临新的上学难的问题。教育经费的投入不足导致全国范围内的撤点并校，学校总数由50多万所减至20多万所。另外由调查报告显示[1]，中国农村小学生家庭居住地距离学校的平均距离为10.8里，初中生家庭居住地距离学校平均35里。农村地区的教育水平严重落后，中国5亿多名农村劳动力的平均受教育年限仅有7.8年，其中还有1亿多名初中生不能顺利升入高中读书，被迫走上打工的道路，这将致使中国农业后备军不能提高其科学文化水平。

中国当前的农村教育，尤其是部分贫困地区的教育仍然是千军万马过"独木桥"，必须要改变以前的精英式人才培养目标，转变为生存教育的全新模式，让大多数农村孩子能够学习并掌握一项生存发展的基本技能，以此来培养大量可以留得住、用得上、干得好的本土人才。中国将部分本科院校改为高等职业技术院校的计划无疑是符合中国教育发展实际的好事。放眼世界上其他国家，印度一共有大约1万多个专业的教育机构，专门来

---

[1] 杨东平：《农村教育布局调整十年评价报告》，《中国青年报》2014年12月24日。

培养技术性人才。美国也开展了多项"工匠"活动，兴办"工匠空间"等主题活动，美国前总统奥巴马也曾在白宫举办"工匠嘉年华"活动，拟拨付 1250 万美元作为活动奖金，奖励全国工匠职业教育和相关技能培训的开展工作。这项活动主要是为美国制造业培养高端人才。对于农业后备军的培养，日本实施了"接班人"计划。所谓"接班人"计划就是日本政府在颁布的《农业经营基础强化法》中强调，农村土地流动朝着认定农业者的方向集中，其中认定农业中主要指的是那些有意愿提高农业生产效率，扩大农业生产规模的农业生产经营者。政府从当时的大学毕业生中进行招募，并且负责培养。具体的认定和培养方案由各市町村来负责，被认定的人选可以获得农业经营方面的政策支持和相关财政优惠。日本这一举措的根本目的就是提高农业生产经营的综合知识能力，培养具有现代农业技术的农业生产经营接班人，此举也值得中国学习借鉴。

中国未来农业发展的后备军是中国 6000 多万的留守儿童和城市里大概 2000 多万的"小漂族"，未来中国职业化农民将从这个群体中产生，所以这个群体的专业素质事关中国农业现代化建设的成败。由此可见，现在抓好农业后备军的教育是未来农业现代化建设的保障。

4. 农业现代化发展依托的各项资源和生态环境日益恶化

农村发展依托于其自然存在的资源和其所处的生态环境，日渐较少的资源环境给实现农村农业现代化增加了阻碍因素。

从土地资源总量来看，自改革开放政策实行以来，中国农业耕地面积陆续消失了 3 亿多亩。从农业耕地面积总量来说，中国的农业发展具有人多地少的特点，需要用仅占世界总耕地 1/5 的面积来养活占全世界人口总量的 1/5 的人口。从人均土地资源来看，中国人均耕地面积非常有限，和美国相比，只有美国人均占有面积的 1/13；和加拿大相比，只有加拿大人均占有面积的 1/18；和印度比较，印度人均占有土地量是中国的 1.2 倍。总体来说，我们国家的人口规模比美国多 10 亿人左右，同时，美国土地占有量却是中国的 10 倍，相当于我们需要用别人 1/10 的土地来养活别人 10 倍的人口，所以中国的粮食资源非常紧缺。

从土地资源的质量来看，中国耕地总量不断锐减，同时化肥农药以及重金属等对土地的污染不断加深，耕地的总体质量也在持续退化。不仅耕地的总量在锐减，耕地质量也出现严重退化。化肥、农药、农膜和重金属污染等对环境的污染愈演愈烈。

从水资源状况来看,全球水资源也日渐匮乏。在全世界范围内,过去的100多年里总人口增加了将近3倍,全球对水资源的用量需求增加了将近7倍。而中国就是世界上缺乏淡水资源的13个国家之一,和世界人均占有淡水资源量相比,中国人均淡水资源仅仅是世界平均值的27%。从国内来看,中国淡水资源呈现分布不均匀的特点,南方地区雨水充沛,北方地区少有雨水,国内主要的淡水资源主要集中在长江以南的区域,长江以北区域是中国耕地的主要区域,长江以北区域的耕地面积有全国的64%,但是淡水资源总量仅仅占到全国的19%,水资源严重匮乏。除了空间分布不均匀的特点,中国境内河流流域面积总量上在不断较少,20世纪50年代中国境内流域面积约有100平方公里,数量约有5万多条;到2011年,全国境内水流流域面积近有50平方公里,数量也减少到4.5万条,水流流域面积减少了近一半。除了水体总量的减少外,剩余的水体或多或少受到了污染和破坏。随着工业发展,化肥农药、废水都会对水体产生污染,此外中国地表水中除了医药产品的污染,还存在68种抗生素,含量高的已经达到几百纳克,远远高于发达国家20纳克的标准,另外还在地表水种监测出90多种非抗生素药物①。工业废水的排放对水体造成巨大污染,中国由于受工业废水污染而产生的癌症村有260多个,还有三分之一的国土面积被酸雨所覆盖,生态环境的日益恶化严重挫伤了农业生产的发展积极性,食品安全问题也无法得到保障。为此,中央政府也多次出台政策法规,现在执行对生态环境损害的行为要终身追责,遏制地方只顾经济发展,不顾环境保护的乱象。这样严厉的环境保护制度在贯彻落实方面还需要更加深入细致的制度设计来进行保障。

5. 农业现代化的发展受制于当前的土地经营体制

随着中国工业化的进一步发展,中国的农民群体有了更多从事非农业工作的就业机会,同时伴随着农民所拥有的土地有了大规模的流转需求。据统计,中国农村家庭承包的耕地流转规模从2004年的0.58亿亩快速增加到了2018年的5.3亿亩,流转面积已经达到全部耕地面积的35%,比

---

① 王丹、隋倩等:《中国地表水环境中药物和个人护理品的研究进展》,《新京报》2019年5月。数据来源:参见2018年《新型农业经营主体土地流转调整报告》,2018年12月25日。

2004年增加了1.9倍。从流转关系来看，土地流出方多以农户为主，土地里流入方多以企业和合作社为主，且这一趋势还在加强。在2018年流转土地总量中，流入到其他农户手中的土地占62%，流入企业和合作社的土地约占30%。截至目前，全国依法登记在册的农业合作社达到217万个，家庭农场达到60万个。根据中国土地流转的规模和去向，可以清晰地看出，由家庭农场、种田大户、农业合作社和农业企业等各主体共同构建的新型农业经营管理体系正在逐渐形成。

在土地流转方面，既要有行政推动，又要有市场正常运作，更要有法律方面的保障。首先是行政推动，很多事情是单个村民没有能力也无法去做的事情，比如说如何把不足十亩的土地分成八九块，如何把分散的土地合成一块，所以必须要依靠村集体的力量，依靠行政力量对土地资源进行整合，最终实现土地确权。国内部分地区在行政推动上有成功的经验，比如安徽蒙城和河南民权等地。其次是市场运作。在一块土地依靠行政推动实现资源整合完成土地确权的情况下，采取合作、入股或者是出租的方式，都要依靠市场发展规律，政府不能强行干预。最后是要有相关法律保障。中国法律在农村土地流转方面还存在很多空白之处。比如说在中国现行的法律下，不允许进行土地担保、抵押、买卖的行为，必须要对土地管理法等相关法律进行进一步完善。各地政府在实施土地流转政策时要充分理解政策制定的初衷，充分尊重农民的选择。因此，首先必须抓好行政推动，优化土地整合，充分重视小规模的家庭经营方式；其次不能过分地干预市场运作规律和法律保障，避免出现不该做的做过了，该做的没做到位。总的来说，行政推动是市场运作规律和法律保障的基础，只有做好行政推动，才能更畅快地推进市场规律和法制保障，否则将后患无穷。

第四章　国际农村电子商务发展的经验与借鉴

　　中国是一个农业发展大国和人口增长大国，农业产业既是第一产业，也是立国的根本，农业的发展直接关系到整个民族的社会经济发展。长期以来农村经济都是中国经济发展的薄弱环节，中央一号文件多次聚焦于"三农"问题，针对农业农村的发展和改革做出了具体部署行动。当今现代信息技术已成为经济增长的新动能，计算机的普遍应用、云计算、大数据、区块链、人工智能等技术的迅速发展已经深远的影响和渗透到众多传统行业中，并在促进和加速着传统行业的升级转型。快速发展农村经济，也需要充分利用，互联网创新力量，构建"互联网＋农业"模式，推动农业现代化的进程和转型升级。当前，国家正在实施"互联网＋农业"战略这一崭新变革，农村电子商务作为传统农业转型升级的典型代表，由于其在增加农产品销售，推动生产要素流动，促进城乡融合，倒逼第一二三产业融合所起的突出作用，充分体现了社会价值和经济效果。

　　但与西方国家相比，中国农业和农村地区开展电商产业起步较晚，应用的广度和深度与发达国家相比还有较大的差距。国际大多数国家农业生产与中国的小农经营不同，欧美等发达国家的农业大多数是以家庭农场为基本单位进行生产，农场的规模大、机械化程度高、农产品产量高、农业生产社会化程度高，农业发展水平较高。一些发达国家的信息技术相对发展比较成熟，在20世纪末其互联网的覆盖率已有40%之高，同时也远远早于中国将电子商务的技术广泛应用到传统农业，排名比较靠前的国家有美国、英国、日本、韩国等。虽然各个国家在开展农村电子商务时所采取的方式方法不尽相同，但是都非常重视农村电子商务的发展，并且都已经建立起了相对完善的农村电子商务平台系统。因此，对美国、日本和韩国等地区发展农村电子商务的特点和优劣势进行客观分析，总结发展经验和实践措施，对于探索中国未来农产品电子商务的发展方向和发展模式，促进中国农产品电子商务的快速发展，推动农业现代化和农村社会经济发展均具有重要的理论意义和实践价值。

第一节　美国开展农村电子商务的经验

美国作为发达国家的典型代表，其经济发展水平和科技先进水平在世界上一直都处于绝对的领先地位，其中农业电子商务更是代表着世界农村电子商务的先进水平，因此，研究分析美国的农村电子商务有着非常重要的意义。迄今为止，美国是全球所有国家中最早发展电子商务的国家，农产品及其相关贸易的开展也最早，美国较高的农业科技化和标准化水平对美国现代农业的发展起着举足轻重的推动作用。先进的科技水平发展水平从根本上提高了美国现代农业的生产力，也促进了美国现代农村生产力的改革和企业化生产方式的转型。在发展电子商务的过程中，美国积极利用电子商务的优势将其和农业紧密结合，农产品的电子商务贸易在全球都十分领先，农产品的电商贸易也在一定程度上优化了农村资源配置，提高了农村资源整体利用率，使农业经济发展水平有了很大的进步，为农业转型提供了重要的基础和保障。

一　美国农村电子商务的发展过程

美国农产品电子交易最早开始于20世纪70年代，由于这个时期计算机技术和互联网技术并没有完全普及，许多民众对互联网还不熟悉，对"电子商务"的概念更是非常陌生，因此这一阶段的电子商务仅应用于小范围内。尽管如此，仍有一些有实力、有远见的企业家开始尝试将农产品与互联网相结合，通过远程联系的方式将买家和卖家联系起来实现线上交易。由于远程交易方式导致买卖双方不能真实地面对面交流，卖家在电话里陈述产品概况无法让买家对产品形成一个直观的印象，买家不能直观地看到农产品，不能够清晰地了解产品特性，卖方也无法全方位、多层次地宣传自己的产品，再加上当时由于设备、网络技术有限，所以美国农村电子商务初期的应用效果并不好。但这一时期的探索为未来农村电子商务的发展起到了良好的奠基作用。20世纪80年代和90年代，美国农村电子商务快速发展，远远走在了世界其他国家地前面。全球真正意义上的农村电子商务的实践应用就在90年代发生在美国得克萨斯州的美孚尔农场[1]。从美国开始大力发展农村电子商务之后，就一直保持着快速增长的趋势，2000年美国农场在网上的交易规模总额就已经超过6亿美元，并以每年25%的速度持续增长。随着农村电子商务的迅猛发展，其影响力和规模逐渐扩大，同时现代信息技术的不断应用和升级也极大地促进了农户利用计算机、互联网等技术设备开展农业相关贸易。由此使得2005年美国在网上开展农产品交易活动的人数已经发展到总人数的31%，在2007年达到37%[2]，农产品贸易相关的网站在2015年就达到了500多个，实现了农产品贸易总产值接近200亿元。经过多年的努力发展，再加上美国先进的农业科技，农村电子商务的企业和机构数量越来越多，美国农村电子商务发展日益成熟，例如芝加哥期货交易所、农产品电子商店、农产品和农资公司以及大型百货公司等。其中，芝加哥交易所已经发展成为世界上最大的农产品交易所，交易所的功能和作用主要是为买卖双方提供美国农产品的市场价格信息，买卖双方根据这些信息做出对市场的准确判断，大大降低了市场风险，再如美国艾地盟公司（ADM）等一些农业垄断企业通过美国电商平台开展农产品大宗交易，将农产品从国内销售到世界各地。由于科技发达、信息化水平高，所以农村电子商务的发展十分迅速，但是在其发展过程中，也遇到过一系列的问题。例如，农业电子商务信息化程度不高，交易过程中涉及的主体间出现信息不对称时会导致消费者和农产品生产者双方获得不够及时准确的信息，出现"难买难卖"的现象；生产者为了尽可能多地售卖商品挣取更多利润，会夸大，甚至编造一些有关农产品的虚假信息，刺激消费者的购买欲望，导致实际产品和描述的产品存在较大差距，这种行为极大地降低了消费者的购物体验，农产品滞销现象也逐渐增长；由于开展电子商务的门槛低，发展前景好，许多农户纷纷加入农村电子商务中，导致出现农产品同质化现象严重等各种问题。

---

[1] 任鹏：《江苏省发展农村电子商务研究》，硕士学位论文，东南大学，2015年。
[2] 国政：《国外电子商务产业发展的研究与借鉴》，《广西教育》2016年第47期。

二 美国农村电子商务的成功经验

认真分析美国农村电子商务的发展过程，可以清楚地发现是多种因素共同作用的结果促进了美国农村电子商务的快速发展，成功经验主要可以归纳为以下几个方面。

1. 农业信息化基础设施良好

从美国发展农村电子商务的经验来看，做好农业通信基础网络和公共基础设施的建设是开展农业电子商务的起点。农村电子商务的开展，必须要加强信息化、交通运输等公共基础设施的建设，形成一个庞大的网络体系，让生产者和消费者都参与进来，才可以进行广泛的交流。美国政府在农村电子商务发展早期就尤为重视农村地区的信息网络建设，在20世纪90年代初期就开始建设信息高速公路，成功建成了全球最大的农业信息计算机网络系统AGNET，该网络将美国46个州、农业部、部分高校和农业生产加工企业，以及加拿大的部分地区和北美地区的其他7个国家连接起来[1]。美国的农业信息化体系发展建设较好，拥有一整套非常完善的农产品及相关行业信息收集和发布体系，其中美国农产品相关信息的公开收集发布机构主要指的是由美国农业政府部门官方网站，该网站主要负责，专门从事农产品和一些畜牧禽类产品的生产、市场、销售、出口等方面的工作，通过这些公开的农业相关信息而最大程度地保证农产品消费者和生产者之间的交易公平，并且有效降低农产品市场交易的风险程度，同时根据国内或者其他国际农业市场上的各类农产品市场价格波动情况来制定相应的政策来精准指导国内农产品的生产和市场价格。随着基础设施的大力建设，逐渐完善的电子化基础设施应用到了农产品生产中，给农业生产主体带来了越来越大的规模化经济效益，推动了美国农业的现代化水平。此外，美国农业物流技术也非常先进，较为发达的交通设施和完善的运输网络，以及先进的农业现代化技术，例如农产品的生产加工、仓储包装、冷链运输、GPS技术、卫星科学信息技术等先进的农业现代化技术等较为发达的技术工艺和农业高科技，在很大程度上解决了生鲜农产品运输难、易腐烂、保鲜难的问题，使得美国生鲜农产品在运输中腐损率基本保持在到

---

[1] 李自琼：《借鉴国外经验 探索中国农产品电子商务发展模式》，《世界农业》2015年第10期。

5%以下,保障了生鲜农产品的新鲜度和质量,直接促进了美国的农村电子商务成功,实现了迅速发展。

2. 农民信息化素养水平较高

美国农民自身素质较高,有20%的农民都是大学历水平,随着美国政府对农村信息基础设施建设的重视,也促进了更多农民的信息化素养程度也随着基础设施的不断完善而提高。据相关数据显示,2007年美国农业统计服务机构(NASS)的一项统计数据表明,美国农场中使用互联网和计算机的占比日趋提升,已经超过59%[1],2019年相关报告中发现,在美国有75%的农民可以访问互联网[2],互联网就像农业种植机械一样成为农民日常生活和生产种植活动中必不可少的重要工具,在农村日益普及。美国的农民会通过线上渠道进行信息搜索、购买农产品生产资料、出售农产品以及进行财务分析与处理等活动。在2001年美国农业资源管理研究机构在调查国内农场的互联网使用情况时,采用了216万多家农场作为调查对象,调查结果显示在当时互联网已经成为农户获取各种信息的主要渠道,他们会使用网购方式购买一些农业生产相关的产品,利用互联网进行农产品交易的农户数量不断增加。相关调研结果显示美国的农民在网上开展的活动主要包括网购、了解信息、个人理财以及农产品的销售,等等,几乎涵盖了农业电子商务网站具有的主要内容。相关数据显示,在2000年美国农场依托线上渠道完成的交易额达到6.65亿美元,在其总体交易规模中占33%。其中,农民通过线上渠道购买的农资产品约占总体的35%,销售的农产品总价值为2.87亿美元。2017年,美国130056个农场直接与消费者进行交易,销售额达到28亿美元[3]。由此我们可以清楚地看出,美国互联网电商已经发展成为农民日常生活中必不可少的重要工具。

3. 农村电子商务模式多样化

美国农产品的电子商务模式多种多样,且每种模式各具特点,均能与消费者、生产者的需求密切结合,这也是美国农村电子商务能够迅速被市场接受,快速发展的重要原因。具体而言主要包括农贸市场与消费者对接

---

[1] 2007年美国农业统计服务机构(NASS)统计的美国农场计算机使用情况。
[2] 参见 https://www.geekfan.net/hulianwang/0906750.html,2019年9月6日。
[3] 参见美国农业部(USDA)发布的2017年农业普查结果,2019年4月11日。

模式、农户与消费者对接模式和社区团购模式这三种具有代表性的模式。

（1）农贸市场与消费者供需对接的新型模式。其最具代表的公司为Fresh Nation 和 Relay Foods，该模式实质是直接利用当地农贸市场销售平台，将线下农贸市场直接转移至线上，通过公司与农贸市场相关管理者之间进行协商和合作为广大个人消费者和企业消费者提供线上的优惠和农产品交易服务。该种模式的实际运作原理就是消费者可以在线上根据自己的需求下订单，农贸市场则根据订单的要求来准备农产品，公司则主要是提供网络交易的功能服务。在美国，平均每个城市的 7.9 英里（约 12.7 公里）范围内都存在着大大小小的农贸市场，因此农产品从出库到转移至消费者手中往往只需要几个小时的时间。这种模式在很大程度上保证了农产品的品质，满足了喜欢到实地农贸市场购物，但由于种种原因不能亲自前往消费的顾客。由于农产品的配送由第三方物流公司专门负责，产品由当地农贸市场提供，因此 Fresh Nation 等专业生鲜农产品销售服务电商公司只是作为产需对接的中介平台运营，大大节约了仓储成本，这一点与国内的第三方电商服务平台天猫极为相似。

（2）农户与消费者直接对接的新型模式。该模式以美国生鲜电商 Local Harvest 为代表，Local Harvest 主要是为消费者和农场（农场主要是中小型农场）之间的农产品交易活动提供一个平台。这种模式以社区为单位，将一个社区内的农场相关信息进行整合并发布到网络平台上，通过平台可以对农产品信息进行管理，如果消费者想要查看农场的详细信息，可以通过地图检索系统在 Local Harvest 平台进行查看，从而尽可能地实现双方信息的对称性。消费者可以在 Local Harvest 电商平台上实时输入自己所在地，查询附近的农产品供应商，然后在电商平台进行下单，由农场负责配送，从而实现了消费者购买商品的"本地化"和"去中介"。这种模式将农产品产销限定在一个较小的地理区域内，不仅可以大幅度节约物流成本，还能有效保证消费者购买的农产品新鲜程度。Local Harvest 除了可以为消费者提供农产品密切相关的信息外，还能为消费者和农场提供一个交易互动平台，交易双方从始至终都可以保持互动关系，通过社交网络农户可以更精确地了解社区居民对农产品品种、品质和数量的需求以及评价信息，大大提高了农业生产的可预期性。为了吸引消费者激发消费者的兴趣，农场还采取了一些比较新颖的网络营销方式，例如在平台上发布农作物的生长周期、农作物种植、农事体验等相关的活动信息。对这些活动有兴趣的消费者随时都可以在平台上联系农场，亲自实地参与到生产农产品的全过程。

（3）社区团购的新型模式。这一模式的主要代表性企业是美国生鲜电商Farmigo。虽然Local Harvest和Farmigo两者之间的运营模式有很大的相似性，都是将农场引入平台中，让消费者在平台上进行选择购买，但是Farmigo的方式有了很大的创新。Farmigo整合了社区理念和农产品团购商业模式，根据消费者的地理位置将其划分为几个不同的参与社区，与当地的农场直接对接。Farmigo主要是以社区为配送单位搜寻农产品的相关订单，接着向社区本地或者周边的农场发出订货单，农场根据线上订单情况来进行生产，以周为单位，将订单汇总起来，然后每周定期给各个社区进行统一配送。这种模式很好地实现了生产者和消费者之间的有效衔接，以销定产，不再局限于原先的以产定销，使农产品不愁销路。这样不仅大大保证了农产品的新鲜程度，也实现了农产品销售的本地化，进而大大降低了仓储的成本和物流配送的费用，实现了生产者和消费者双赢的局面。由于中国居民居住更为集中，所以这种农村电子商务的发展模式不仅能满足消费者的需求，也能解决农民愁销路的问题，更加适合中国的现实状况。

4. 政府政策、财政以及技术支持

美国在开始发展农村电子商务的初级阶段就得到了政府的重视和大力支持。为有效地支持、助力农村电子商务的发展，美国政府制定了一系列有效促进农村电子商务发展的相关政策，并且在财政和技术方面也给予了有力的支持。例如在基础设施建设方面，为了推动本国的信息化进程，为电商发展提供坚实的信息基础设施保障，在20世纪90年代初美国就投入大量资金建设信息高速路，加大建设物流配送综合体系；在市场方面，制定了一系列关于电信技术标准、个人隐私、电子支付等方面的法律法规来规范电商市场，加强对市场的监管力度。针对信息不对称的问题，美国政府采取的措施是加大对电商企业的支持力度，在人才引进、技术设别支持、信贷政策优惠等方面帮助农业电商相关企业迅速成长起来。针对农产品信息虚假的问题，美国通过立法对农产品电子商务进行了规范和调整，要求各电子商务企业在自身网站上展示的农产品和实际产品必须相符，尽可能地保证农产品信息的真实性，保障消费者的正当权益，使得农村电子商务行业能够更加规范、有序地加大发展。同时，政府积极营造一个宽松的市场氛围，鼓励电商企业自我发展并自我规范，发挥企业的能动性，减少政府对企业的干预；在财政方面，美国政府在研发技术方面提供资金支持，以资金补贴方式让农场主受到电商专业技能的培训，增强农场主的电商意识和发展电商的专业知识，使农场主在电商的实际应用过程中变得游刃有余。同时投入大量资金来完善农业基础配套设施建设，让农民利用现代科技进行农业生产。这不仅能提高作物产量，而且省时省力，大大提高国民种植的积极性；在技术方面，美国发达的冷链技术、遥感技术、GPS定位技术等为农产品电商的发展提供了坚实的技术保障，不仅让农产品的质量得到了保证，而且先进的技术提高了消费者对农产品电子商务的信任。另外，美国为了扩大本国农产品电子商务的交易范围，与多个国家签订"电子商务联合声明"来促进本国农产品电子商务的发展壮大。

5. 电商平台的全面配套和专业化

随着美国农村电子商务发展的日益成熟和平台不断完善，一些影响力较大的企业在电商经营方面越来越专业化。在电商平台上，一些农业网站为了尽可能地满足不同客户的需求，服务水平越来越高，按照地区、产业、产品类别等标准建立了水平化的农产品电商市场，提供从信息流、物流到资金流全面配套的农产品电商体系，为用户提供更加全面的信息；在垂直农业电子商务服务平台中，能够提供的产品类别也逐渐得到丰富，涵盖范围从农产品、农业生产机械到生产肥料各个方面，每个企业也都有自己着重经营的商品，如表4—1所示。此外，通过丰富的商品种类、快速的物流体系、商品的保鲜技术等让客户可以进行一站式购物；在交易过程中进行智能化管理，准确识别库存、物流状态，从而降低不必要的损失浪费，这些也是非常值得我们借鉴学习的。

表4—1　　　　　　　　美国主要农业电商平台基本情况

电商平台	主营
Local Harvest	农产品等
Dairy	食品、乳制品
Machinery Locator	农业生产机械

续表

电商平台	主营
Farm-AG-loans	农业金融
Agriculture Products	农产品、材料
Advanced Nutrients	生产肥料
Cattlesale	肉牛
Farms	北美的肉牛、猪、谷物以及饲料等
The seam	棉花

第二节 日本开展农村电子商务的经验

日本农村的基本情况与中国有一定相似性，总体人口密度要比美国、英国等西方国家大得多。日本土地类型多为山地，耕地资源非常有限，农业呈现出规模小的特点，由于人多地少导致每个农户所拥有的耕地面积很少，人口居住区域比较集中，农业生产主体主要是以家庭经营为基本单位。日本的科技水平、信息化程度以及经济发展水平较为发达，农村地区的基础设施建设比较完备，农村的道路、自来水、用电等基本的生活设施都很齐全，百货超市、诊所等也都随处可见。值得一提的是，日本的现代农业机械化水平在全球居于首位，早在20世纪农业生产就基本上实现了全过程机械化和自动化。也正是由于有这种完善的农村基础设施和高水平的机械化程度为支撑，日本的农村电子商务才能依靠着这些完备的基础设施条件和企业之间牢固协作的关系迅速地发展壮大，农产品销售额占电商总销售额的比重也不断地提高，十年销售额就翻了一番。在全球电子商务市场上，日本的农产品电商销售额占比50%，日本农村电子商务已逐渐成为亚洲的领先者。

一 日本农村电子商务的发展过程

日本农村电子商务实践最早开始于20世纪90年代的三株农会社，这也是亚洲农村电子商务最早开始的典型应用。最初时期，日本就开始注重农村地区的信息化建设，在2000年12月制定了一套完善农村信息化发展战略,该战略的目的是加快新农村建设,在信息化方面缩小农村与城市的发展水平[1]。一方面,该战略的具体实施方法是在农业发展过程中充分利用互联网技术,加快信息传播速度,让农产品生产者和消费者及时掌握关于农产品的重要市场信息,使农村居民能够和城市居民一样享受到信息方面的便利并充分利用信息资源,使农村不再变得闭塞,也激发了农村居民的发展动力。另一方面,此项新兴发展战略极大地加速了当地农产品的交易流通,对农产品交易各环节进行了统一规范,涵盖了订货、发货、运输、交易等整个过程,也极大地促进了农产品交易和流通方式的转型变革,在很大程度上对农业电子商务的健康发展起到了促进作用。为了克服地理因素的限制,日本农业主要是对资源进行有效的整合,农业协同工会(以下简称农协)承担着资源整合方面的责任,日本农户基本上都会加入农协,让农协统一协调帮助农户销售农产品和解决在农产品生产过程中所遇到的各种问题,如购买肥料、农机、农业种植技术推广,成为农户和市场相连接的桥梁和纽带,在帮助农户增加收入的同时,也在很大程度上促进了农业的快速发展。除了农协组织以外,日本政府还出面成立"农产品批发市场联合会",将国内多个批发市场等农产品机构联系在一起,进行信息等资源的整合,为生产者和消费者提供更多的市场行情。日本农业电商企业主要集中在农产品的销售方面,且大多数是以生鲜为主。由于日本拥有完备的物流配送体系,这就为生鲜农产品电商的发展带来很大的助推作用。日本发展电子商务的时间比较晚,但一开始就以政府政策为引导核心,加上协会信息分享和先进的生产技术相互配合,从而形成了系统化的完整农产品电商产业链。日本虽然与美国等发达国家相比发展较晚,但从一开始就发展迅猛,特点极为鲜明。经过近些年的快速发展,目前日本的电子商务变得更加专业化,已经进入了成熟稳定的阶段,在世界范围内的电子商务消费市场中占有较大的份额和比例。据相关统计数据显示,2013年日本全国农产品电子商务交易额超过500亿元;2014年日本的电子商务交易总量已经上升至201.03万亿日元,其中农产品贸易总量占20.04%[2];

---

[1] 康星宇:《"互联网+"环境下农村电子商务发展研究——以正定县为例》,硕士学位论文,河北经贸大学,2018年。
[2] 李自琼:《借鉴国外经验 探索中国农产品电子商务发展模式》,《世界农业》2015年第10期。

2018年电子商务交易额达32400亿美元①。另外，日本人口数量较少，土地总体规模较小，农业生产的经营规模相对较小，生产主体和中国一样，主要是以家庭为基本经营单位，与中国目前发展农业的基本国情很相似，所以说研究日本的农村电子商务发展经营实践经验对提升中国农村电子商务的发展具有非常重要的意义。

二 日本农村电子商务的成功经验

经过分析研究，总结出日本发展农村电子商务的成功经验大致有以下几个方面：

1. 充分利用互联网技术，加快农村信息化建设

为了更好地让当地农民能适应市场变化，让更多的农民积极主动参与投入信息化市场中，1994年日本制订了"高度信息化农村系统计划"，该计划是让农民通过"家庭农业生产管理系统""农村信息网络系统"等系统学到更多的关于农业种植等方面的技术。日本政府也尽可能地完善农村信息网络体系建设，在20世纪90年代建立了农业信息技术全国联机网络，主要是为了能够及时、准确地搜集、存储和传播来自全国各地农业技术信息，对农户进行农业信息指导，使更多的人能够共享先进的农业技术，也给农民进行培训来提高他们的互联网使用技术。2004年日本政府发布"农业物联网计划"，富士通、日立等大型公司联手研发出一些先进的农业生产应用机器，让农业种植变得更加科学化、专业化。日本的农业发展受到土地面积小这一因素的限制，很多农村年轻人在农村找不到更多的发展机会，于是很多年轻人去城市谋求发展，这一现象导致农村土地没有得到充分利用、农村劳动力严重缺失并且呈现出高龄化趋势。考虑到农村劳动力的高龄化情况，日本开始在农村大力推进省力的农业相关技术，尽可能使农业生产变得自动化。目前，日本农村中已经全部覆盖普及互联网，之前制定的"绿色天国"计划，即在21世纪让所有农民都能熟练地操作计算机这一目标已经提前完成。互联网在农村的全面普及意味着农民在家就能通过计算机来获得农业市场的所有信息，从而指导日常农作物种植生产等农业活动。另外，依靠农产品销售信息服务系统的相关数据和日

---

① 参见《2019年全球电子商务数据报告》，2019年11月15日。

本农协发布的价格预测信息可以让农户通过信息系统了解到国内外农产品市场交易的相关信息,进而制订、调整农产品种植销售计划。由此可见,日本的农业信息化建设在很大程度上给日本农村电子商务的快速发展提供了硬件支持。

2. 根据本国农业经营基本情况成立农协组织

日本政府由于耕地少、细碎化生产,小农户生产和农业大规模社会化生产之间存在矛盾,这一情况和中国农业生产基本情况相似,为了解决这一矛盾,日本在全国范围内成立了农协组织,主要用来整合农业各方面的资源。在日本,大多数农户都会加入农协组织中,由农协帮助解决农产品生产过程和销售过程中遇到的各种问题。以往农产品流通是农协集中整合个体农户的农产品,流通的中间环节涉及多个批发商,批发商再运输到零售商手中,最后消费者从零售商手中购买农产品。这一流通方式涉及的主体过多,流程烦琐,具有很大的不便利性。电子商务的出现很大程度上改变了原先的这一流通方式,使消费者在家就可以和生产者进行线上交易,极大地降低了中间的产品流通费用。目前,经过不断的发展和完善,日本农协的功能逐步成熟,涵盖农产品流通、销售、农业信贷等各项服务,涉及农业生产经营过程中的各个环节以及农产品销售网络体系的各个组成部分,发展成为日本农业领域的综合性服务机构,成为农产品生产者和消费者之间沟通的桥梁与纽带。比如,农协会根据当前的市场行情对农产品未来的形势做出一定的判断,给予农民在农业生产方面一定的指导,避免农民的盲目种植产生农产品滞销的恶性现象。当然,这一模式也存在着一定的弊端,例如,由于服务机构想要将每一个农户的农产品等资源都整合在一起,这在一定程度上大大增加了农业流通的链条长度,而且农产品在流通过程中对保鲜水平的要求比较高,这就造成流通成本偏高。因此,该模式的运用和实行需要结合我国具体国情进行综合分析,判断当前的物流体系是否完备等情况,不能盲目地进行借鉴。

3. 与农产品电子商务相关的法律比较完善

为了有效规范电子商务活动、降低电商市场风险,日本政府在2000年颁布《数字化日本之发端行动纲领》,针对电子商务如何发展做出了具体的工作部署,并且根据日本的国情研究制定了促进电子商务发展的相关政策和法律法规,明确了电商网络服务提供者的责任和义务、电商平台建设的规范标准以及对如何合理规范跨境电商等问题进行了详尽的论述,这些政策的出台和制定为之后日本农产品电子商务的迅猛发展奠定了良好的基础。农产品的质量安全问题是农村电子商务发展过程中一个不容忽视的问题,为了尽可能地保证电商平台各项信息的真实性、农产品的安全性、服务的全面性,保障农民和农产品消费者等众多主体的合法权益,日本政府出台了许多法律体系,例如《食品安全基本法》明确了在促进农村电子商务发展过程中政府、一些公共团体和相关从业人员在保证农产品安全中所应该承担的责任;《农林产品品质规格和正确标识法》就农产品的包装和标识做出了详细的规定,让广大消费者在进行商品选购时可以根据相关的标识和包装对产品质量进行快速的判断;之后日本政府继续对该法规进行了整合和完善,在2015年颁布新的《食品标识法》;《农药取缔法》详细地明确了不同类型农产品的农药残留标准,从生产来源确保农产品的质量安全。由于电子商务存在虚拟性的性质,消费者无法实地接触产品,无法完全了解产品的真实性,所以消费者在交易过程中处于弱势地位。为了保障消费者的合法权益,日本颁布出台了《消费者保护基本法》《关于消费者在电子商务中发生纠纷的解决框架》等法律法规,通过法律这一途径保护消费者的隐私和合法权益。法律法规的存在让农村电子商务在发展过程中遇到问题时变得有法可依,同时在执行过程中根据实际情况不断修改、完善法律,使之变得更加有针对性、专业性、有效性。

4. 建立多样化、专业化的农产品电商综合服务平台

日本的各种农产品电商平台种类多样,有较大型的、综合类的网上贸易市场、农产品电商交易所、综合性网络超市、专门的农特产品网络商店,这些农产品电商服务平台涵盖了多种农产品,产品种类应有尽有。其中,综合性网络超市的主要特点是提供农产品的种类多、总量少,是将线上和线下市场结合起来,和企业建立农产品批发和生鲜服务的合作关系,将产品配送到每个实体店面;大型的综合类网上贸易市场的特点是商品种类多样、规模庞大,通过互联网交易在一定程度上减少了销售成本;农产品电子交易所是一种利用互联网进行农产品经营活动的平台,这种电子交易所主要特点的是可以做到信息公开透明,所提供的农产品价格是根据市场的供求关系进行确定的,避免了买卖双方信息不对称的问题发生,这样也可以使价格更加容易得到买卖交易主体的接受和认可;专门的农产品网

络商店是以社区为中心，向所有社区住户提供送货上门服务的平台，但是该平台的缺点是经营的农产品品类较少，主要提供生鲜蔬菜。八百屋就是这样一个平台，它与客户签之间采用订单制度，保证产品新鲜和价格低，并提供上门送货服务，同时该平台的网上商店为客户设置了留言箱，根据客户的建议进行改正以期更好地满足客户的需求。

日本的农产品电商平台既呈现出多样化的特征，又有专业化的特征。专业化方面以大地宅配为例，该平台一直专注于发展有机农业，甚至和农民一起共同研究如何提高农产品的质量和安全，同时也让消费者更多地参与到农业种植中，向消费者呈现健康的农产品，加强与消费者的联系。多样化、专业化的农产品电商平台采用不同的运营模式进行农产品的买卖交易，扩展了农民销售农产品的渠道，减少了中间商赚取的差价，不仅给消费者提供了更多的选择，提高了他们的消费体验，也让许多农业生产者有更多的机会向市场展示、推销自己的农产品，扩大销售途径。

5. 大力打造品牌，对农产品进行品牌营销

农村电子商务需要进行品牌营销，利用品牌提升产品的附加值，从而提高农民收入。日本的农产品品牌经营做得非常成功，基本上所有农业相关企业都打造了自己的农业品牌，从农产品的品质把控到最后外表包装的环节都实行精细化管理，这些管理方式值得中国借鉴学习。农产品品牌建设方面，日本采用"一村一品"方式建设和发展农产品品牌，该战略就是利用当地基层群众的大智慧尽可能地保证最大化地发挥本地资源的特点，不同地区的资源存在一定的差异性，要学会因地制宜挖掘每个地区的特色，从而根据当地特色打造特色农产品品牌，保证每个地区都可以体现自身的地区特色和优势，同时为客户提供了具有独具特色和优良品质的农产品。另外，为了避免出现盗用品牌等类似风险事件的发生，日本还推出了一种DNA鉴定图谱对其各自的品牌进行保护。在农产品品牌宣传营销方面，日本的一些做法对我们具有非常大的借鉴意义，比如日本田舍馆村的稻田观光模式，稻田利用本地的美丽风景及农业精细化管理优势，吸引游客前来稻田进行参观旅游，大量游客的到来快速地打开了市场，使当地的知名度大幅提升并因此吸引到了许多企业家前来洽谈广告合作等事宜。此举面向全国群众并提高了当地农产品品牌的知名度，拓展了当地农产品的销售渠道，而且带来的旅游业发展和广告等副业收入还给农民带来了额外的利润。

第三节　韩国开展农村电子商务的经验

韩国作为亚洲发达国家之一，虽然其发展农村电子商务的时间较晚，但是目前韩国农村电子商务已经取得了非常不错的成绩，作为后发展国家，其发展过程中的一些经验和做法值得我们学习借鉴。

一　韩国农村电子商务的发展过程

韩国的互联网基础设施建设非常发达，宽带普及率在世界范围内一直遥遥领先，发达的互联网基础设施为韩国的农村农业信息化建设和农村电子商务发展奠定了坚实的基础。虽然韩国农村电子商务起步时间和美国等一些发达国家相比较晚，但是农村电子商务在早期就受到了韩国政府的重视，在前期就投入了较多的人力、物力，例如建立了农林水产信息中心、农业电商平台。2000 年，韩国开始大力发展农村电子商务，由农林水产信息中心专门负责具体的项目实施以及电商平台搭建等工作，同年，农林水产信息中心为了给农产品生产者和消费者之间搭建一个互相交流的平台，于是开始建设农产品电商平台，之后又相继开发了一些大规模的农业电商服务平台。目前韩国的农村电子商务发展水平在亚洲地区名列前茅。据相关统计数据显示，2006 年韩国农业电子商务交易额高达 20 亿韩元，2008 年农产品相关交易总额高达 1.5 万亿韩元。

二　韩国农村电子商务的成功经验

分析韩国的农村电子商务发展历程，大致有以下几个方面值得借鉴。

1. 政府重视农村电子商务的发展

1992 年，为了促进农业信息化发展，韩国农林部建立农林水产信息中心（AFFIS）[1]，该信息中心的建设资金来自政府援助，主要目的是为广大农民提供技术指导来促进国内农产品电商迅速发展，2000 年农林水产信息中心开始创建电子商务服务平台来帮助实现国内农产品的线上交易。由于农民的文化素质水平不高，农林水产信息中心就免费培训农民的电商技

---

[1] 李自琼：《借鉴国外经验　探索中国农产品电子商务发展模式》，《世界农业》2015 年第 10 期。

能，并免费向农民提供市场农业相关信息，鼓励、支持和引导农民积极主动地参与到农村电子商务的发展路径中，让更多农民勇于接触新事物，敢于通过新途径来发展农业。经过几年的努力和推进，目前已经有超过8000个农户拥有自己的农产品经营主页，实现了农产品买卖双方的直接沟通，农户在电商平台上就可以向消费者展示、宣传、销售自家的农产品，拓宽了销售渠道，农民收入也逐渐提高。之后韩国农村电子商务交易额一直保持持续增长，农产品网络交易额占韩国电子商务总成交额的比重也不断上升。除了农林水产信息中心外，农水产品电子交易所也是韩国政府在2009年出资建立的，该交易所的电商模式是B2B，经过多年的发展壮大，目前已经是韩国B2B农产品电商平台中交易量最大的网上交易平台。在政策方面，政府为了让更多农户参与并积极地发展农村电子商务，出台多种惠民举措刺激农民尽可能地参与到农村电子商务中。例如，由于当地农民收入渠道单一等因素，农民收入水平远远低于城市居民。韩国政府考虑到农民的收入低这一因素后，在上网方面给予农民一定的补贴费用，农村在白天和晚上上网的费用分别比城市低30%和50%。同时，也尽可能多地为广大农民提供免费的市场信息，刺激广大农民在农村电子商务服务平台上销售农产品。

2. 构建大型电商交易平台

最初在2004年韩国仅有几个初具规模的农业电商平台，但是经过政府、企业等社会各界对农村电子商务的关注，目前已经有许多大规模的农业电商平台，供更多的消费者及时获得全面、准确的农水产品信息。Kgfarm是一种基于B2C类型的农业电商服务平台，也是目前在韩国知名度最高、用户人数最多的电商平台之一，该电商服务平台与国内的淘宝、京东等电商平台相似，农户如果想在这些平台上销售农产品，首先需要在电商服务平台上进行实名注册登记，向平台提交申请入驻，平台审核通过申请人的个人相关信息之后，农户可以在网站上创建自己的主页并在主页发布自家农产品的相关信息。消费者在Kgfarm上可以浏览该平台所有的农产品相关信息，挑选自己想要购买的农产品。最初Kgfarm有三种不同的经营形态，分别为民营、政府运作、政府委托公共机构运营。经过逐步发展，由于政府在农产品销售方面没有丰富经验，再加上对市场不敏感等方面的限制，所以后两种方式被逐渐淘汰，只留下了民营这一种经营方式。此外，韩国还拥有一个农产品贸易大型网站——农产品电子交易所。

3. 农村信息化程度较高

韩国的网络设施比较发达，宽带普及率较高，再加上政府重视农村的信息化建设，于是逐渐建立起了比较先进的信息化体系。同时，也向农村引进了先进的农业生产技术，例如，农民可以通过温室远程监控系统随时查看温室内蔬菜等作物的生长趋势、病虫害等各种生长情况，一旦农作物出现问题能够较为及时地补救。当遇到一些农户自己解决不了的问题时可以访问相关的网站或者上网在线上咨询专家，从而极大地降低农户的损失。

第四节　对中国发展农村电子商务的启示

通过对以上三个国家农村电子商务发展的进程和经验进行分析和研究，我们发现，无论是美国、日本还是韩国，无论是在资源丰富的美洲大陆，还是在人多地少的亚洲国家，无论是先发优势国家，还是后发展国家，农村电子商务要想取得跨越式的发展，均离不开合理、全面、创新的措施方法，例如在发展农村电子商务时充分利用高科技手段实现精准农业，利用先进科技助力农村电子商务发展；农产品从最初的生产、加工、运输到销售都要尽可能地做到标准化等。通过分析美国、日本、韩国这三个发达国家发展农村电子商务的历程，发现三者之间存在一些共性因素，结合中国国情，提出以下几点措施：

一　加强农村地区信息化建设

完善的农村信息体系建设是发展农村电子商务的必要基础，经过上述分析可发现，美国、日本、韩国在发展农村电子商务时都非常注重农村信息化的建设。例如日本通过实施"21世纪农村信息化战略""高度信息化农村系统计划"等项目来加强农村信息化体系的建设；韩国的互联网普及率非常高，这些都为当地农村电子商务的迅猛发展打下了坚实的基础。目前，中国的农村信息化基础建设还有待加强，中国农村互联网发展基础比较薄弱，这会直接导致农民获取有效信息不及时，在很大程度上妨碍中国农村电子商务的健康发展。因此，政府部门应该加大对农村网络基础配套设施的建设力度，扩大互联网在中国农村的覆盖范围，鼓励广大农民使用互联网和智能手机,争取早日在农村地区实现"每个村都通上宽带、家家都能上网"的目标。同时,政府还可以号召国内一些著名的科技企业,共同合作建立覆盖范围广、指导性强的农产品综合信息服务网络体系,建立完善的信息发布机制,使所发布的农产品信息能够做到内容详细完善,信息及时有效,使农民能够及时了解全面、准确的市场信息,使农业生产实现高度有序的运行状态。

二 出台多种政策助力电商发展

不管是哪个国家,在发展农村电子商务的时候,政府都在其中发挥了主导作用。"三农"工作是我们全党工作的重中之重,是全国经济的"压舱石"和"稳定器",要想真正实现中华民族伟大复兴必须要实现乡村振兴,农村电子商务与加速实现乡村振兴目标有密切的关系。大力发展农村电子商务具有一定的公共属性,政府在这方面应大力支持。政府对农村电子商务应加大资金投入,设置多种资金帮扶政策,设置农村信息化专项资金,为农民开通多种渠道了解市场信息,让农民更多地了解到多样化的信息。政府主导的同时还应与企业充分协作,形成共推合力。政府在这一过程中要充分发挥组织资源优势、资源的调动能力,制定农产品标准并确保实施;企业则要充分发挥出其良好的经营管理能力。

三 健全农产品电商相关法规

美国在开展农村电子商务时为解决信息虚假的问题制定了相应的法律法规来规制各方主体的行为。日本在发展农村电子商务的实践过程中出台并完善了《民法》《商法》《经济法》《知识产权法》等许多与农产品电子商务相关的法律制度,全方位、多领域地为农产品电子商务地发展提供法律保障,在网络安全、消费者权益保护、农产品质量安全、信用认证等方面都专门颁布了相关法律文件,并在农村电子商务的实际发展过程中进行逐步修订完善。中国虽然已经成为"网络大国",但是中国的网络发展整体环境并不完善,关于农产品电子商务的法律还有所欠缺,一些农产品的网上交易信息会发生泄露,甚至有时候还会发生交易双方的个人信息泄露事件,这都使得交易存在很大的安全隐患。因此,中国应尽快制定和出台相关政策和法律法规,净化互联网交易环境,认真审核互联网买卖双方的身份资料,确保在交易过程中信息真实性，尽可能地保障电商平台用户的合法权益，为农村电子商务的健康良好发展提供规范、安全的互联网服务环境。同时，还应该建立本行业明确的行业标准，规范经营内容，建立一个层次清晰、职责明确的协调和监管体系，实现平台的标准化生产和规范化经营。

四 打造电商平台多样化、专业化

平台是农村电子商务发展的载体，要发展电子商务必须要把平台建设放在最基础、最首要的位置。美国、日本等发达国家的农产品电子商务平台种类多样，既有产品种类齐全、规模庞大的综合性的网络交易市场，又有以社区居民为中心，以生鲜蔬菜水果为经营品种的专业化网络交易市场。这种专业化的农村电子商务交易平台更容易打造住自己的品牌，同时，综合化的交易平台则能够让消费者有更多的选择空间。由于受农产品的季节性、区域性地限制，又加上农产品很难存放、不适宜长时间运输的特点，导致中国农产品在物流运输过程中很容易发生腐烂的情况，这就需要中国整个农产品供应链在生产、加工、包装、存储、运输等各个环节加以改进。因此，开发综合化、专业化、高质量的农村电子商务交易平台，对于严格把关农产品交易的整个流程，以及打造农产品生产者到电商平台再到消费者完整通畅的产业链十分重要。在售后服务方面，电商平台也要不断提高服务质量，让消费者享受到全面、体贴、可靠的售后服务。

五 加强农村仓储物流体系建设

电商平台对物流的要求很高，物流体系越完善，产品运输周期越短，就能在很大程度上避免由于农产品的季节性和区域性而导致农产品在运输过程中出现腐烂等问题。西方发达国家和国内电商发达的农村地区不仅有专业化的电商平台，而且物流运输体系高效发达。目前中国的农产品电商物流服务体系还不够健全和完善，绝大多数农村地区的物流配送服务体系还没有实现到村入户。物流是开展电商的基础，发达的物流更是农村电子商务快速发展的必不可少的因素。因此，需要进一步加大对物流体系的建设力度，通过发达的物流体系减少农产品的流通环节，保证新鲜农产品的质量，打通农村与外界的联系渠道。

由于中国人多地少、大国小农的国情与日本的农业情况很相似，所以深入研究日本的农村电子商务发展经验，对于探索符合中国特色的农村电子商务发展模式有着很强的现实意义。相较于美国、韩国、日本在发展农村电子商务时根据本国基本情况采取了一些适合自身的方法措施，发展经验相比其他国家更具自身特色。结合中国农村电子商务的实际发展情况和日本的成功经验，提出以下两点措施。

1. 加强农产品电商的品牌化建设

为每一个产品建立特有品牌是推动农村电子商务发展的重要方法，品牌化在一定程度上能够监督并保证农产品的质量，同时还能够提高市场上农产品的竞争能力。当一个农产品有自己的品牌时，那么该产品就区别于其他大多数同类产品，这时，品牌特有的价值会自动附加到产品上，会比其他普通的产品卖出更高的价格。因此我们应大力实施农产品品牌发展战略，积极打造本土化的农产品电商品牌，根据当地独有的资源禀赋因地制宜构建当地特色的农产品品牌，构建"一村一品""一县一业"的产业发展格局。当然，除了要打造农产品品牌外，还要加强对品牌的保护意识，对品牌进行专利申请和知识产权保护。

2. 扩大农村合作社的规模和实力

目前中国的小农生产仍占大多数，农业生产种植过程分散化，并且大多数农业经营都是以家庭为基本单位开展的。农户的农产品销售渠道相对较窄，家庭经营具有分散性以及力量薄弱的特点，很难与大型农产品经销商直接建立联系。另外，不同地区的电商发展水平有大的差异，电商平台的建设比较杂乱，没有建立统一的规范化体系来统筹电商发展资源，这在一定程度上限制了中国农村电子商务的发展壮大。结合日本在发展农村电子商务时成立的农协组织及近些年中国促进农村电子商务发展过程中所做的创新和探索，中国应积极提高农村合作社的发展规模和综合实力，发挥农村合作社在农产品经营方面的统筹和协商能力，在小农户和大型的产品经销商之间搭建起沟通的桥梁，有效解决"小生产"和"大市场"之间的矛盾，将农业、农村和农民有机统一起来，对整个电商流程进行标准化、统一化改造，降低农产品销售成本，提高农产品生产者的总收入。同时要考虑到由于农村合作社统一协商整个电商过程，会在一定程度上增加农业流通链条的长度，因此需要加强运输网络、物流体系建设，以保持较高的流通效率水平。

第五章 中国典型农村电子商务模式的分析与比较

第一节 中国农村电子商务的发展现状

电子商务具备一些传统商业贸易所不具备的优点,例如,产品销售范围广、交易成本低、业务信息相对较为对称、交易双方的信用有保障等。电子商务是互联网信息高速发展的时代产物,它符合全球信息化快速发展的时代潮流,并逐渐发展成为一种伴随着国民经济的快速腾飞、社会和谐发展而形成的新型现代商业文明。

随着互联网的不断普及和商业化运营在全国范围内的不断深入,电子商务已经广泛应用于各个领域中,同时,也带来了巨大收益与便利。目前中国农村地区经济发展水平还不算高,利用电子商务带动农村经济无疑是一个明智之举,在这样的大背景下,众多农村地区发展农村电子商务的呼声变得越来越高。农村电子商务的出现和应用不仅提高了农产品交易的效率,也极大地改变了传统的消费品和农产品交易方式,节约了许多的交易费用和成本,让农产品的交易行为变得更加方便、快捷,从而让农民尽可能获得最大利润,成为农村电子商务服务体系的最大受益者和获利者。这对于推动中国城乡区域经济一体化的发展、增加农民收入、促进中国农村地区整体经济的发展都具有至关重要的意义。

一 从区域上分析

对2019年中国农产品网络零售销售区域的销售情况进行统计分析,形成图5—1和表5—1。从图5—1和表5—1的数据可以看出,2019年中国县域农产品网络零售额排行前三位的是华东地区、华南地区和华北地区。其中，华东地区县域农产品网络零售额占全国农产品零售总额的39.2%，零售额达1054.4亿元；华南地区的县域农产品网络零售额占全国农产品零售总额的23.4%，零售额达631.0亿元；华北地区的县域农产品网络零售额占全国农产品零售总额的18.3%，零售额达为493.8亿元。以上数据说明中国特色农产品农村电商主要集中在华东、华南、华北等经济较为发达的地区。同时还可以看出，东北、西北地区的县农产品网络零售额占比甚至不到3%，这说明经济欠发达地区特色农产品农村电商发展较少。

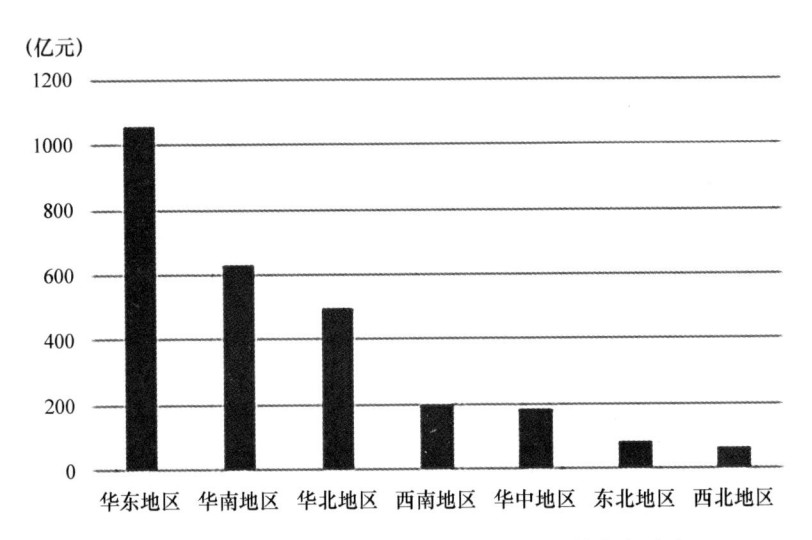

图5—1 2019年全国农产品网络零售区域销售额分布

表5—1 　　　　2019年全国农产品网络零售区域销售额

地区	销售额（亿元）	占比（%）
华东地区	1054.4	39.15
华南地区	631.0	23.43
华北地区	493.8	18.34
西南地区	194.4	7.22
华中地区	179.6	6.67
东北地区	78.1	2.90
西北地区	61.8	2.29

二 从省份上分析

依据《2020 全国县域数字农业农村电子商务发展报告》中的 2019 年中国农产品网络零售销售各省份的销售情况，如图 5—2 所示，2019 年中国县域农产品网络零售额排名前三的分别为广东省、北京市和浙江省。其中，广东省销售额占网络零售总额的 22%，零售总额为 592.1 亿元；北京市销售额占网络零售总额的 13.4%，零售总额为 361.6 亿元；浙江省销售额占网络零售总额的 12.3%，零售总额为 331.4 亿元；重庆市、吉林省、山西省、辽宁省、贵州省、上海市、新疆维吾尔自治区、宁夏回族自治区、西藏自治区、甘肃省、青海省、海南省、天津市的网络零售额占比甚至不到总额的 4%。排除直辖市农产品产量以及农村人口占比的问题，特色农产品农村电商主要集中在经济发达的省份。

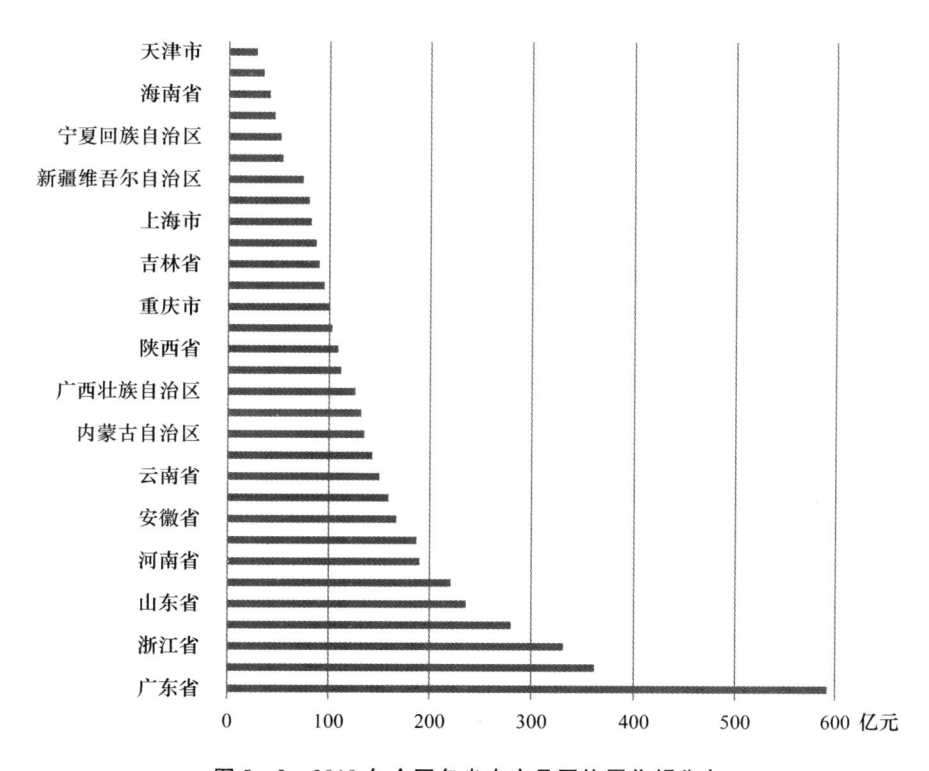

图 5—2 2019 年全国各省农产品网络零售额分布

在国家政策的大力支持下，社会各界集中力量发展农村电子商务，中国农村电商从空白到规模日益庞大，已经迈向一个新台阶，取得了巨大的成就。阿里巴巴作为行业领头羊，为更好地探索挖掘整合中国农村资源、开拓乡村服务市场，多年深耕农村电商领域，从而促进了农产品上行，激发了农村经济活力。全国各地依托淘宝平台，产生了一系列优秀的农村电商发展模式。2013年阿里巴巴研究院首次正式提出了"淘宝村"的概念，达到以下标准，就可以成为阿里认定的"淘宝村"：①经营场所的要求：在农村地区，以一个行政村为主要组成单元；②电子商务销售规模：每年累计实现网络销售总额1000万元；③家庭参与电商数量：本村活跃网店数量达到当地家庭户数的10%，或者本村活跃网店数量达到100家。

"淘宝村"模式可以看作是中国农村电子商务的典型代表和发展缩影，在一定程度上代表着中国农村电子商务的发展水平，也代表着各个省份的电商水平，其中各个省份的淘宝村数量分布情况可见下表5—2。"淘宝村"从2009年的3个，到2020年全国28个省（自治区、直辖市）共5425个淘宝村。"淘宝村"在增加农民收入、带动返乡创业、促进产业兴旺等方面凸显出重要的经济、社会价值。图5—3、表5—2分别为2009—2020年全国"淘宝村"的总量和2009—2020年各省"淘宝村"的数量变化。单从"淘宝村""淘宝镇"的发展可见，近些年中国的农村电子商务发展迅速，并展现出巨大的活力和无限的潜力。

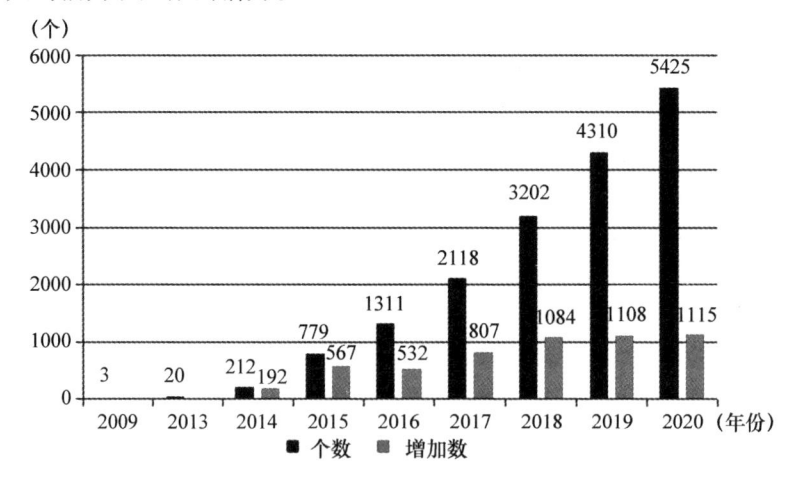

图5—3 2009—2020年全国"淘宝村"的总量

表5—2　2009—2020年各省（自治区、直辖市）"淘宝村"数量变化　　单位：个

省份/年份	2009	2013	2014	2015	2016	2017	2018	2019	2020
浙江	1	6	62	280	506	779	1172	1573	1757
广东	0	2	54	157	262	411	614	798	1025
江苏	1	3	25	127	201	262	452	615	664
山东	0	4	13	63	108	243	367	450	598
河北	1	2	25	59	91	146	229	359	500
福建	0	2	28	71	107	187	233	318	441
河南	0	0	1	4	13	34	50	75	135
湖北	0	0	1	1	1	4	10	22	40
天津	0	0	1	3	5	9	11	14	39
北京	0	0	0	1	1	3	11	11	38
江西	0	1	0	3	4	8	12	19	34
安徽	0	0	0	0	1	6	8	13	27
四川	0	0	2	2	3	4	5	6	21
上海	0	0	0	0	0	0	0	0	21
陕西	0	0	0	0	0	1	1	2	16
湖南	0	0	0	3	1	3	4	6	12
广西	0	0	0	0	0	1	1	3	10
辽宁	0	0	0	1	4	7	9	11	9
重庆	0	0	0	0	0	1	3	3	9
山西	0	0	0	1	1	2	2	2	7
云南	0	0	0	2	1	1	1	1	6
吉林	0	0	0	1	1	3	4	4	4
贵州	0	0	0	0	0	1	1	2	4
新疆	0	0	0	0	0	1	1	1	3
黑龙江	0	0	0	0	0	0	0	1	2
宁夏	0	0	0	0	0	1	1	1	1
海南	0	0	0	0	0	0	0	0	1
甘肃	0	0	0	0	0	0	0	0	1

"淘宝村""淘宝镇"可带来的经济收入是广大农民实实在在的经济收入，许多"淘宝村""淘宝镇"通过电商交易大力拉动了本地区的经济发展水平，目前"淘宝村"的年交易额相比之前取得了突破性的成就，具体情况见图5—4所示。据统计，目前"淘宝村"和"淘宝镇"网店年交易额超过1万亿元，活跃网店有296万个，创造了828万个就业机会，为众多贫困人民提供了工作岗位并使其实现了增收，这种发展情况也证明了农村电子商务是一种强有效的扶贫方式之一，"互联网+农业"的深度融合产物之一农村电子商务发展模式是非常可行的。

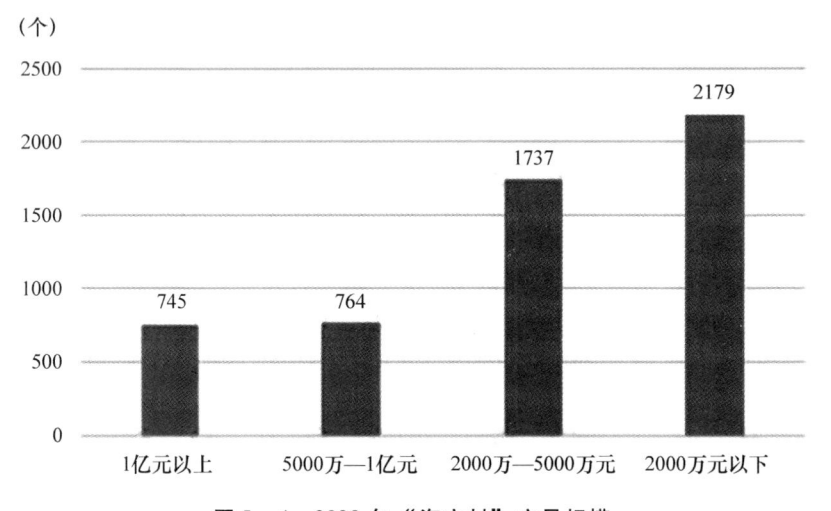

图5—4 2020年"淘宝村"交易规模

近些年中国中央一号文件中都明确提到要大力支持、扶持农村电子商务的发展，利用互联网、电子商务的发展优势来带动农产品的产销，加快建设农村信息化体系，缓解农产品营销方式单一落后的问题。在中国市场经济发展新常态的大背景下，农村电子商务的广泛应用和发展目前已经成为有效解决"三农"问题、巩固脱贫攻坚成果、推动农业供给侧结构改革的重要途径和手段。任何一种事物的发展都要遵循一定的模式，只有掌握足够多的技巧才能够实现快速的发展，农村电子商务的发展也不例外，在发展过程中需要遵循多种模式，并掌握多种技巧。在这方面虽然可以学习一些发达国家发展电子商务的重要经验，但是切记不能够照搬照抄，因为各个国家的基本情况都不一样，各有特色，我们在借鉴的同时要充分结合目前中国农村经济发展的实际情况，并从中总结出一套适合中国农村电子商务发展的新模式，进而促进中国农业现代化的发展。

第二节　中国典型农村电子商务模式

数字经济是使用数字化知识和信息作为关键生产要素，以现代化信息网络作为重要载体，以信息通信技术有效使用作为效率提升和经济增长的重要推动的经济活动。数字经济已成为拉动经济增长的重要引擎，成为科技创新催生新发展动能的重要突破口。当前，科技发展水平达到了前所未有的高度，互联网发展水平进入了高速发展时期，截至2020年12月，中国网民数量规模达9.89亿，较2020年3月增长8540万，互联网普及率达70.4%，农村网民规模达3.09亿，占整体网民的31.3%，农村地区互联网普及率为55.9%，贫困地区通信"最后一公里"被打通[1]。随着党中央对"三农"问题的高度重视，为加快乡村振兴出台的许多有利于农村发展的政策，都为中国农村电子商务的快速发展提供良好的条件。2019年全国农产品网上零售市场总体交易规模已经累计达到3975亿元，同时带动了300多万名贫困地区农民解决就业、实现增收。截至2020年末，电子商务进农村实现了对全国832个贫困县的全覆盖，全国农村网络零售额增长到1.79万亿元，同比增长8.9%[2]。纵观中国农村电子商务的发展，已经形成了11种比较典型的农村电子商务模式。

一　浙江"遂昌模式"

1. 遂昌县概况

遂昌县隶属于浙江省丽水市，位于浙江省西南部，距离杭州296千米，距丽水市96千米，地理位置较为优越。县内山地面积有22.56万公顷，占总面积的88.13%，耕地面积1.03万公顷，占4.06%，水域面积

---

[1] 参见第47次《中国互联网络发展状况统计报告》，2021年2月3日。
[2] 《添薪乡村振兴，电商新业态大有可为》，http://brisbane.mofcom.gov.cn/article/jmxw/202103/20210303046744.shtml，2021年3月24日。

1.8万公顷，占7.11%，素有"九山半水半分田"之称，是一个典型的山地县。在过去由于山地过多导致交通不便，但是由于自然环境较好，孕育了优质的农特产品，如竹炭、菊米、烤薯、茶叶等，有"中国竹炭之乡""中国菊米之乡"的美誉。

2. "遂昌县模式"电子商务发展过程

遂昌县在近些年借助"互联网+"这一东风，积极利用互联网发展农产品，形成了一种新型的乡村发展模式——"遂昌模式"。在电子商务的带动下，遂昌县的地区经济发展水平不断提升，2005年地区生产总值达28.12亿元；2018年地区生产总值为116.53亿元；2019年这一数值增长至124.66亿元[①]。"遂昌模式"在目前国内现有的农村电子商务模式中是一个不可避免的典型样本，即"电子商务综合服务商+网商+传统产业"。遂昌县农村电子商务的快速发展和农村经济的快速发展与该电商模式的正确运用有很大的关系，也因此被国内许多地方所广泛效仿。遂昌县所属的浙江省电子商务和信息技术都很发达，其充分利用互联网，通过电子商务等方式发展农产品销售，一跃成为农村电子商务发展强县，进而创造了"遂昌模式"，这一模式被誉为中国农产品电子商务模式之首，为促进中国农村电子商务的发展提供了宝贵的发展经验。遂昌县是因为"淘宝村"的出现被人熟知，"淘宝村"也为该县农村电子商务的快速发展带来了强大的动力引擎，因此"淘宝村"变成了遂昌县最有力的名片。经梳理分析遂昌县的农村电子商务发展过程，笔者认为大致可以分为以下三个发展阶段：

初步阶段（2005—2009年）：遂昌县的电子商务起步较早，但是发展规模很小。在2005年遂昌县的部分个体小农户开始自发地在网上开设网店，从事遂昌县的菊米、竹炭、山茶油等当地特色农产品的经营。但是由于当时大家对电子商务概念缺乏认识，并没有引起重视，所以在这一阶段遂昌县的电商产业尚未形成。

发展阶段（2010—2012年）：遂昌县真正意义上开始发展农村电子商务是从2010年3月起，当时在遂昌县委、县政府的大力支持和引导下成立了遂昌网店协会，目的是通过网店协会来帮助当地农民开网店、做网

---

① 遂昌县人民政府网。

商,整合多方资源,规范当地的农产品市场,让网店协会起到一个统筹协助作用。同年,浙江遂网电子商务有限公司成立,与遂昌网店协会合作,致力于发展遂昌县的电子商务。从2010年起,遂昌县在淘宝上的总销售额,其中农产品和农产品加工产品的销售额占总销售额的50%以上。遂昌县电子商务的建设和发展在这一阶段实现了巨大的飞跃。

扩张阶段(2013年至今):2013年遂昌与淘宝电商平台联合打造了中国农村电子商务模式典范"特色中国—遂昌馆",它集合遂昌县的特色农产品为一体,通过遂昌馆的上线,遂昌的谷物和畜牧等农产品越来越快地通过淘宝平台展示给全国各地的消费者,至此,遂昌初步形成了县域电商的"遂昌现象",这种以农产品为特色,多品类协调发展、城乡产品互动的模式也给全国县域电商打造了一个初期模板。在初期的"遂昌现象"之后,遂昌县一直坚持对电商模式的探索,不断进行创新,探索电商发展的可行路径,以电子商务本地化和综合服务为主要发展动力,从而带动全县电子商务生态的形成,并结合当地传统产业,变革创新发展传统产业,转型升级原始的农产品加工方式,同时,将电商平台、传统产业、电商服务商等良好地融合起来,创造一条促进县域经济持续高质量发展的致富道路。之后,遂昌县发展电子商务的模式被中科院命名为"遂昌模式"。

2013年5月,在遂昌县政府的支持和牵头下,由阿里巴巴公司、遂网公司共同合作推出的"赶街"项目启动,该项目的启动全面激活了遂昌县的农村电子商务。"赶街"项目实际上就是农村电子商务服务站,以定点、定人的方式打造电子商务下农产品的代购、售卖,建立健全了农村的电商服务体系,突破农村地区在信息和物流方面的瓶颈,打开了农村电子商务领域的市场。遂昌赶街电子商务公司主要起到一个统筹规范作用,它将各家农户的农产品统一起来进行包装,之后在网上发布农产品相关信息进行销售,这样不仅使农产品质量得到保证,而且还能追溯农产品的源头。"赶街"项目的意义在于:它在一定程度上解决了分散的家庭经营与统一的市场机制之间的矛盾,通过"赶街"项目的规模化运作,统一了农产品的质量、包装、仓储和物流配送等农村电子商务"最前一公里"的问题,让更多新鲜、高质量农产品以较低的成本到达城市消费者手中,促进了资金、产品和服务的流动,加速了城乡一体化的实现进程。

3. "遂昌县模式"经验

目前，遂昌县已经初步建立了完善的农产品电商供应链系统，当地的竹炭、红薯等农特产品得到了许多城市居民的认可，并且已经打开了一定的知名度。经研究了解，认为"遂昌模式"对发展中国农村电子商务大致有以下三点经验：

（1）善于借助资源。"遂昌模式"的成功不是完全依靠政府和企业的推动，而是电商平台、网商、传统产业、政府、企业等众多主体共同作用的结果。遂昌县充分利用本省大型电商平台淘宝网和"互联网+"的势头，为农产品的发展提供渠道，大力推广和发展本县的农产品。再加上近些年来互联网的迅猛发展，遂昌县人民都充分意识到互联网的重要性，上至县长下至百姓，他们对互联网都有很深刻的理解。另外，他们还积极通过互联网与世界建立联系，并运用新的思维将土地、人、资本等要素结合在一起，以电子商务为平台，实现人才流、信息流、资金流、物流的互通，充分利用互联网让外界了解到本县的农产品，不仅使农产品走出去，农民不再愁销路的问题，而且还带动了当地农产品加工业的发展，从而带动本县经济的崛起，极大地提高了人民的生活水平。

（2）高度重视物流。农产品有区域性和季节性等特点，运输时间过长会导致农产品在运输、装卸等过程中变得不新鲜，这样就会影响消费者的购物体验。有的地区由于距离农产地偏远，导致农产品不能运输，这在很大程度上阻碍了农产品的销售。对此，遂昌县根据农产品本身的特质，以冷链作为配送资本和需求，同时，在物流运输过程中采用新技术来保证农产品的新鲜性，让消费者满意，这样一方面不仅能快速在国内农产品领域内打造良好的口碑；另一方面也能实现遂昌县农产品的可持续性销售和电商发展，带动当地经济的持续增长。

（3）农产品独具特色。遂昌县经过多年的发展，遂昌县的经济效益和市场知名度逐渐提高，在全国的农产品电子商务领域中也占据着举足轻重的地位。再加上遂昌县对自己的农产品有比较明确的定位，即销售的农产品都是适合本地区种植和销售，销售品种多，并且销售的产品具有遂昌特色，大多都便于运输和储存。因此，品牌效应的形成极大地促进了遂昌县农产品的销售，同时，电商经营者也积极围绕本地的产品资源不断探索新的电商发展路径。

二 浙江"临安模式"

1. 临安市概况

临安市紧邻浙江省会杭州市，总面积约 3126 平方公里，辖 5 个街道，13 个乡镇和 298 个行政村。临安市地理位置十分优越，与周边主要城市的距离都比较近，距苏州约 250 公里，距上海约 290 公里，距南京约 370 公里。得天独厚的区位优势为临安市发展农村电子商务带来了很大帮助，再加上"中国电子商务之都"杭州的巨大影响，临安市电子商务近些年发展迅猛，曾获评"省级电子商务示范县""中国电子商务发展百佳县""中国全面小康十大示范县市"等众多荣誉称号。

除了上述优越的地理及交通等方面的优势，临安盛产山核桃、竹笋等颇具有特色的传统农产品。以山核桃产业为例，临安市种植山核桃已经有 600 多年的历史了，有"山核桃之乡"的美名，具有一定的产业基础，容易打开知名度，树立自己的品牌特色。有这样极具特色的农特产品，而且具有山核桃加工厂加上临安市的区位优势，再借助以淘宝为代表的电子商务平台的终端销售，使得临安市的农村电子商务飞速发展，并取得了很大的成就。

2. "临安模式"发展过程

总结临安市农村电子商务的发展过程，其农村电子商务的发展大致可以分为以下三个阶段：

萌芽阶段（2005—2008 年）。临安市农村电子商务最早开始于 2005 年，从有"中国电子商务第一村"之称的白牛村开端，主要采用 C2C 模式，以淘宝网为销售平台，以当地山核桃为主的农特产品为依托，将农产品和电子商务有效地结合起来，取得了令人瞩目的成就，给临安市经济发展提供焕发生机活力的动力源泉。通过农村特有的"熟人"关系网络，使当地更多的人都加入了农村电子商务这一行列中，极大地促进了相关农村电子商务的发展。但由于交通物流、技术、人才等因素的限制，本阶段农村电子商务还处于个体化、松散化经营状态，没有形成规模化的商业模式。

发展阶段（2009—2012 年）。在这一阶段，一些最初尝试电子商务的网络商家看到了电子商务带来的商机，也更加积极地利用电子商务发展农产品。随着生产规模逐渐发展扩大，许多网络商家开始转型建立公司进行企业化运营，以获得更多的财富商机。在这种效应下，许多山核桃的种植户、传统的山核桃加工企业，以及农村地区小型经营户也都纷纷效仿，电商运作逐渐向规模化、企业化和正规化发展。在2009年前后，临安市的网上销售额迅速增加到2亿元左右。2012年，临安昌化镇白牛村在一些能人志士的带动下，电子商务发展规模不断地扩大，并被阿里研究院评为"淘宝村"，这也是临安市首个"淘宝村"。

扩张阶段（2012年以后）。这一阶段，临安市农村电子商务的发展与临安市政府的及时介入与带动有很大的关系，市政府开始全面介入电子商务的发展，并出台许多政策，在技术人才的培训、物流体系、电商平台的建立、产品的推广营销、资金支持等方面都给予扶持和帮助，以促进电子商务的发展。到2014年，临安市出现了4个"淘宝村"，并出现了淘宝镇——清凉峰镇。这一阶段，临安市电子商务格局已经基本形成，电子商务的运营模式也由原来单纯的个体户经营变成了网络商家、电商协会、政府、第三方企业等多方主体构成的综合系统。

3. "临安模式"经验

临安市农村电子商务的发展主要得益于当地特色的坚果炒货以及背靠杭州的地理优势，打造了线上线下有机融合和发展的农村电子商务模式，其发展过程带给我们的有益启示主要有以下三点：

（1）拥有创业带头人。临安市的山核桃虽然有几百年的历史，但过去山核桃的销售范围非常有限，甚至出现严重滞销。以临安白牛村的潘小忠、许兴、邵洁为代表的农民企业家针对这种背景开始尝试以电子商务的方式销售山核桃，并最终获得了不错的收入，其中邵洁第一年在网上销售山核桃的营业额就突破了10万元。他们的大胆尝试以及利用电商带来的财富吸引了更多群众加入到此行列中，在他们的带动下，白牛村在两年时间里就开了20多家网店，之后家家户户都尝试开网店销售山核桃，这为之后成为"淘宝村"打下了坚实的基础。

（2）打造坚实的产业基础。临安市盛产山核桃，山核桃农产品供应丰富，龙港镇是中国坚果炒货城，与周边的清凉峰、岛石等镇相互结合，共同形成了集山核桃种植、加工、销售服务为一体的坚果产业集聚区，并形成了以临安市电子商务产业园、龙岗坚果炒货食品园（城）、多个农产品基地（村）为依托的"两园多点"产业格局。这种产业集聚效应使临安整个山核桃供应链节省了大量中间环节，通过政府对临安市电子商务产业园、龙岗坚果炒货食品园（城）等多个农产品基地对资源进一步进行整合，形成了坚实的产业基础和集群发展效果。

（3）形成自有品牌效应。临安市最初以山核桃作为发展电子商务的切入口，随后推出"特色中国馆—临安馆"，并先后建立了7个农产品电商示范村。随着不断的发展和探索，目前，临安市已经形成了种植、加工、销售等环节为一体的山核桃产业链，并把临安的坚果炒货产业推向全国，并为本地的山核桃产业打造了如"新农哥""东升小果子"等自有品牌。

三 江苏"沙集模式"

1. 沙集镇概况

沙集镇位于江苏省徐州市睢宁县东部地区，历史悠久，四季分明，气候宜人，总面积66平方公里，下辖17个行政村，264个村民组。沙集镇地理位置优越，交通便利，西距徐州100公里，东距宿迁市18公里，是徐州市"国家级重点中心镇""徐连经济带"的中心地区。沙集镇与临安市不同，沙集当地没有特色的产业支撑，也没有丰富的资源可以发展。在过去，沙集当地居民每年以人均不足1亩的盐碱地种植着水稻和玉米，由于收入很低，因此青壮年大多外出打工来增加收入，曾被称为"全乡收破烂"。

2. "沙集模式"发展过程

现如今，沙集镇与过去相比已经焕然一新，走出了一条完全不依赖当地传统产业，转而发展电子商务的道路，其电商发展模式"沙集模式"闻名全国，曾被《光明日报》《新闻联播》等多家国内主流媒体报道。"沙集模式"从最开始的"农民自发创业+政府引导"变为现在的"网络+公司+农户"，这一发展模式也纷纷被全国各地效仿。电子商务的发展极大地提高了沙集镇的经济水平，截至2020年11月，该镇拥有1256家电商生产企业、14家物流企业、301家配套企业，电子商务的发展带动3.15万相关人员实现了就业，全镇电商家具企业销售总额达87亿元[①]。沙集镇因为"沙集模式"被誉为"中国农村电子商务第一镇"，"沙集模式"的发

---

① 杨茜茜：《历经多年"双十一"，今年依旧"疯狂"》，中国徐洲网，2020年11月。

源地——东风村被称为"中国淘宝第一村"和"中国电子商务第一村"。经梳理分析,沙集镇的电子商务发展大致可以分为以下三个阶段:

起步阶段(2006—2009年):沙集镇和中国很多普通农村一样是一个传统的以农业为主的小镇,曾在20世纪80年代发展养猪业,在90年代发展废旧塑料回收,但是由于种种原因都没有发展成功,在2006年开始向电子商务进行转型。2006年,沙集镇东风村以孙寒为首的三个小伙子在淘宝上开店,选择经营门槛低、易上手、易储存和运输的简易拼装家具为主营产品,并在短时间内大获成功。凭借着农村地区强大的熟人网络,许多农户听说后都纷纷模仿孙寒的经营模式,并在2008年后呈现出细胞裂变式增长。但在这一阶段,沙集镇绝大多数网商都没有实体加工厂,未形成系统化的加工体系,也没有产品特色,于是一些网商开始压低价格,出现恶意竞争现象,导致利润率不断缩减。

创新阶段(2010—2011年):到2010年,沙集镇的电商已经得到了初步的发展,取得了一定的成效。在2011年,中国快递行业涨价,有些网商由于经营能力不强最终导致倒闭转行。经过冲击存活下来的网商开始新的探索,进行公司化转型,例如申请产品标识、注册公司等,运营单位从最初的家庭作坊变为拥有现代化产房的现代企业。此后,沙集镇网销进入店厂一体、产销结合阶段。随着电商发展日趋成熟,当地的行业自律组织自发出现,从而规范了当地的电商市场,并开始构建产品品牌,解决恶意竞争问题。另外,当地的网销平台从最开始的淘宝扩展到了多种国内大型电商平台,实现多平台运营,拓宽了销售渠道。

优化阶段(2012年至今):2012年,东风村第一批网商中有7人合资成立了沙集镇第一家股份制公司,同年东风村的"专利风波"引起了当地网商对知识产权保护的意识,使网商更加注重突出产品的个性化和品牌化。之后,沙集镇的产品专利申请数不断上升,新产品也不断涌现。在产业链方面也不断进行优化升级,产业的逐渐规模化促进了专业化分工和协作体系的出现,各方资源也充分得到了应用和结合。

3. "沙集模式"经验

在中国,有很多村镇和沙集镇一样,过去都是以农业为主。但是,不同于这些村镇现在的"空心化"现象,沙集镇凭借电子商务带领当地农民实现了脱贫致富奔小康。值得深思的是,为什么那些地方没有像沙集镇这样发展电商？沙集电商为什么能取得成功？经研究分析，沙集镇农村电子商务之所以成功的原因主要有以下几点：

（1）产业经营门槛低。简易拼装家具具有技术门槛低、资金需求低、产业资源整合难度低、便于储存运输的特点。销售此类产品方便快捷、便于复制，基本上大家都可以参与进来。简易拼装家具能满足学生群体、小饭店、租房者等群体的功能需要，这些群体在市场份额中占比很大，因此简易拼装家具受到广泛欢迎。家具产业的兴起也促进了当地木材供应产业、家具加工厂、物流、油漆喷漆、五金配件等相关配套产业的快速发展，基本上家具产业所涉及的环节都可以在沙集镇内解决。

（2）能人志士的带动。"沙集模式"是由当地村民自发产生的，是一种自下而上的发展模式，正是由于像孙寒这样的年轻人敢于尝试、大胆创新，才让沙集镇取得了今天傲人的成就。当孙寒依靠网销家具收入不菲时，周围村民看到这种投资小、收益大的机会，也纷纷效仿学习，沙集镇网店数量呈裂变式增长，当地群众依靠电子商务发家致富，这就是能人志士的示范效应和带动效应。

（3）政府的大力支持。随着乡村振兴战略的实施和沙集镇电商的不断发展壮大，农村电子商务基础设施越来越完善，县政府先后出台《睢宁县加快电子商务发展的暂行意见》《睢宁县电子商务推广实施方案》，并且出台多种电商相关的优惠政策。同时，沙集镇政府组建电子商务领导小组，在当地进行电商培训，加大基础设施建设，给当地电商发展给予了政策和资金等多方面的保障。

四 江苏"宿迁模式"

1. 宿迁市概况

宿迁市隶属于江苏省，处于长三角北翼，地理位置优越，在徐州、淮安、连云港的中心地带，属淮海经济带、沿海经济带、沿江经济带的交叉辐射区，市场空间十分广阔。宿迁市是江苏省农业大市，总面积8555平方公里，平原辽阔，土地肥沃，耕地面积687.4万亩，人均耕地面积1.17亩。境内农作物、林木、水产等农业生产条件得天独厚，盛产棉花、粮食、花卉等农作物，是著名的"杨树之乡"。宿迁市沭阳县花卉苗木种类繁多，是著名的"花卉之乡"，水域面积350万亩，河湖交错，拥有螃蟹等 50 多种水产品，被称为"水产之乡"，泗洪县因盛产螃蟹被称为"中国螃蟹之乡"。

2. "宿迁模式"发展过程

虽然宿迁是一个农业大市，拥有丰富的农业资源，但过去由于产品销售渠道不通畅，严重阻碍着当地经济的发展。随着"互联网+"的兴起，网络贸易、电子商务开始慢慢从城市走向农村，农村电子商务的出现为农村经济注入了强劲的发展动力。2012 年，宿迁市政府在看到电子商务带来的巨大商机后，顺应着电商潮流，把电子商务作为新兴产业大力发展，并出台了多项政策方针来指导、促进电商的发展，让电商成为推进"三农"发展的一个重要的方式。在宿迁市发展农村电子商务的过程中，创造性地提出"一村一店一品"农村电子商务发展模式，即"以一村培育一品，一品做响一店，一店致富一片"，该创新模式让宿迁市的电子商务得到了迅猛发展。经过近几年的发展，宿迁市已经成为全国电商产业发展的典型。目前，宿迁市拥有 1 个国家级电子商务示范基地，2 个国家级"电商县"，8 个省级电商示范基地，97 个省级以上农村电子商务示范点，"淘宝村"数量连续 4 年位居全省第一[1]。全国 20 强互联网电商企业中，已有京东、百度、途牛、当当等 12 家进驻宿迁电商产业园，这为宿迁市电商的发展提供了最便利的物流服务和专业的电商运营服务。2020 年全市农产品电商网络销售额超 150 亿元，"一村一店一品"电商模式在全省得到推广，目前已累计建成市级以上"一村一品一店"示范村 99 个，带动发展农村网店 1.2 万家[2]。

宿迁市电子商务产业的蓬勃发展，为乡村振兴注入了源源不断的发展动力，走出了一条独具特色的宿迁电商发展道路。经梳理分析，宿迁市电子商务发展大致分为以下几个阶段：

初步阶段（2012—2015 年）：宿迁市政府在 2012 年开始大力地发展电子商务，之后连续出台了《关于加快推进网络创业的实施意见》《市政府关于加快电子商务发展的实施意见》等一系列政策扶持电商产业。其实，

---

[1] 张楷欣：《倾力打造"电商名城"江苏宿迁走出经济发展新路径》，《中国新闻网》2020 年 5 月 18 日。

[2] 宿迁市人民政府官网。

早在2009年，京东就在宿迁建立了全国客服中心并投入运营，这为宿迁市发展电子商务提供了得天独厚的发展优势，京东进驻宿迁吸引了百度、360、途牛网等电商公司，以及申通、韵达等物流企业纷纷加入。2014年提出"三位一体""一区多点"的电商发展总布局。2015年，宿迁市总结之前的电商发展经验后，提出"一村一品一店"的发展模式、"电商就业扶贫"工作思路，宿迁市宿豫区被评为全国电子商务示范县，1月成立宿迁电子商务产业园，同年6月被评为"国家电子商务示范基地"。经过这一阶段的发展，宿迁市2015年实现电子商务交易额460亿元，同比增长74.9%，电商入驻企业超13000家，带动相关就业人数35万人[1]。

发展阶段（2016—2017年）：这一阶段，宿迁市在加大与京东、苏宁、阿里等电商龙头企业合作的同时，积极倡导本地实体企业开展电商应用实践，加快实体产业向信息化、数字化转型。针对人才制约问题，通过设置电商课程、开展"送教下乡"、成立帮扶小组、开展跟踪服务等多个举措加强电商专业人才的培养。另外，不断加大农村地区电商基础设施的建设，建设农村电子商务物流服务体系，让全市形成良好的电商发展氛围，2017年，全市电商整体规模突破1千亿元，建成乡镇电商服务站114个，农村电子商务服务点1028个，快递业务量进入全国50强，入驻当地省级电商示范基地的企业超800家[2]。

提升阶段（2018—2020年）：这一阶段，宿迁主要是对整个电商产业体系进行优化升级。针对电商发展过程中遇到的虚假信息，宿迁市加强电商信用体系建设并进行行业监管，开展线下"春风"行动、线上"绿盾"行动、企业"亮牌"行动，三大行动不断地推动本市电商行业诚信生态体系建设，净化网络环境，促进电商行业持续健康发展。针对电商产业体系，结合目前社会发展趋势，形成"3+2"产业体系，在原先呼叫客服、电商运营和物流仓储的基础上增加了未来将会重点发展的物联网智能制造、互联网金融两大特色产业。同时，积极利用电商发展就业扶贫，形成了"333"电商就业扶贫模式，利用电商发展增加就业岗位，助力精准脱贫、巩固脱贫成果。目前，宿迁电子商务交易额年均增长率保持在40%以

---

[1] 《宿迁市"十三五"电子商务产业发展规划》，2017年3月7日。
[2] 宿迁市人民政府官网。

上，平均每80人就拥有1家网店，每10人就有一人从事电子商务相关工作，快递业务量连续多年位居全国50强。

3. "宿迁模式"经验

宿迁市在电商发展过程中创新提出"一村一品一店"的电商发展模式，按照"一区多点"总体布局，引导带动本市电商产业集聚发展。近些年，宿迁市各个县、乡、镇在市政府的正确领导下，都大力发展电子商务并取得了惊人的成绩，形成了著名的"耿车模式""沭阳模式"。沭阳县成功创建"国家电子商务农村综合示范县"，宿豫区被授予全国供销系统首批"电子商务示范县（区）"和"京东农村电子商务全国首个示范县（区）"，泗阳县荣获"省农业电子商务示范县"，泗洪县成为"农村淘宝全国优秀示范县"。经研究分析，宿迁市农村电子商务成功的原因主要有以下几点：

（1）"一村一品一店"模式。该创新模式的提出大力地推动了宿迁市的电商发展，引导、鼓励、支持各个地区、群众创新发展农村电子商务，形成了良好的电商发展氛围。推进"1＋X"产业体系发展，即每个乡镇要重点扶持一个易发展的特色产业做大做强，同时也要有意培养一批有潜力的产品。在这种模式的引导下，沭阳县利用当地花卉苗木种类多的优势，大力发展花卉电商产业，目前已经成为全国最大的花木产区和集散地之一；宿城区的耿车镇充分利用本地的木材资源，从原来的废旧塑料加工转变为多肉种植、家具和塑料的精深加工等产业，2019年全镇电商总交易额突破60亿元；泗洪县利用本地盛产螃蟹等水产品的优势，大力开展关于螃蟹等水产品的电子商务，成为"农村淘宝全国优秀示范县"。

（2）完善的电商产业园。宿迁市政府在成立电商产业园之初就提出要打造创新创业孵化、电商运营等六大平台，形成电商全产业链闭环式电商园区。目前已经成为一个高度细化分工的产业园区，集电商运营、网络交易、物流配送、定制加工、软件研发、客户服务、人才招聘到培训等功能为一体的综合完善的电商产业园区，电商产业链环环相扣。产业园区内的电商企业不用出园区就可以找到电商运营的全生产链服务。目前，宿迁电商产业园区入驻的电商企业已经从最初的几十家发展到现在的630多家，2019年宿迁电子商务产业园实现电子商务交易额615亿元。

（3）充足的要素保障。在政策方面，宿迁市政府在发展电商初期就出台了多项政策来扶持电子商务产业，如《关于加快推进网络创业的实施意见》《关于促进电子商务加快发展的若干扶持政策》；在金融方面，宿迁市拥有120多家金融机构，为当地企业提供各类金融服务、转贷续贷等业务，尽可能让企业以最低的成本进行融资；在人才方面，宿迁市将电子商务人才培训纳入市委、市政府民生实事项目，成立互联网人才交流中心，与京东、阿里等电商巨头携手，加大对电子商务人才的培训力度；在科技方面，鼓励企业进行科技创新，对企业建立科技研发平台给予资金补贴；在物流方面，宿迁市依托本地的产业基础以及交通区域优势，构建"一核四带多节点"物流业发展格局，以中心城市为核心区，打造完善发达的物流运输体系。

五　浙江"桐庐模式"

1. 桐庐县概况

桐庐县位于浙江省西北部，地处钱塘江中游，属浙江省杭州市，距杭州市区仅80公里，是浙西地区综合经济实力第一强县，也是中国著名的"现代物流之乡""制笔之乡"。桐庐独特发展电商的重要因素得益于这种优越的区位优势和自然资源优势。互联网推广电子商务不仅能激发城市地区的经济活力，它也能给农村地区的发展带来新机遇，充分利用互联网的优势发展农村电子商务是新时代下实现乡村振兴、实现农业现代化的重要手段。桐庐县政府具有战略眼光、审时度势、敢试敢做，敢于带领广大农民一起涉足电子商务，经过众多的探索和发展，桐庐县还获得了"浙江省电子商务示范县""中国电子商务发展百佳县"等诸多荣誉，在发展农村电子商务领域走到了前列。

2. "桐庐模式"发展过程

桐庐县位于杭州都市圈和义务商贸圈重合部，民营经济比较发达，拥有快递物流、针纺织品、制笔、箱包等众多主导产业。虽然早期桐庐县拥有自己的一些主导产业，但大多数是"三无"企业，即无自有品牌、无自有市场、无自有设计。但桐庐县电子商务从2012年开始经历了不到三年的发展后，已经从最开始的星星之火发展成了燎原之势，电子商务的出现也极大地提高了当地的经济发展水平。2020年，桐庐县地区生产总值达

376.27亿元，其中第三产业增加值为190.13亿元[1]，全县网络零售额103亿元，同比增长19.3%[2]。经梳理分析桐庐县的农村电子商务发展过程，认为大致可以分为以下三个发展阶段：

起步阶段（2012年）：在2012年，由于受到国内外市场的影响，桐庐县传统的优势产业受到了很大的打击，桐庐县政府敏锐地意识到借助电子商务，创新营销推广模式，是让传统产业在新时代获得持续发展的好机会。县政府积极贯彻省市关于"电商换市"的战略部署，力图通过发展电子商务来发展信息经济、智慧经济和美丽经济，尽可能地利用现有资源大力发展本县电商工作。为了推动桐庐县电子商务发展，2012年桐庐县在全县范围内实施了电子商务"启蒙计划"，积极鼓励、引导广大群众了解电子商务的理念，在全县营造良好的电子商务的氛围，开展电商培训班，带领企业和个体经营户考察学习。2012年11月在政府的支持下，桐庐县建立了首个电子商务公共服务平台，即——马平川电子商务有限公司。

发展阶段（2013—2014年）：桐庐县政府为了使本县电商能够快速、规范地发展，专门成立了电子商务发展工作专项领导小组，县长任组长，建立了电商服务中心，并且专门设置了电子商务发展专项资金。为了充分借助外力资源，2013年8月，桐庐县委书记、县长多次与阿里巴巴企业对接，希望能建立战略合作关系。在2014年10月，阿里巴巴将首个面向全国农村电子商务试点落户桐庐，这为桐庐县发展农村电子商务树立了十足的信心，并在当地营造了良好的电商发展氛围，极大地促进了桐庐县农村电子商务的持续健康发展。同年，桐庐县实施"1234计划"，主要针对电子商务给支撑、给配套、给服务。"1"是指编制一套规划；"2"指加快"两大中心"建设；"3"指促进三大核心园区建设；"4"指突出"四大平台"建设，被列为"浙江省电子商务示范县"。

扩张阶段（2015年至今）：经过前两年多的发展，桐庐县的电商体系已经全面构建，农村电子商务处于活跃状态，服务保障体系也基本全面建立，农村电子商务"桐庐模式"基本形成。2015年，桐庐县认为本县的电子商务基础深度还不够，就制订出了"燎原计划"，其核心是"提面提

---

[1]《桐庐县2020年国民经济和社会发展统计公报》，2021年2月。
[2] 桐庐县商务局官网。

质",主要是抓扩面、抓提质、抓突破,不断地建设优化电商平台、产业园区、物流体系、品牌建设等配套体系和设施。目前,"桐庐模式"已经闻名全国,同时,桐庐县仍在不断地发展壮大本县的电商产业,2019年建成首个农业电商公共服务中心,全县农产品网络销售额达5.3亿元[①]。

3."桐庐模式"经验

桐庐县的农村电子商务运营模式最大的特点是由政府主导积极打造电商全生态。政府主导也就意味着当地政府具有发展的战略眼光,比企业先思考一步,主动作为,根据市场及时转变理念、建立良好的运营机制,积极融合寻求各种资源,出台相关支持政策、搭建服务平台,为本地农村电子商务发展指明道路和方向。打造电商全生态是指在全面发展农村电子商务的过程中,紧抓人才和物流两个重要方面。这不仅仅局限于打造几个"淘宝村"或争取"电子商务示范县"的称号,更重要的是要彻底改变整个农村的生产经营方式、消费方式和销售方式,扭转农民的传统认知观念,全面推进农村电子商务的发展,尽全力打造农村电子商务全面生态体系。经研究分析,桐庐县农村电子商务的发展所带来的经验有以下四点:

(1)政府的正确主导。在前期,一些政府人员具有战略眼光,主动作为,懂得借助互联网的优势带动传统产业,帮助传统产业渡过了难关。同时开展电子商务的宣传和培训工作,搭建电商平台,积极创建良好的电商氛围,让电子商务观念深入人心,一步步地推动电商发展。政府各部门相互联合,尽全力促进电商发展,结合本县实际制定了"燎原"计划、"潜龙"计划、"满天星"计划,这些计划都非常明确指出了未来桐庐县农村电子商务发展的方向和发展措施,为桐庐县后面发展电子商务奠定了坚实的基础。

(2)完善的农产品网销体系。在这一方面主要注重农产品网销平台的搭建以及农产品溯源保障,积极引进或者培育一些如杭州安厨电子商务有限公司这样的专业农产品电商公司,建设淘宝"特色中国·桐庐馆"。目前,桐庐建有迎春智谷等产业园区、桐庐农产品电商产业园这些电商产业园区集结了超过300家企业和其他电商专业机构,建成桐君、分水、横村、凤川等一批电商孵化园,并培育出了180多家优秀的电商企业。在农

---

① 桐庐县农业农村局《2019年工作汇报》,2020年1月。

产品溯源方面，建设有桐庐农产品数据库，采用专业产品溯源技术和专业产品包装技术，尽可能地向消费者保证农产品的质量。

(3)"两线并举"共同发展。桐庐县县委书记方毅曾指出"桐庐模式"发展的动力可以概括为"两线并举"。其中，一条主线是大力在当地推进阿里巴巴的"农村淘宝"项目，通过该项目打通上下物流通道；另一条是将当地的农产品电商园区作为发展核心，以浙江安厨公司为代表的一批专业电商公司，整合本地各方资源，解决产品的"无认证""无品牌"等问题，扩宽农产品的销售范围。

(4)快递产业的助力。桐庐县被称为"中国民营快递之乡"，当地政府在早期就与申通、圆通、中通、韵达这些国内知名的快递服务公司达成了协议，与快递企业的深度合作让产业园内的电商企业能享受物流配送全国最低价的优惠服务。便捷、低廉的快递服务为桐庐发展农村电子商务提供了极为有利的条件。

六 河北"清河模式"

1. 清河县概况

清河县位于河北省中南部，隶属于邢台市。全县总面积502平方公里，地势平坦开阔，下辖6个镇、322个行政村。清河县是一个历史名县，是水浒英雄武松的故乡，被国家授予"中国武松文化之乡"的称号。拥有强大的羊绒产业，并有"中国羊绒之都"称号，更是享有"世界羊绒看中国，中国羊绒看清河"的美誉。清河县凭借着其强大的羊绒产业闻名世界，目前拥有全国80%、全球50%以上的羊绒加工能力，其中山羊绒加工总产量占国内的60%以上，占全球的40%以上[①]。

2."清河模式"发展过程

目前，清河县已经形成了从原始羊绒的采购、分梳、纺纱、织衫、织布到制衣完整的羊绒产业链条，已发展成为全国最大的羊绒制品原材料加工、研发生产集散区、羊绒制品生产基地及羊绒制品产销基地。通过对电商运作模式的成功探索，清河县在传统羊绒制品加工产业市场上的竞争优势得以发展壮大，全县目前在天猫平台上的羊绒产业店铺已经超过2万

---

① 清河县人民政府官网。

家，年销售额超过 15 亿元，其中羊绒纱线的销售额占淘宝网总纱线销售额的 70% 以上，称得上真正意义上的"淘宝县"。在发展电商的过程中，清河县积极建设电商基础设施，建立了物流产业聚集区、电商产业园以及仓储中心等一大批电商服务平台，例如清河县创立了新百丰羊绒（电子）交易中心，在最初就吸引了多家企业在此进行羊绒交易；在电商模式方面，除了第三方网店外，清河县还建设了专业的羊绒电子商务平台包括 B2C 模式的"清河羊绒网"、O2O 模式的"百绒汇"平台。目前清河县现有规模企业 48 家，一般纳税人企业 1170 家，也培育了一批产业龙头企业，清河县的宏业公司成为全球唯一一家为法国爱马仕供应羊绒衫的企业；安隆红太羊绒制品有限公司走得是高端路线，产品畅销欧洲市场；宇腾公司和亚洲最大的毛纺织企业——香港南旋集团实现了合作。2019 年，产业实现营业收入 232.9 亿元、税收 3.11 亿元，出口 2.38 亿美元，电商成交额 90 亿元；2020 年 1—6 月份，清河县羊绒产业实现税收 1.05 亿元[①]。经梳理分析，认为清河县的电子商务发展过程大致可以分为以下三个阶段：

萌芽阶段（2006—2012 年）：这一阶段人们对电子商务的认识还很少，电商意识淡薄，在 2006 年只有少数企业从事羊绒电子商务。尽管清河县的羊绒产业在 20 世纪就闻名全球，但在清河县引入电商之前，其羊绒产业发展状况并不乐观。直到 2006 年清河县东高村的村民刘玉国在淘宝网上开设了本县第一个网店，主要销售羊绒裤和羊绒衫，并取得了不错的成就，于是引起了周围村民的学习和效仿，自此网商群体逐渐变大。东高村在 2009 年也因此被评为"淘宝村"，2010 年全村网店数达 350 家。但清河县这一阶段电子商务才刚起步，范围不是很大。

发展阶段（2013—2015 年）：东高村电子商务逐渐向周围村镇扩散辐射。清河县在 2013 年时仅有东高村一个"淘宝村"，2014 年就新增了黄金庄村、杨二庄村、西张古村等 7 个"淘宝村"，年增长率达 700%，并入选"中国电子商务百佳县"。同时，除了本县地区，电子商务还扩散至清河县相邻的南宫市，南宫市也出现了 4 个"淘宝村"。这一阶段，清河县的电子商务开始由点及面地发展，范围不断扩大。

---

① 清河县人民政府官网。

升级阶段（2016年至今）：这一阶段，清河县形成了羊绒产业集聚区，农村电子商务服务中心、物流企业、快递点、开设农村淘宝服务店，网店数量也不断增加，2019年的电商成交额达90亿元。目前，清河县的电子商务产业链日趋完善，形成了从网站制作、图片摄影、产品包装、专业培训、运输、销售等一条龙的电商服务体系，羊绒产业已经从原来的羊绒加工产业逐渐向羊绒制品销售行业转变。

3. "清河模式"经验

清河县的电子商务发展是从本地传统强大的羊绒产业开始的，其发展模式也是农村电子商务的一种典型模式。与其他地区相比，清河县发展电商有着自己独有的特点和优势，其他城市和地区大都依赖于农村的自发性组织或社团协会来推广和拉动。清河县电子商务的快速发展与传统市场的带动是密不可分的，"清河模式"可以概括为"传统市场+电子商务"，其发展电子商务所带来的经验有以下三点：

（1）强大的产业基础。清河县拥有强大的羊绒产业，其农村电子商务便是依托传统的羊绒产业发展起来的。产业基础为清河县电商发展提供了绝佳的产品选择，它不仅降低了原材料、劳动力和生产设备等方面的成本，而且由于前期长时间的发展和市场拓展，羊绒产业在当地已经具备一定的规模，更容易形成品牌影响力。

（2）大力打造产品品牌。清河县从发展电子商务开始就注重品牌效应，目前已经创建了一批知名品牌，拥有各类注册商标4000多件，培育中国驰名商标4个（衣尚、昭友、宏业、宇腾）[①]。清河羊绒成为英国道森等世界知名企业的金牌供应商，高端羊绒服装日渐畅销欧美市场，被列为省重点扶持的超百亿元县域经济特色产业集群。

（3）完善的产业配套体系。清河县从一开始就注重电商配套设施的建设，并打造了一条龙电商服务体系。目前清河县建有省级羊绒产业研究院、羊绒设计中心、羊绒生产力促进中心、德成网络跨境电商基地等十余个创新平台。同时不断进行创新，与科研机构，如中科院共同合作建立科技成果转化服务中心，共同建成联合创新实验室和"双创"基地。

---

① 清河县人民政府官网。

七 山东"博兴模式"

1. 博兴县概况

博兴县隶属于山东省滨州市，地处黄河三角洲腹地，地理位置优越，区位优势明显，交通十分便利，全县共辖9个镇、3个街道、1个省级经济开发区，常住人口50.5万人，总面积900.7平方公里。博兴县具有悠久的历史文化，是著名的董永故里、"中国厨都""吕剧之乡"，也是"中国著名草柳编之乡""中国优质西红柿之乡"。近些年，由于"互联网+"战略思想的广泛普及，博兴县也逐渐接受了新思维、新事物，开始尝试着发展电子商务，把本县的草柳编、老粗布这些特色产业充分与互联网结合起来，让这些特色产业"走出去"，给传统产业注入了新的活力，同时也挖掘一些新产业，带动当地经济持续、健康地发展。经过镇、村、企共同合作，目前博兴县已经创立了一种电商模式，简称"博兴模式"，该模式为全国其他地区提供了良好的发展经验，在全国范围内影响力逐渐扩大，目前农村电子商务已经成为博兴县的一个新标志。

2. "博兴模式"发展过程

经过各方的努力合作，博兴县的电子商务获得了良好的发展，带动了县域经济快速增长，也让许多赋闲在家的农民有事可做，使农户变成了商户，帮助农民完成了就业。这不仅在一定程度上提高了社会就业率，还让更多的农民有就业机会，实现本地就业，增加了农民收入，加快了实现乡村振兴的步伐。博兴县电子商务的快速发展也吸引了大批青年人、大学生留在家乡进行创业，培养了许多优秀的电商企业家。早在2013年，全国只有20个"淘宝村"的时候，博兴县就占据了两个，这是令人深思的一个现象。2013年博兴县有两个"淘宝村"，分别做草柳编和老粗布，当年电商交易额达到4.17亿元。博兴县的传统特色产业在国内很出名，草柳编和老粗布是中国的传统文化艺术，在传承和发展传统文化的基础上，将其与信息时代中的电子商务进行深度融合，给草柳编、老粗布等优秀的传统文化和特色产业插上互联网的翼膀，让当地农民通过互联网实现二次创业。经梳理研究，认为博兴县发展电子商务的过程大致可以分为以下几个阶段：

萌芽阶段（2002—2007年）：博兴县是全国草柳编工艺品出口基地，

湾头村在 2002 年通过阿里 B2B 进行内贸销售，主要销往国外。2003 年湾头村有几家企业注册了阿里巴巴"诚信通"，但是当时网络销售未普及，销售业绩不如人意。2005 年随着国际市场的萎缩，产品外销受到影响，这时，一些回乡的大学毕业生开始尝试用淘宝等电商平台创业。2006 年，"80 后"青年贾培晓注册了一家淘宝店，但是由于当时网店没有主打产品，生意比较惨淡。

发展阶段（2008—2013 年）：2009 年博兴县的网店数和网销额都实现了快速地增长。经过不断地发展壮大，2013 年博兴县电子商务销售额达到了 280 亿元，同年博兴县的湾头村和顾家村成为全国首批"淘宝村"。2008 年，贾培晓回家乡湾头村专门做草柳编的生意，随着不断摸索，生意逐渐红火起来，在 2012 年实现收入三连翻。2009 年，大学生巩春晓在淘宝开了一家网店来经营老粗布，将顾家村的老粗布通过网络对外销售。在这些大学生的带动和成功示范下，博兴县越来越多的人都开设网店并利用电商发家致富。

扩张阶段（2014 年至今）：2014 年博兴县成立农村电子商务协会，规范本县电商市场，同年博兴县淘宝商户达到 8300 多家，同比增长 160%；交易额达到 6.9 亿元，增长了 2.8 倍，线上销售使传统手工业农户销售利润达到原来的 3—5 倍[①]。为了让电子商务概念深入人心，2015 年博兴县举办了多场不同主题的电商培训班，并加快基础设施建设，在 2015 年底实现了宽带和 4G 移动信号全覆盖，同年又入选"全国电子商务百佳县"，成为阿里巴巴山东省"千县万村"计划首家试点县。近几年，博兴县不断加快建设信息通讯、交通设施、物流运输点、电商园区、产品品牌等，已形成了完善的电商发展体系。

3. "博兴模式"经验

目前，博兴县已有 5 个"淘宝镇"、26 个"淘宝村"，坚持以"政府主导＋市场运行＋社会参与"为原则，以当地特色产业为基础，与国内阿里、京东等大型电商平台合作带动当地的电商快速发展。博兴县农村电子商务的成功开展，进一步推进了本土传统企业的转型升级。其原因一方面是由于博兴县具有特色传统产业；另一方面是在县政府的正确领导下，同

---

① 邱钰博：《泗洪县农村电子商务发展研究》，硕士学位论文，扬州大学，2018 年。

时又借助"互联网+"这一东风,优化产业链、强化资金支持、搞好市场对接、做优基础设施、引进多家快递、建立物流仓储中心,在这一系列的努力下,博兴农村电子商务才有之后的快速发展和傲人的成绩。"博兴模式"所带来的经验主要有以下几点:

(1) 拥有特色产业。博兴县之前就拥有草柳编、老粗布、藤木家具、不锈钢厨具等多种特色产业,这些产业在当地有一定的名声,更有"中国草柳编之乡""中国厨都"等美名,博兴县以传统特色产业为切入点发展农村电子商务。电子商务的发展让村民从最开始的生产者一个身份变成如今拥有生产者、制造商、销售商三个身份。身份的转变让农民获取了更多利润,带动了更多的老百姓致富奔小康。

(2) 政府出面主导。博兴县农村电子商务的成功离不开县政府的功劳,由于他们熟悉本县情况,所以在制定电商发展规划时能够找准切入点,制定的措施更符合本地的特色,在农村电子商务发展的过程中扮演着不可或缺的角色。博兴县政府借助"互联网+"这一东风,积极作为,大力发展本县的农村电子商务工作,与省商务厅、阿里巴巴集团等外部资源进行对接,对农村电子商务加大政策扶持力度,将资源统一整合,在全县范围内营造了良好的电商氛围。无论是组织保障、外来资源对接还是资金保障、政策保障等方面,县政府对本县农村电子商务的发展都起到支撑保障作用。

(3) 多种经营模式共存。近年来,博兴基本构建起以家庭承包为基础,以适度规模经营为支撑的新型农业经营管理体系,积极推广现代农业生产管理模式和现代农业经营管理模式,以"龙头企业+基地+新型经营主体"和"社会化服务组织+农户"为依托提升农业经营管理水平,促进第一二三产业的融合发展。2020年,博兴县成为乡村振兴战略制度试点县,获得省级财政金融政策联合支持,依托当地龙头企业把南美白对虾养殖、农产品深加工产业和传统文化产业等特色产业作为博兴县发展的重要基础,力争实现博兴县电子商务全产业链融合发展。

八 浙江"丽水模式"

1. 丽水市概况

丽水市位于浙江省西南部,是浙江省辖陆地面积最大的地级市。该市地形地貌主要以中山、丘陵为主。丽水市生态环境质量居浙江第一、中国前列，自然生态旅游环境优美，共有生态旅游景区68个，其中国家4A级旅游景区占12家，2005年丽水市被获批第三批国家级自然生态旅游示范区。与东部沿海中心城市相比，虽然丽水市农村电子商务发展的技术基础和配套条件稍弱，但经过长时间的努力探索，如今已经走出了一条适合当地发展的农村电子商务道路。丽水市是全国首个实现农村电子商务服务全覆盖的城市、浙江省唯一的省级农村电子商务创新发展示范区，并打造出了全国著名的"丽水经验"，成为国内农村电子商务发展最好的地区之一。

2. "丽水模式"发展过程

据相关统计数据来看，在电子商务领域，2019年全市网络零售额达到344.3亿元，同比增长28.5%，增幅位列全省第三；居民电商消费额达253.6亿元，同比增长20.7%，电商零售顺差达到90.7亿元；跨境电商零售出口额达6.8亿元，同比增长27.1%[①]。从各辖区情况看，莲都区、缙云县、青田县电商零售额均超过40亿元，分别达53.8亿元、79.5亿元、47.3亿元；从经济增幅情况看，松阳县、遂昌县、缙云县位列前三位，分别达65.0%、54.7%、33.6%。经过梳理分析，丽水市的农村电子商务发展过程大致可以分为以下三个阶段：

萌芽阶段（2009—2010年）。丽水农村地处浙江西南山区，交通不便，农民缺乏上网技能并且互联网意识比较薄弱，农村地区缺乏网络基础设备，这些因素在前期都严重阻碍了丽水市农村电子商务的发展。在2009年青年就业培训中发现丽水市的青年更希望获得关于网店开设及经营方面的培训，因此，政府相关单位在2010年开设了许多网上创业培训的课程，许多青年都积极响应并参与进来，这些培训为之后丽水市电子商务的快速发展奠定了坚实的基础。

启动阶段（2011年）。这一阶段，丽水市政府正式开展了一系列促进电子商务的措施：一是注重对青年的电商培训，开展网上创业的专题培训课程；二是积极地搭建交流平台，成立青年网上创业联盟组织，大家相互交流网上创业的想法，形成了抱团发展的良好态势；三是制定政策，制定《关于开展丽水市青年网上创业行动的实施意见》，为青年网上创业提供信

---

① 丽水市商务局：《2019年1—12月商务经济执行情况表》，2020年9月4日。

贷扶持等优惠政策；四是举办网上创业大赛，从中选拔出优秀队伍，并鼓励更多的人参与到网上创业活动中。

扩张阶段（2012年至今）。经过初期发展，丽水市农村地区已经营造了良好的农村电子商务环境和氛围，创造了许多就业机会，带动了丽水市农村地区经济的快速发展，也吸引了许多青年人返乡创业，为当地农村电子商务的持续发展注入新活力。2012年，丽水市的农村电子商务从最开始的"自发组织"已经变为了"政府引导，企业参与，多方作战"；成立丽水市农村电子商务工作小组，加大对丽水市农村网络基础设施的建设和管理力度，并在农村地区对农民开展电商的知识培训、引导以及宣传等方面工作。2013年7月，全国首家地级市农村电子商务公共服务中心在丽水投入运营，同年12月在淘宝网建立了浙江省首家地级市馆——"特色中国·丽水馆"。这一阶段，丽水市农村地区的网络基础设施逐渐完善，政府给予政策和资金支持，逐渐建立起了"县—乡—村"三级公共服务体系，目前其农村电子商务已经取得了突破性的进展。

3. "丽水模式"经验

丽水市农村电子商务发展有自己独特的风格特点，其发展相当于"栽梧桐"的过程，先要有梧桐，才能招来凤凰，其总体发展过程可以看作是一个"梧桐工程"。它所带来的发展农村电子商务的启示和经验对其他地方发展农村电子商务有很大的借鉴意义，其成功经验有以下三点：

（1）政府、企业、市场的有机融合。丽水的农村电子商务运营模式可以高度概括为"政府支持＋企业运营＋公益为主＋市场为辅"，这一模式实现了政府和市场的有机结合。在电商企业发展的过程中，政府为支持辅助工作，提供完善的配套服务助力电商企业发展，给电商企业的创业和发展在资金、基础设施、环境等各个方面提供坚实的保障。

（2）完善的电商服务中心。通过电商服务中心，培育政府、企业、个人等多层次的市场主体，注重对电商平台和产品品牌的打造，将电商平台打造、品牌推广等各个要素尽可能地整合汇集在一起，形成以政府为主导的综合可持续发展的农村电子商务公共服务体系。丽水打造的电商服务中心除了提供基本配套服务外，还具备四大功能：培育电商主体、孵化保障、建设平台和营销推广，通过这一中心及时将政府、电商平台、供应商等各参与方的资源和需求进行融合匹配。

（3）吸引优秀人才回流。随着丽水市农村电子商务发展越来越成功，带动了当地的经济发展，创造了许多新的就业岗位，也给农民提供了更多的就业机会。政府出台了许多政策并给予资金支持，鼓励农村青年互联网创业，吸引了大批青年人才回流，返乡通过电商创业，目前丽水市农村电子商务有80%左右都是"80后""90后"青年。

九 甘肃"成县模式"

1. 成县概况

成县隶属于甘肃省陇南市，地处陕、甘、川三省地区交界处，位于西部秦巴山区的集中连片特困地区，总人口27.03万，下辖14镇3乡，245个行政村。土地区域总面积1677平方公里，其中耕地41.2万亩，林地118.7万亩，天然草场15.5万亩，森林覆盖率达到47.9%。成县生态环境良好、自然资源丰富，素有"陇上江南"和"陇右粮仓"之称的美誉，历史文化底蕴十分深厚，曾被联合国地名专家组命名为"千年古县"。成县特色产品主要有核桃、畜牧、油用牡丹、蜂蜜、烤烟、中药材等，全县的特色农产品种植面积达78万亩，其中核桃种植适宜区覆盖50万亩、1100万株，是国家生态环境建设重点县、中国核桃之乡和全省商品粮生产基地。矿产资源丰富，工业基础相对较强，境内已发现矿产23种，金属矿藏主要有铅、锌、金、银、铜、铁等，非金属矿藏主要有大理石、花岗岩、石英石等。目前，成县是陇南经济中心和交通次中心，陇南成县机场已开通北京、青岛、广州、深圳、海口、昆明、重庆、西安、兰州、吐鲁番、库尔勒11条城市航线。

2. "成县模式"发展过程

过去，由于成县交通不便、观念落后、信息闭塞等原因，虽然有核桃、蜂蜜等特色农产品，但是物流不便造成的产品销售渠道单一而最终使得这些特色农产品出现"难卖贱卖"等情况。这导致当地农民收入低，成县的脱贫任务艰巨，如果不采取措施进行改革发展，当地的经济水平仍然很低下。为了改变这一现状，近些年成县牢牢地抓住"互联网+"这一大的发展趋势，依托自身的独特资源和特色产业，利用"互联网+"带来的重大发展机遇，结合本地实际探索出一条适合自身发展的农村电子商务模式，目前，成县已经建立了网店、平台、就业、信息、入股、产业六条电商脱贫路径，构建出了完善的电商生态系统，成为通过电商脱贫致富的典范，挖掘出了脱贫致富的新思路和新机遇。成县电子商务的快速发展让越来越多的成县农民实现了脱贫，在 2019 年 4 月实现全县被正式批准脱贫摘帽。截至 2019 年底，全县累计退出贫困村 104 个，贫困户 1.51 万户 5.6 万人，剩余贫困人口 30 户 110 人，贫困发生率降至 0.07%[1]，从 2013 年到 2020 年这 7 年时间里累计减贫 5.61 万人，2020 年贫困发生率降为 0[2]。2020 年城镇居民人均可支配收入达到 26272.9 元，农村居民人均可支配收入达到 10064.6 元[3]。这惊人的脱贫攻坚成果与电子商务是分不开的，经梳理研究，其电商发展过程可以分为以下三个阶段：

探索阶段（2013 年 5—10 月）：2013 年 5 月，正值成县樱桃成熟，成县的樱桃照片在网上得到大家的广为传播，并引发了广大网民对成县的关注。借助当时的热度，成县县委书记李祥 6 月在微博上叫卖本县的核桃，展示核桃的功效和多种吃法，"成县核桃"一词迅速在网上发酵，从此开启了成县电子商务之路。接着，县政府邀请电商专家实地考察，探索电商发展途径，之后相继成立了电子商务协会，开办农村电子商务培训班。这一阶段，电子商务的概念逐渐深入成县。

发展阶段（2013 年 11 月—2014 年 2 月）：这一阶段主要是成县政府主导，通过行政手段不断地推动本县电子商务的发展。政府组织带领电商协会人员到浙江遂昌、阿里巴巴等国内电商发达地区学习和考察。2013 年 12 月，在县内成立电商培训中心，给当地的农民、大学生"村官"等人员培训电商知识和技能，鼓励并引导大家从事电子商务工作。

扩张阶段（2014 年 3 月至今）：经过前面的探索和发展，成县电子商务不断深入发展，开始自建平台，创立了"陇南美"微信公众号和网站、"陇南电子商务产业孵化园""特色中国·陇南馆"等平台，这些电商平台的搭建让全国更多的人认识到成县的特色产品。在这一阶段，成县各个部门纷纷出台政策措施助力电商发展，电子商务迅速发展，也促进了物流和农产品加工等相关配套产业的发展，同时又加快建设电子商务产业园、

---

[1] 陈多：《朝着小康阔步前行——成县脱贫攻坚工作综述》，《甘肃日报》2020 年 7 月 27 日第 1 版。
[2] 参见《成县 2020 年脱贫攻坚工作总结》。
[3] 参见成县统计局《2020 年政府工作报告》。

电商服务站、物流服务体系等，电商产业链不断完善。

3. "成县模式"经验

2013年成县县委书记李祥通过责任到人的信任背书、单品突破等手段提高了核桃在全国的知名度，之后又带动了蜂蜜、香菇等其他特色农产品，打造了县域特色品牌，带动了整个县域经济的快速增长。近几年，成县成立了电子商务产业园、电子商务协会和农产品交易综合服务中心，从电商的基础设施保障、电商平台支撑、宣传活动推广、资金保障等多个环节进行深入研究，打造尽可能完善的电子商务系统，大力推进县域的电子商务的健康发展。成县的电子商务发展成了脱贫致富的典范，2015年被列为"国家电子商务进农村综合示范县"，陇南电子商务产业孵化园被商务部列为"国家电子商务示范基地"。经过不断摸索尝试，成县在电商扶贫方面积累了丰富的发展经验，特色农产品乘坐电子商务这趟"快车"突破了地理位置的限制，走出了大山到达全国各地的消费者手中。成县的电商模式可以大致概括为"农户+电商"，其电商发展经验值得国内许多地区参考借鉴，主要有以下几点：

（1）拥有核心土特产品。成县是核桃生产大县，有"中国核桃之乡"的美名，核心产品更容易打开市场、扩大知名度。成县最开始选择了自身核心的产品——核桃，并集中资源全力推广，当核桃打开了知名度，取得了单点突破之后再推广其他农特产品，从而带动了其他农产品的销售。

（2）政策助力电商发展。为了大力推进电子商务发展，成县成立了专门的工作小组、出台了相应的鼓励扶持政策，完善电商发展机制。例如，建立县乡电商扶贫工作小组、村级电商扶贫服务点，出台了"两意见两办法"、《成县电子商务"十三五"规划》等政策文件鼓励扶持电商发展。

（3）完善的基础设施。成县从宽带网络、快递网点、金融网点等方面完善基础设施，实现宽带网络、快递网点全覆盖。建立电子商务物流园，实施"农电网改造工程""农村道路畅通硬化工程""快递网点覆盖工程"，改善贫困地区基础设施状况。另外，成县高度重视本地的电商平台建设，建立了陇南生活网、农村市集等一大批电商平台。

（4）政府带头营销。政府的公信力促使消费者对产品质量的信任。政府的信任背书提高了消费者对农产品的信任程度，为之后农产品在网上销售奠定基础，有效推动了农特产品打开国内市场。

（5）产业支撑体系健全。成县将富民增收的产业融入农产品的生产和供应中，实施"特色产品培育工程"；搭建多个网络销售供应平台，形成了包含核桃、蜂蜜、樱桃等100多个品种的农特产品网络销售供应体系；不断完善农产品的质量安全监管体系和产品溯源体系，尽可能地保证产品能实现标准化、高质量地生产；积极引导县内各电商主体进行品牌打造，目前已注册"山泉老树""云雾芳果"等商标，形成品牌效应，极大地提高成县农产品的核心竞争力。

十 吉林"通榆模式"

1. 通榆县概况

通榆县属于吉林省白山市，是典型的农业大县和国家级贫困县，下辖一个省级经济开发区，8镇8乡和172个行政村，总面积8476平方公里，人口36.7万。由于通榆县生态资源十分丰富，县域内的农畜产品很有特色，并且产量很高，是目前国内品质最好的绿豆、玉米、谷子、高粱等杂粮杂豆原产地之一，更有"杂粮杂豆之乡"的称号。

2. "通榆模式"发展过程

虽然通榆县的特色优质农产品十分丰富，但是通榆县地处偏远地区，交通存在很大的不便性。之前通榆县常用批发和零售等传统方式销售农产品，这些传统的销售方式不仅不能获得较大的利润，而且销量很有限，所以本县的农产品受限于专业技术、人才物流等种种因素没能很好地生存和发展。为了消除这一问题，通榆县利用互联网的优势，大力发展电子商务，试图通过电商拓宽农产品销售渠道。经过近几年的发展，通榆县电子商务取得了不错的成绩，在2014年被认定为全国农村淘宝第三个示范试点县，之后又先后被确定为本省首批国家电子商务进农村综合示范县、农村电子商务示范试点县。2016年，通榆县淘宝电商平台上开展电商交易活动的总销售额达到2.27亿元，相比之前提升了38%，农副产品和特色民俗文化产品的交易额达到0.27亿元，相比之前提高了400%[1]，其销售成绩在本省位列第一，再加上互联网等相关媒介的加入，通榆县快速提高了其在全国范围内的影响力和知名度，2018全年网络产品总零售额破2亿元

---

[1] 通榆县人民政府：《通榆县2016年国民经济和社会发展公报》，2017年10月8日。

大关。截至 2020 年 7 月，全县现有网店 2209 个，网商总数 4300 家，电商注册企业 101 家，带动就业人数 1.29 万人[①]。电子商务的快速发展加速了通榆县全面脱贫的进程，截至 2020 年 4 月 11 日，通榆县正式脱贫摘帽[②]。通榆县的电商发展过程大致可以分为以下两个阶段：

初步阶段（2013—2014 年）：通榆县在 2013 年提出农产品电子商务发展战略。当时，由于通榆县的电商基础并不深厚、产品品牌化程度不高，所以采取让政府主导，并与第三方公司合作的发展模式，走出了一条自上而下的电商发展之路。在 2013 年 9 月，通榆县政府与杭州常春藤实业有限公司开展合作，齐心打造了当地特色品牌"三千禾"，10 月，"三千禾"旗舰店在天猫上线。同年 12 月，通榆县政府与网络销售平台"1 号店"签约，实行农产品"原产地直销"计划，建立农产品直销基地。同时，又开通了"千协会"微信公众平台，在上面发布通榆县农产品相关信息。这一阶段，通榆县县委书记、县长以及第三方公司等组建了"通榆县电子商务发展领导小组"，并成立"通榆县电子商务发展中心"，用来组织、协调各方资源。为了加速农产品的发展，县政府在 2014 年又联合白城市农科院提供技术支持，并依托第三方公司加快农副产品上线。

发展阶段（2015 年至今）：2015 年，通榆县开始整合电子商务相关资源，总体布局、完善县级电商公共服务体系。同时，不断整合、完善电子商务上、下游链条，试图带动县域内电商企业不断做大做强。企业的发展会直接带动当地经济的发展，也会提供更多就业机会，让更多贫困农民实现增收，在很大程度上解决了贫困户收入单一、收入过低的问题。2018 年通榆县电商交易额达 17.74 亿元，全县出列 48 个贫困村，稳定脱贫 11701 人[③]。在这一阶段，通榆县的电商产业链条已形成并不断地完善，构建了县、乡、村三级电商服务体系，还建立专业的电子商务园、线下实体店，尽可能快速地扩大品牌知名度。通榆县电子商务的发展倒逼县域内其他产业、行业发展，带动了农业、旅游业、服务业等多个行业的快速发展，加速了通榆县全面脱贫摘帽的步伐。

[①]《通榆县 2020 年直播电商节暨网企对接活动启幕》，通榆县人民政府官网，2020 年 9 月 14 日。

[②] 通榆县人民政府：《2020 年政府工作报告》。

[③] 通榆县人民政府：《砥砺前行中的铿锵脚步——通榆县 2018 年经济社会发展综述》。

3. "通榆模式"经验

"通榆模式"的发展模式可以概括为"农产品+第三方公司",其农产品电商的运营策略有当地政府信任背书、农产品进行原产地直销、引入第三方公司进行农产品生产标准化、运营品牌化,这种模式的创新之处在于充分调动各个主体力量,让当地政府、农户、第三方专业电商公司共同合力开展农村电子商务,并一起共享成果。在推进农村电子商务销售的渠道上,通榆县与天猫等大型电商平台签订原产地直销战略合作协议,实施"原产地直销"方案,这是通榆县农村电子商务的发展核心。经过之后的快速发展,不管是"三千禾"品牌还是从事当地农产品销售的网商,都始终坚持着这一发展理念。将东北黑土地、良好的自然生态资源与农产品的质量紧密联系结合在一起,突出通榆农产品的健康、绿色、无公害,这一理念的坚持也是通榆农产品获得高人气的主要原因。

农村电子商务的开展不仅能满足消费者对农产品的日常需求,而且满足了上述三个主体各自的需要,又有效地推动了区域经济的发展。经过几年的发展,通榆县的电子商务取得了非常不错的成绩,并成功成为全国首批电子商务进农村综合示范县,全国第三个农村淘宝试点县。随着进一步的规范发展和政府支持,其农村电子商务不断地朝高质量发展迈进,不仅为本省内其他地区发展农村电子商务树立了榜样标杆,还给全国各地其他县域发展农村电子商务提供了很好的产业发展新机遇和成功经验。农村电子商务"通榆模式"的特点主要有以下三点:

(1)政府出面引导。为了利用电子商务带动当地的经济发展,首先是由通榆县政府授权、出面,与第三方电子商务公司沟通协调才成立了"三千禾"品牌,再加上政府的公信力比较强,由政府出面推广的产品更能获得消费者的信赖。同时,县委书记、年轻干部还和企业负责人积极沟通协调,成立"电子商务发展领导小组""电子商务发展中心",与第三方电商公司展开良好的合作,并积极统筹各方资源,配合电商公司的运营。由于农产品具有时令性、易腐性、季节性等特征,许多消费者在网上购买农产品时会担心农产品的质量安全及其新鲜程度。为了打消消费者的顾虑,通榆县委书记和县长面向全网消费者写了一封信,即《致淘宝网民的一封公开信》,该书信展示在"聚划算"购物平台的首页上,这一真诚的行为收获了广大消费者的一致好评,这一做法不仅打消了消费者的顾虑,而且提高了通榆县农产品在全国的影响力和知名度。

（2）统一产品品牌。通榆县第三方电子商务公司合力打造了"三千禾"品牌，并对农产品按照标准化要求进行运作，从农产品最初的收集、包装、配送、售后等各个环节都进行统一化操作。所有产品采取"统一品牌、统一标准、统一质量、统一包装"的方式进行产品销售，不仅有利于提高农产品品牌的质量，也能保证营销的质量。通榆县打造的农产品以"三千禾"天猫旗舰店为起点，之后又在淘宝、京东、"1号店"等平台全面布局。为了扩大品牌知名度，通榆县通过各种公开活动增加品牌的曝光率，通过品牌化、专业化进行产品营销，如让"三千禾"品牌参加淘宝"双十一""双十二"等大型活动。

（3）完善的电商平台。通榆县为了完善、健全电商基础配套设施，建立"云飞鹤舞"大厦这一电商公共服务平台，还建设了"新零售体验中心""创业孵化中心"等中心，并吸引了许多电商企业、网商入驻产业园；建立电子商务培训平台，对农民进行电商培训，让更多的农民通过电子商务发家致富；在农产品营销方面，通榆县积极与国内大型电商平台如阿里等企业进行合作，并鼓励当地要随着营销环境的变化不断地更新、创新营销模式，将线上和线下营销良好地结合起来；打造综合性物流配送服务平台，搭建覆盖县、乡、村三级的综合性物流配送服务网络。

十一 陕西"武功模式"

1. 武功县概况

武功县地处陕西省关中平原中部，文化底蕴深厚，是中华民族农耕文明的发祥地之一。其在陕西省"一线两带""西咸经济一体化""关中—天水"经济中心地带中处于中心位置，东距西安市87公里、咸阳市50公里，西距宝鸡市100公里，位于丝绸之路交通运输线附近，地理位置优越，是关中地区重要的交通枢纽和物资集散地。无论是刮风，还是下雨、下雪，武功县物流凭借着优越的地理位置都不会受到丝毫影响。全县总面积397.8平方公里，其中耕地面积42.5万亩，下辖12个镇办（社区），190个村。武功县从古至今都是一个农业县，县域内农作物有58种，果树10种，林木68种，粮食作物以优质小麦和玉米为主。

2. "武功模式"发展过程

虽然武功县是传统农业大县,但是农业发展水平一直不高,当地的农产品在过去经常出现"买难卖难"的问题,这一问题一直阻碍着当地农村经济的发展。为了消除这一难题,武功县紧紧跟随"互联网+"的大势,积极响应党中央和政府的号召,大力推动本地发展电子商务。经过近几年的快速发展,武功县电子商务已经取得了非常傲人的成绩。依托本地丰富的特色农产品资源,抓住"互联网+"的重大机遇,形成了"买西北、卖全国"的农村电子商务服务模式,获得了全国"互联网+农业"十大标杆县域、电子商务进农村综合示范县等荣誉。在大力发展电子商务的过程中,武功县将自身打造成西北地区电子商务第一县,不断探索电商发展道路。其电商发展过程可以分为以下几个阶段:

初步发展阶段(2013—2016年):2013年,随着全国大范围内农村电子商务的快速兴起和发展,武功县在同年12月正式开启了农村电子商务发展之路。在发展之初,武功县的农村电子商务发展并不顺利,不得不停下急速发展的脚步,去转而认真思考。经过全方位地分析了自身的优劣势后,充分地利用区位优势走出了一条具有武功特色的"买西北、卖全国"的电商创新发展的道路。并结合电商发展实际情况,确立了"立足武功,联动陕西,辐射西北,面向丝绸之路经济带"的思路,致力于将武功县打造成"西北电子商务强县"。同时,建立了"12345"工作机制,即组建一个电商工作领导小组;建立农产品生产经营者和电子商务两个协会;把握电商运营中心、覆盖城乡的物流体系、物流配送实现"村村通"三个关键;搭建农产品电商孵化中心、检测中心、数据保障中心、健康指导实验室四个平台;落实免费为电商企业提供办公场所、注册、传递产品信息、培训、上网"五免"政策。经过几年的发展,2016年武功县累计引进电商企业189家,开设淘宝网店1200余家,全年电商零售额达18亿元[①]。

优化提升阶段(2017年至今):武功县作为关中地区重要的物资集散地,过去几年积极整合西北的物产资源。但是,随着电子商务的快速发展和广泛普及,在给商品交易带来便利的同时,也在不断地削弱着传统集散地的价值。一些产品的原产地电商慢慢崛起,武功县之前的货源出现波

---

① 武功县人民政府:《2016年度政府信息公开工作年度报告》,2017年1月30日。

动，甚至断供。这时，武功县政府意识到原先简单的买和卖已经不能满足新阶段的发展，关键是要打造一个良好的电商生态体系。这一阶段，武功县将线上和线下的产业联动起来，并大力建设产业基地和电商基础配套设施，构建并逐渐完善电商产业链，将原先的"买西北、卖全国"转向为"买什么卖什么、卖什么造什么"。2019年全县生产总值完成153.16亿元，为了加速推动农业规模化、集约化发展，2019年武功县新增省级农业综合服务示范园区4个，增加2个龙头企业，190户农村家庭建立了农场，新引进电商企业35家、总数达到336家，"双十一"销售额达到2.37亿元，比上年增长69%，电商年销售额达到41亿元，农产品电商稳居西部地区第一、全国第四。

3. "武功模式"经验

目前武功县的电子商务已经取得了很大的成功，认真分析研究武功县电商发展的成功经验对中国其他地区发展农村电子商务具有很大的参考意义和价值，其电商发展特征和经验主要有以下几点：

（1）基础设施完善。在地理位置方面，武功县东距西安市87公里、咸阳市50公里，向东一小时车程就可到达西安咸阳国际机场，有显著的交通区位优势。另外，武功县有非常好的交通保障条件，就算是遇到恶劣的天气，物流也基本不会受到影响，不断优化物流配套服务，其物流成本在全省，甚至全国来讲都比较低；这也进一步促进了农产品的销售。

（2）自身定位明确。通常情况下，大多数县域发展电商时更注重对本土产品的销售，尽可能多渠道地扩大本土产品的销售量。而武功县却有点与众不同，它在推广自身产品的同时，充分利用本地优越的地理位置和便利的交通，积极购进其他地区的优质产品，尽可能将各方电商资源要素整合在一起，突破了本地物产资源有限的约束，不断扩大自身的电商规模，扩展本县电商市场。另外，武功县不只聚焦于自身的发展，其眼光更加长远，将"立足武功，联动陕西，辐射西北，面向丝绸之路经济带"作为发展定位。

（3）注重产品品牌化。武功县悠久的历史文化为特色农产品的开发设计注入了文化内涵，之所以武功县每一个品牌都很火，很大一部分是因为品牌里面蕴含着故事和文化的传承。目前武功县已成功打造了"倪家锅盔""武功小子"猕猴桃、苏绘手织布等多个独具特色的农产品品牌。为了进一步提升农产品的品牌价格和竞争实力，2016年武功县与浙江大学开展农业品牌建设合作，为本县的猕猴桃打造出了"武功小子"品牌。在2019年，武功县坚持以高端农业品牌为引领，调整优化结构、做优产业，打响了"武功小子"猕猴桃品牌，该品牌荣获"中国最受欢迎的区域性公用品牌"十强，精彩亮相"中国农业博鳌论坛""陕西苹果北京宣传周"等多个大型展会。

（4）培养电商专业人才

武功县打造了电商专业人才培育中心和电商孵化中心，举办营销、知识产权等电商技能培训班，通过直接或间接的方式来引导和培养县群众的电商意识。经过相关专业部门的指导，武功县建立了电商培训基地，并积极与高校开展合作，开展"武功电商高校行"活动，在西安、咸阳等多个地区展开高校合作，在高校中建立大学生人才队伍，加大对人才培育的资金支持力度。

第三节　现有农村电子商务模式的分析与比较

纵观上述中国农村电子商务典型发展模式，发现近年来农村电子商务如雨后春笋般蓬勃发展，全国范围内涌现出了许多农村电子商务成功发展案例，实践成果丰富。许多模式都各具特点，在商业形态、特点、适用环境等多个方面不尽相同，更是走出了一条适合当地特色的电商发展道路。这些农村电子商务模式之所以取得成功，离不开一些积极举措的助力，它们之间的相似性也正是成功的重要原因，能为其他地区发展农村电子商务带来很多好的经验和借鉴；它们之间的差异性则是根据各个地区的特点所采取的举措，这为其他地方探索适合当地发展的电商发展特色道路带来很大的启示。所以，对比分析目前国内主流的农村电子商务发展模式，系统地总结提炼各模式的主要特征，比较分析它们之间的相似性和差异性，这对探索未来中国农村电子商务的发展模式提供了很好的参考，也有利于中国农村电子商务扶贫的进一步发展。经过研究分析国内典型农村电子商务模式的基本布局和发展特点，总结出了各个模式之间的相似性和差异性，具体情况如下。

一 中国典型农村电子商务发展模式的共性经验

1. 政策保障支持

为了解决"三农"问题,加快实现乡村振兴步伐,国家近几年大力发展农村电子商务并出台多项支持政策。如2015年的《关于促进农村电子商务加快发展的指导意见》、2017年《关于深化农商协作大力发展农业农产品电子商务的通知》、2020年《关于做好2020年电子商务进农村综合示范工作的通知》等,这些政策的出台为农村电子商务注入了强劲的发展动力。在中央一号文件中,关于如何加快农村电子商务的发展进行了具体的战略部署,为下级政府如何开展电商具有非常重要的指导意义。随着党中央对农村电子商务的高度重视和大力支持,近些年中国的农村电子商务迅猛发展,全国农村网络零售额从2014年的1800亿元增长到2019年的1.7万亿元,电子商务进农村综合示范在832个国家级贫困县实现全覆盖[①]。电子商务与扶贫、巩固脱贫攻坚成果深度对接、农产品上行、工业品下行的程度进一步加深,农村地区农产品与大市场之间的对接渠道不断畅通。

2. 精准定位方向

由于各地的资源、优势特色、产业基础的不同,并不是每个地方都适合一种发展模式,在发展农村电子商务时不能一味地复制其他地区成功的电商发展模式。要充分结合自身优势,实现精准定位,将其他成功的发展模式逐渐转变为本地化、移动化、社群化和服务化方向,只有这样才能保证本地农村电子商务实现可持续发展。在上述典型的农村电子商务发展模式中,各个地区都充分发挥了本地的优势特色,这也是它们成功的关键因素。例如,清河县充分利用其自身传统的产业基础——强大的羊绒产业,以羊绒产业为基础发展农村电子商务,实现传统产业的快速转型和升级;通榆县农产品丰富,但是由于受到人才、物流等因素的限制无法充分发挥本地的农产品资源优势,于是引入第三方公司进行深度合作,打造"三千禾"品牌,并实施"原产地直销"模式销售产品;由于武功县物产资源有

---

① 《电子商务进农村实现贫困县全覆盖》,《人民日报》2020年11月07日第4版。http://paper.people.com.cn/rmrb/html/2020-11/07/nw.D110000renmrb_20201107_2-04.htm。

限,就充分利用本地便利的交通优势,积极向西北等其他地区扩展,形成了"买西北、卖全国"的"武功模式"。

3. 电商体系完善

为了推动农村电子商务的快速发展,构建完善的农村电子商务平台体系是非常重要的一部分,有了支撑本地的电商体系才能得到更好的发展。例如,遂昌县在发展电商时就依赖于大型电商企业阿里巴巴,建立"遂网""赶集网",构建了政府、农户、农村合作社、"遂网"和淘宝等多个主体共同合作的发展机制,并大力建设农村电子商务综合服务中心等基础配套设施。"临安模式"中,建立临安电子商务产业园、多个农产品基地,通过各种园区建设实现产业要素的整合,促进了电商发展;"丽水模式"中,打造电商服务中心、积极构建电商平台、进行电商孵化,在物流方面实现"最后一公里"配送,形成了"政府+网商+供应商+平台"的电商体系。

4. 注重人才引进

为了保证电商行业能够可持续健康发展并保持其永久性和蓬勃生机,人才的持续引进是必不可少的环节。农村地区的发展资源非常有效,当地许多中青年都选择外出打工,但是农村地区的发展中坚力量基本上都在这些外出务工的中青年人群中,这部分人群的文化水平较高,也基本上都熟悉电脑等网络设备,并且接受新鲜事物的能力也强,可以说他们是农村地区的中坚力量。上述各个电商发展模式都注重对当地居民进行电商知识的培训,在农村对农民进行电商的引导以及宣传等工作,增强村民对电子商务的了解和认可度。并且各个地区的政府都出面主导鼓励、支持电商的发展,并积极邀请专家学者到村开展电商技术培训工作。同时,采取相关政策吸引人才回流,为本地农村电子商务的发展注入新鲜的活力。

5. 能人带头引导

各个地区在发展农村电子商务时,有的地区是农民自发发展的,有的是当地具有有企业家精神的人主导发展的,有的是当地政府出面引导发展的。不管是哪一种方式,都至少存在一个带头人来带动当地的农村电子商务发展。当地政府出面主导发展中比较出名的有"遂昌模式""宿迁模式""桐庐模式""丽水模式""成县模式""通榆模式"等;当地具有企业家精神的人主导发展的典型模式为"沙集模式""临安模式""清河模式""博兴模式"。不管带头人是谁，在发展到一定阶段后，大多数农村电子商务模式都是由政府、企业和个人等多方共同合作，形成"政府＋农户＋电子商务公司"至少三方共同参与的发展模式。

二　中国典型农村电子商务模式的差异分析

1. 区域分布不均衡

各个地区区域经济发展水平影响着当地农村电子商务的发展水平，农村地区的电商发展与当地的物流运输体系、网络基础设施、交通基础设施等存在着很大的关联性，这些基础设施的完善和发达程度在很大程度上决定了电商的发展。与城市地区相比，农村地区的信息通信设施、物流运输体系等存在着很大的不利性，发达完善的基础设施体系对农村地区与外界大市场相连接具有十分重大的意义。目前中国农村电子商务发展的整体分布表现为以浙江为中心并向其他省份扩散，其中最先在东部沿海地区扩散，后向中西部扩散，"淘宝村"在全国各地的分布状况就侧面反映出中国农村电子商务各个地区的发展状况。据阿里巴巴相关报告显示[1]，东部沿海省份是"淘宝村"的集中区域，沿海六省（浙江、广东、江苏、山东、河北、福建）共计拥有4985个"淘宝村"，中西部、东北地区"淘宝村"数量共为341个，虽然近几年中西部地区电商也得到了快速发展，但是其"淘宝村"总数在全国的占比目前只有8.11%，其电商发展仍然处于较低水平。通过比较东部沿海地区和中西部一些偏远地区的农村电子商务发展状况可以看出，完善的基础设施对电子商务的发展具有很大的推动作用，不完善、不发达的基础设施会阻碍电商的发展。

2. 发展模式有差异

虽然一些地区的电商模式都很成功，但除了一些共性外又都各具特色。一些农村电子商务模式都是以地方政府为主导，例如，以浙江"遂昌模式"、陇南"成县模式"、吉林"通榆模式"为主要代表的模式，都自上而下地发展，它主要靠政府主导、国家财政资金的大量投入、自上而下地发展。这种发展模式的关键在于当地政府是否具有战略眼光，是否有意愿、有能力去带领、引导本地民众发展农村电子商务；另一种发展模式是

---

[1] 阿里巴巴：《中国淘宝村研究报告（2020）》。

以江苏"沙集模式"、河北"清河模式"为主要代表的模式，采用自下而上进行发展，主要以市场驱动、利用市场化电商平台进行发展，主要是由具有战略发展眼光的带头人主导发展业务，当带头人发展电商取得巨大的经济收益后，在经济效应的影响下，其他农民也纷纷开始模仿，自发组织开展电商业务。在电商发展过程中，自上而下发展和自下而上发展形式并存，各具优势，也都存在各自的弊端。两者相互促进，但又各自为战，这种状态直接影响着中国农村电子商务的长足发展。

3. 依托要素有差异

目前中国典型的农村电子商务模式中，大多数地区经营的都是本地特色农产品，试图打造本地产品特色品牌，从而形成品牌效应，带动当地的经济发展，例如，临安依托山核桃和坚果炒货、桐庐依托纺织品、制笔及箱包等、博兴依托草柳编和老粗布、成县依托核桃和蜂蜜、宿迁依托花卉和水产品等。当然，也存在一些地区在发展电商时并非依托本地产品，河北清河模式就是典型的代表。虽然清河县以强大的羊绒产业闻名世界，有"中国羊绒之都"的荣誉称号，是全国规模最大的羊绒加工基地，但是清河县却不是羊绒原料的出产地，其羊绒主要来自内蒙古牧区，清河县只是借助其他地区的羊绒进行生产加工并销往全球；陕西武功县在发展自身特色产品的同时，充分利用当地的区位优势积极购进其他地区的优质产品，积极整合各方电商资源，将"立足武功，联动陕西，辐射西北，面向丝绸之路经济带"作为发展战略定位；宿迁市依靠京东集团，在当地建立完善的综合电商产业园，并大力发展各地区的特色产业，创造性地提出"一村一品一店"模式；沙集镇依靠当地有创业精神的农民和企业家等能人志士，发展门槛低的家具产业，并带动了家具相关配套产业的发展。

4. 传统产业发展有差异

如果一个地区在发展农村电子商务时有传统产业的支撑，那么其电子商务会在传统产业的基础上会得到快速的发展。在上述中国典型的农村电子商务模式中，"遂昌模式""清河模式""临安模式"在传统产业方面较具有代表性。遂昌县生态环境优越，生产竹炭、烤薯等特色产品，有一定的产业基础，之后随着电子商务的发展，逐渐对传统产业进行电子商务化；清河县传统的羊绒产业闻名全球，羊绒产业基础雄厚，在早期就有健全的产业链，依靠强大的传统产业市场，再加上合适的电商发展模式，其电子商务迅速崛起；临安市种植山核桃已经有600年之久，有"山核桃之乡"的美名，具有一定的产业基础，容易打开知名度，树立自己的品牌特色，除了盛产山核桃，临安市有核桃加工厂，后来在电子商务的推动下，临安市的山核桃和坚果炒货更是闻名全国。这三个典型模式都有特色传统产业的支撑，为其在电商发展方面提供了绝佳的产品种类选择。另外，传统产业经过较长时间的发展，已经形成了初具规模的市场，在发展农村电子商务时容易在市场中打开知名度，从而打造出当地的品牌特色。但是，即使没有传统产业的助力，仍然可以发展电子商务并能发展得很好，例如，沙集镇依靠门槛低的家具产业、宿迁市依靠完善的电商产业园和特色产品、桐庐依靠发达的物流、武功县依托优越的地理位置，这些地区都充分地结合自身的优势特点发展农村电子商务，并且都取得了不错的成绩。

经过对上述电商模式的共性和差异性进行分析，得到以下一些启示：每个电商模式都各具特色，各个地区在借鉴其发展经验时一定不能生搬硬套，一定要结合本地的特点，探索出真正适合自身的电商发展模式。例如，"遂昌模式"之所以能取得如此大的成功，主要是因为存在带头人主导、有良好的电商发展环境、有遂网等综合性的中介组织，如果其他地区想要模仿复制遂昌的电商发展模式，最关键、最重要的是要能建立遂昌网店协会、赶街网等资源统筹能力强的综合组织，带动当地电商发展；"通榆模式"适合一些电商电商薄弱、品牌程度低、网商稀少的地区，前提是要有电商发展带头人，并引入第三方专业电商公司开展产品运营；"清河模式"适合传统产业比较强的地区；"成县模式"各地都可以参考，尤其是产品非常有特色的地区，这种模式主要是依靠政府，由政府出面保证产品质量，提供公众认可度；"武功模式"适合交通发达便利的地区，可以利用地域优势整合各方物产资源，突破当地资源不足的约束。

第四节 现阶段中国农村电子商务发展的主要问题

在目前电子商务快速发展的大形势下，农村电子商务发展势头十分强劲，在改善农民生活、带动更多青年返乡创业、巩固脱贫攻坚成果、加速农村产业转型、实现农村现代化等方面发挥着至关重要的推动作用。但目前中国农村电子商务的发展中存在许多问题，影响着当前农村电子商务的持续健康发展和稳定繁荣，主要体现在以下几个方面：

一　农村地区基础配套设施薄弱

现阶段，中国部分地区农村网络、物流等电商基础配套设施相对薄弱，是严重限制农村电子商务发展的重要因素，这些薄弱的基础设施阻碍了电商发展进度。另外，农村地区的互联网覆盖率和城市相比处于劣势地位，并且相关设施不集中，修建信息网络的成本较高，许多农村地区除了物流方面存在"最后一公里"问题，网络设施方面也存在"最后一公里"问题。对此，应该进一步加大基础配套设施的建设力度，加快完善相关基础设施的构建。首先，需要增加修建农村网络设施的资金。因为大多数农村电子商务基础设施属于公共物品，因此需要政府投入大量资金促进建设。其次，对于不属于公共物品的设施，政府可以考虑出台政策，鼓励社会资本参与投融资，进而提高中国农村网络的覆盖率，对基础设施加大政策以及资金扶持。最后，完善发达的物流设施是农村电子商务快速发展的重要保障，所以政府应该针对物流出台一系列的政策，并在有需要时给予一定的财政补贴，逐步建立县、乡、村综合服务体系，解决"最后一公里"的配送问题。

二　各个主体之间未能明确职能分工

任何一项工程都需要多主体共同合作，中国的农村电子商务就是政府、企业、电商平台、农户等多元主体共同合作，充分发挥各主体优势推进电商发展。要想使农村电子商务能够迅速发展壮大，就必须要协调好政府、企业、电商平台等主体之间的关系，加强各个主体之间的合作。农村电子商务是一个巨大的系统工程，其有序、规范的发展离不开各要素之间的良好整合，但目前各个电商主体之间还未形成良好的合作互动和协调机制，在政策的出台和落实过程中没有明确的责任主体而相互推脱。这就需要各主体间要明确各自的职能分工，强化自身职责、发挥各自优势，形成政企合作、全民参与、整体联动的长效机制。

三 产品规模化与小农户分散生产存在矛盾

目前许多电商平台对农产品有持续稳定供给、生产规模化等基本要求，农产品生产供给方要能够持续、大量、稳定地向电商平台提供农产品。但是，目前中国许多农村地区"小农经济"仍占主体地位，"小农经济"的存在会导致出现生产主体分散、土地资源分散、农业生产组织化程度低等问题。由于单一家庭的农户生产经营、产品供给能力有限，这就导致不能集中大规模地、有组织化地生产农产品，难以满足电商平台要求的产品稳定供给、生产规模化等要求，这在很大程度上会阻碍该地农村电子商务的发展进程。

四 产品标准化与小农户粗放经营存在矛盾

电商平台要求整个交易过程要高效、便捷、方便集中管理，因此对在电商平台上销售的农产品要求实现标准化。而目前由于家庭小农户经营仍然占大多数，农产品很难集中进行大规模生产，再加上一些地区农业生产中的组织化、信息化程度比较低，生产农户的文化程度等方面的素养也相对偏低，导致他们所采用的生产技术、生产方式都还是沿用传统的方式。农民无法有效地监控农产品的生产过程，最终导致农产品在质量、外观等方面存在很大的差异性，不能达到电商平台的标准化要求，进而影响农产品的电商销售。

五 农村电子商务专业人才不充足

农业现代化的发展离不开优秀人才，农村电子商务的发展更是离不开电商人才，许多农村地区电商人才严重短缺。随着农村电子商务的大力提倡，部分农村青年选择了回乡创业，但是电子商务专业人才仍存在着很大的欠缺，这已经成为限制农村电子商务快速发展的主要因素。这种现象发生的主要原因有：一是农村地区工资待遇普遍较低，很难引进大量的专业人才。并且与大城市相比，农村生活条件相对较差，经济发展水平也比较落后，从事农村电子商务的员工工资水平较低，因此很难吸引并留下电商专业人才。二是许多农民的学历水平不高，难以教育出具有高水平的技术人员。再加上农村地区教育水平落后，导致电商专业人才的培养工作变得更加困难，对从事电子商务工作的员工的要求不是只会上网就行，而是需要产品设计、运营和计算机等各个领域的高水平专业人才。

六 农产品网销品牌缺乏影响力

近些年，中国经济发展迅猛，人们生活水平也随之不断提高，越来越看重品牌的重要性，消费者也更加重视农产品的质量。然而，目前中国农产品同质化现象很严重，许多产品模仿一些比较知名的品牌，没有自身的特色，很难满足消费者的需求，这导致农村电子商务的发展存在着很大的阻碍因素。其主要原因有：一是许多农产品经营主体自身没有品牌意识。很多地区的电商仍处于起步期和发展期，其经营主体没有品牌意识，模仿他人的现象普遍，销售的产品之间没有很大的差异，并且没有显著的品牌特色。二是许多农户在经营农产品时都比较分散化，导致品牌认同度不高。当前农户在生产种植农产品时呈现出明显的分散化特征，很难统一农产品的采购、包装、运输、销售等各个环节，这样就会出现即使是同类产品，但是它们的销售价格和质量也有很大的不同，消费者对农产品的认可度不高，没有品牌就导致该类农产品很难打开网络市场。

七 小农户处于弱势地位

在政府及社会各界的共同努力之下，中国农产品电商发展趋势良好，小农户也因此得到了收益。但是小农户的利益保障仍然面临着一些问题。目前中国农村电商的发展是被阿里、京东等各电商巨头主导的模式，在这种模式之下，小农户只是整个农产品电商供应链的一个环节，负责从事农产品生产的初端工作，技术含量和附加值都比较低。作为供应链的前端环节，小农户往往对价格和供求信息不敏感，又由于农产品同质化的特点，所以农户没有议价能力，只能被动接受电商平台的收购价格，成为整个电商体系中的利润贡献者。小农户和电商平台的交易关系是一种不对等的关系，小农户处于相对弱势的地位。长此以往，这些都不利于中国农村电子商务的健康发展。以此亟须探讨电商平台主导之外的模式作为现有主导模式之下的补充，来切实提高小农户的话语权和利益保障，使其成为电商供应链中的主动参与者，从而确保农村电子商务的健康全面发展，更好地发挥农村电子商务在乡村振兴中的积极作用。

在当前农村电子商务的经营主体中，小农户是人数最多、经营问题最大的主体。当前，在中国农村地区创新发展电子商务模式过程中，有些地区并没有充分结合各自地区的真实情况开展电商宣传工作，当地的电商氛围不够浓重，导致许多地区发展电商模式时不知道如何下手，许多农民和当地企业对电商的认识不足，很难充分调动他（它）们发展电子商务的积极性。现阶段农民对电子商务的认知还不够清晰明确，再加上农村地区在技术、资金、人力等方面的缺乏，很难对以上问题进行彻底改进，现有农村电子商务模式与实际情况不相适应，因此亟须创新农村电子商务发展模式。

第六章　中国农村电子商务发展现状调研
——以河南省为例

第一节　河南省省情介绍

一　自然地理

河南省地处中国中部，位于黄河中下游，总面积约16.7万平方公里。地势西高东低，三面环山，中东部为黄淮海冲积平原，西南部为南阳盆地。山地丘陵占总面积的55.7%，平原盆地占总面积的44.3%。全省海拔最高2413.8米，为灵宝境内的老鸦岔，海拔最低处仅有23.2米，位于固始县淮河出省处。

二　资源环境

河南省大部分地区属于暖温带气候，最显著特征为四季分明、雨热同期，全年平均气温约为12.7℃—16.2℃，年均降水量为461.1—1144.2毫米，全年平均日照时长数为1501.7—2253.3小时。河南是中国唯一地跨长江、淮河、黄河、海河四大流域的省份，地形地貌和水资源分布情况是中国的一个缩影。气候条件和自然环境资源都非常适合农作物的生长，也为省内农产品电子商务的发展提供了有利的自然条件。

三　人口分布

河南省辖内共有郑州、开封等17个省辖市，1个省直辖县，21个县级市，83个县，53个市辖区，1791个乡镇，47000多个村庄。截至2019

年末，河南省总人口达 10952 万人，常住人口约 9640 万人，常住人口城镇化率达到 53.2%。2019 年，全省居民人均可支配收入达 23902.68 元。发展农村电子商务的潜力巨大、空间广阔。

四 经济实力

河南省经济实力总体较强，2019 年全省生产总值 54259.20 亿元、比上年增长 7.0%，增速高于全国平均水平 0.9 个百分点，经济总量继续保持全国第 5 位、中西部省份首位。河南省是传统农业大省，也是中国重要的粮食主产区，全省耕地面积共 12168.34 万亩，如图 6—1 所示。位列全国第三，河南省用占全国 1/16 的耕地，生产了全国 1/4 的小麦、1/10 的粮食，连续多年来粮食产量保持在 1100 亿斤以上，不仅解决了河南 1 亿多人口的吃饭问题，每年还调出 400 亿斤原粮和加工制成品，为保证国家粮食安全作出了突出贡献。丰富的土壤耕地资源为农业生产提供了良好的条件，粮、棉、油等主要农产品的年均产量都均居全国前列，河南省内特色农产品约有 3000 多种，具有丰富的特色农产品资源优势，其中茶叶、花生、花卉、苗木、食用菌、芝麻、中药材等优质农产品的产量规模居于全国前列，有 23 个农产品品牌中列入中国名牌，省内有 59 家国家农业重点龙头企业。

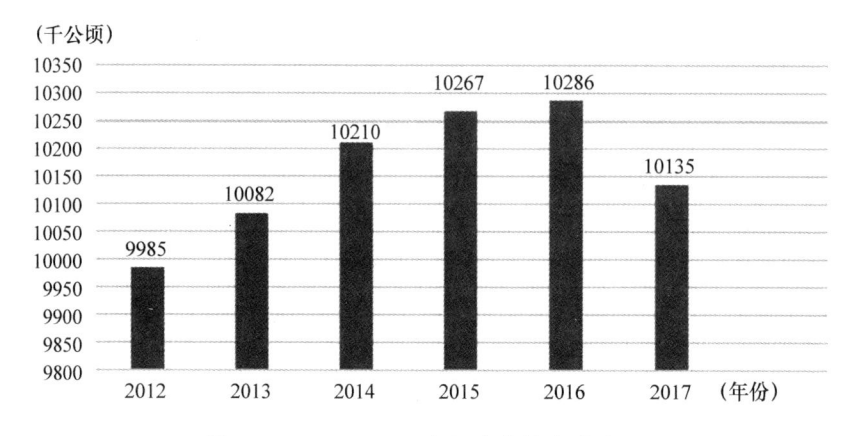

图 6—1 2012—2017 年河南省粮食种植面积

表 6—1　　　　2012—2017 年河南省粮食种植面积统计

年份	农作物播种面积（千公顷）	粮食播种面积（千公顷）	占比（%）	小麦播种面积（千公顷）	玉米播种面积（千公顷）	稻谷播种面积（千公顷）
2012	14262.2	9985.2	70.0	5340.0	3100.0	648.2
2013	14323.5	10081.8	70.4	5366.7	3203.3	641.3
2014	14378.3	10209.8	71.0	5406.4	3283.9	649.7
2015	14424.9	10267.2	71.2	5425.3	3343.9	656.0
2016	14472.3	10286.2	71.1	5465.7	3316.9	655.0
2017	14512.4	10135.0	69.9	5481.1	3320.2	655.8

数据来源：根据《2018 年河南统计年鉴》整理得出。

五　交通运输

河南是黄河流域生态保护和高质量发展先行区和核心示范区（GDP 总量全国第 5、中西部第 1），是黄河流域高质量发展的重要支撑和"脊梁"，是推动国内大循环的重要增长极和连接国内国际双循环的承接带，具有"平衡南北方，协同东中西"的作用，在交通运输方面具有得天独厚的区位优势，地处中国大陆的腹部，高速公路四通八达，"米"字形高铁横穿其中，航空港综合试验区上升为国家战略，具有交通核心枢纽的地位。2019 年全省货物运输总量 21.86 亿吨，货物运输周转量 8595.74 亿吨公里。旅客运输总量 11.15 亿人次，比上年下降 1.0%。旅客运输周转量 2012.66 亿人公里，比上年增长 1.7%。机场旅客吞吐量 3184.70 万人次，比上年增长 7.7%。机场货邮吞吐量 52.42 万吨，比上年增长 1.3%。年末全省铁路营业里程 6080.26 公里，其中高铁 1915.15 公里。高速公路通车里程 6966.76 公里。[1] 如表 6-2 所示。

---

[1] 河南省人民政府门户网站，《河南省交通概况》，https://www.henan.gov.cn/2011/03-04/260824.html，2021 年 3 月 12 日。

表6—2　　　　　　　　2019年河南省交通运输主要指标

指标	单位	绝对数
货物运输总量	亿吨	21.86
铁路	亿吨	1.05
公路	亿吨	19.09
水运	亿吨	1.72
旅客运输总量	亿人	8595.74
铁路	亿人	11.15
公路	亿人	1.83
水运	亿人	9.13
机场旅客吞吐量	万人次	3184.70
机场货邮吞吐量	万吨	52.42

第二节　河南省农村电子商务的发展现状

河南历史文化悠久，是世界华人宗祖之根、华夏历史文明之源；文化灿烂，人杰地灵、名人辈出，是中国姓氏的重要发源地；资源丰富，是全国农产品主产区和重要的矿产资源大省；人口众多，是全国人口大省，劳动力资源丰富，消费市场巨大；区位优越，位居天地之中，素有"九州腹地、十省通衢"之称，是全国重要的综合交通枢纽和人流、物流、信息流中心；农业领先，是全国农业大省和粮食转化加工大省；发展较快，经济总量稳居全国第5位；潜力很大，正处于蓄势崛起、攻坚转型的关键阶段，发展活力和后劲不断增强。

河南省辖内县域经济总量占比较高，超过2.4万亿元，发展农村电子商务的潜力巨大、空间广阔。河南省商务厅及农业农村厅等部门都积极响应国家的号召，及时贯彻相关政策指导，努力将河南的农村电子商务打造位国内标杆。据统计，自2014年以来，河南省财政累计安排资金18亿元支持95个县开展电子商务进农村示范工作，实现了对国家级贫困县全覆盖。全省共建成农村电子商务服务站点23523个，累计服务覆盖7381个建档立卡贫困村。河南的农村电子商务共有超过20万家的电商企业，农村网点注册总量有3万家，部分地区网上年销售额超过1亿元，实现农产品全面网上销售，通过农村电子商务累计带动7000多人就业。截至2016年，河南辖内的7个全国首批电商示范县实现了突破66亿元的交易额。

在河南这样一个农产品资源丰富的大省，农村电子商务的出现和快速发展在很大程度上拓宽了全省农民购买工业商品和销售农产品的主要渠道，带动了农村经济的持续快速增长，解决了农产品大量出产和售卖难卖的问题，促进农民群众创业增收和就业创业方式的创新，对继续巩固和不断提升脱贫攻坚成果起到了积极的推动作用。2019年，全省电子商务交易额19439亿元，增长29.1%；网络零售额4045亿元，增长26.3%。95个国家级、省级电商进农村综合示范县（市）电商交易额991.0亿元，网络零售额442.0亿元。[①]

一 政府政策的支持

从2014年10月开始，中国商务部、国家邮政局、财政部等部门在农村政策的指导下组织开展物流快递与电子商务协同发展的试点筛选工作，河南省洛阳市在2015年成功入选第二批6个协同发展的试点城市之一，由此开始积极探索快递物流和电子商务协同发展的模式，并取得了很好的成效。但是从河南省的整体情况来看，制约河南电子商务发展的主要因素仍然是快递物流，快递物流方面存在着很多问题，如包装的过度使用影响环境、各物流之间的数据互通、快递企业的信息资源共享等。

2015年河南省为了贯彻落实11号文件。实施《河南省电子商务企业认定办法》，对已经通过认定备案的电子商务企业开展有针对性的动态化信息管理和分类指导，对于遵纪守法、信用良好、积极履行企业责任和社会义务的电子商务企业，政府在同等条件下优先给予政策性的支持。

河南省人民政府于2016年9月正式印发了《河南省人民政府关于大力发展电子商务加快培育经济新动力的若干意见》，政策主要内容是以加快推进农村电子产品商务的农业政策体制创新、管理体制创新和服务模式创新为主要发展动力，以加快调整产业结构、促进产业发展、惠及民生大

[①] 河南省商务厅网站，《2019年全省商务运行情况分析》，http://hnsswt.henan.gov.cn/2020/01-27/2004939.html，2020年2月27日。

众为主要的发展目的，大力发展"互联网+"新模式，使得河南省城乡之间的农村电子商务齐头并进，促进互联网行业和"三农"产业的联动融合式发展，实现市场需求和农业生产经营的有效衔接；全省农村电子商务专业技能型人才培养既是"互联网+"和推动现代农业发展的重要基础，又是加快推动全省农村创新发展的重要骨干力量，是加快推动全省农村电子商务繁荣发展的强大动力和重要源头。

为了进一步加强对电商基础设施的建设，2017年河南省人民政府办公厅印发了《关于深入实施"互联网+流通"行动计划的意见》，其中明确提出要加快促进河南省农村电子商务的健康有序发展，必须要全面深入推进电子商务综合应用示范试点项目的建设，要严格贯彻落实信息化进村入户试点工程的建设，积极开展省级农村物流快递的试点建设，鼓励各电子商务企业开拓农村消费市场。

为了确保电商人才的培养，河南省政府办公厅2017年印发了《河南省农村电子商务技能人才培训工作实施方案》（以下简称《方案》），该《方案》提出要在3年内对6万名农村电子商务人才进行相关专业技能的培训，培训对象包括但不限于各级农业技术协会、农村合作社、家庭农场的负责人以及农村科普带头人、种养殖大户和农村能人等职业农民，还可以是返乡就业的退伍军人、大学生、农民工等所有具有学习意愿和能力的农民。该方案明确提出要在2017年建立起初步的农村电子商务专业技能人才的培训体系。

为了更好地推进物流业转型升级，河南省认真贯彻落实《国务院办公厅关于推进电子商务与快递物流协同发展的意见》（国办发〔2018〕1号）的文件精神，河南省2019年印发出台了《关于推进电子商务与快递物流协同发展的实施意见》（豫政办〔2019〕12号），该《意见》旨在提高电子商务和快递物流的协调发展水平。

为了促进农产品上行，河南省商务厅、河南省通信管理局、河南省扶贫开发办公室等部门2019年联合印发了《关于加快推进2019年全省贫困村电商帮扶工作的通知》，该《通知》提出要选定3000个贫困村开展电商帮扶工作，促进农产品流通，打通农业上下游链条，助力贫困群众脱贫增收。

为了更好地利用农村电子商务实现精准脱贫，河南省政府还印发了一系列实施意见和办法,如《关于进一步深化"千企帮千村"精准扶贫行动的实施意见》《积极发展农村电子商务拓宽农产品销售渠道工作督查激励措施实施办法》《关于在全省开展结对帮扶贫困县工作的实施意见》等多项政策文件为我省电商发展提供良好的政策优惠,支持电商带动精准脱贫工作。如表6—3所示。

表6—3　　　　　　　　河南省电子商务政策梳理

类型	发布时间	具体文件
统筹谋划方面	2016年	《河南省人民政府关于大力发展电子商务加快培育经济新动力的若干意见》
电商基础设施	2017年	《关于深入实施"互联网+流通"行动计划的意见》
电商人才方面	2017年	《河南省农村电子商务技能人才培训工作实施方案》
物流建设方面	2019年	《关于推进电子商务与快递物流协同发展的实施意见》
农产品上行方面	2019年	《关于加快推进2019年全省贫困村电商帮扶工作的通知》
	2020年	《关于印发做细做实消费扶贫行动方案的通知》

二　网络平台的建设

河南省电子商务进农村工程已经取得了非常好的成绩。从2017年开始,河南省农村电子商务发展速度更是突飞猛进,目前已初步建成了县、乡、村三级联动的农村电子商务公共服务体系。根据河南省商务厅发布的电商进农村项目的相关数据,截至2020年11月,共有95个电商进农村综合示范县通过最终认定,这些综合示范县覆盖了全部贫困县域;累计建成的县级电商公共服务中心有121个;累计建成的乡镇电商服务站点有2.3万多个;累计投入财政扶持资金共17.2亿元。另外,阿里研究院发布的《1%的改变——2020中国淘宝村研究报告》显示,近几年全国的"淘宝村"和"淘宝镇"总规模呈逆势快速增长,截至9月底,"淘宝村"覆盖到28个省(自治区、直辖市),数量达到5425个,"淘宝镇"覆盖到27个省(自治区、直辖市),数量达到1756个。全国所有"淘宝村"和"淘宝镇"网店的年交易额超过了1万亿元,活跃的注册登记网店数量有296万个,创造了828万个就业机会。其中,河南省"淘宝村"的数量从2009年的0个增加到现在的135个,"淘宝镇"增加到94个,两者都名列全国第七。2015—2019 年河南省农村电子商务基础建设具体数据[①]。如表 6—4 所示。

表 6—4　　2015—2019 年河南省农村电子商务基础建设情况表

年份	综合示范县（个）	县级电商服务中心（个）	乡镇电商服务站（个）	村级服务点（个）	"淘宝村"（个）	"淘宝镇"（个）
2015	9	15	33	347	4	0
2016	21	22	211	4156	13	0
2017	61	59	656	10138	34	1
2018	95	84	817	13477	50	3
2019	95	121	1392	21268	75	44

在农村宽带方面，从 2015 年开始这 5 年来，我省农村地区建设 4G 基站 10 万个，4G 基站总数达到 12.9 万个，农村移动电话用户达到 4398.3 万户。河南省在是全国范围内最先实现了 20 户以上自然村光纤通信和 4G 网络的全覆盖的省份，超前完成了工业和信息化部提出的"到 2020 年年底，全国 12.29 万个建档立卡贫困村的宽带光纤网络覆盖率超过 98%"的网络扶贫目标。在网络扶贫这一方面取得了巨大的进展，为发展农村电子商务奠定了坚实的基础。

从近几年河南省农村电子商务的基础建设情况来看，目前农村电子商务相比前几年已经取得了巨大的进步。通过建设县—乡—村三级电商服务体系，能比较全面地满足企业和农村电子商务的需求，服务中心能够为企业和农民提供电商指导、培训和指导运营。县—乡—村三级服务体系的建立缩短了大市场和基层农民的距离，相关政府部门可以在这些电商平台上发布惠农政策、种养殖技术、农村电子商务的案例以及如何开展电商等信息，使更多的人了解到什么是农村电子商务，如何利用农村电子商务发家致富。基层电商服务站由于离基层农民距离更近，可以将了解到的相关信

[①] 河南省政府官网。

息对村内群众观进行宣传、鼓励参与，加大信息在农村的传播力度。三级电商服务体系相关平台可以将地方的产品和特色在网站上展示宣传，提高当地知名度。另外，电商平台可以更快捷地让农民获取农业相关信息，了解农产品的市场需求，很大程度上减少了信息不对称，拓宽农产品的销售渠道，使基层群众可以跨越时间和地域的限制与消费者进行交谈，顺利地销售产品。总之，三层农村电子商务平台体系的建立可以使更多的基层人员有机会参与到农村电子商务这一队伍中来，让农村电子商务这一时代产物惠及每一个基层农民，也进一步拉动了农村经济的增长，促进实现"乡村振兴"的步伐。

三 物流体系的建设

快递物流是实现电子商务迅猛发展必不可少的一个因素，和快递物流相关的配套基础设施越完善，对电子商务的促进作用就越强。而快递物流和电子商务都是现代服务业的重要组成部分，因此物流体系也是决定现代服务业质量的关键要素。

随着河南省整体物流服务行业的发展转型升级攻坚持续深入推进，物流运输行业增长迅猛，跨境电商物流也取得了大力发展。据统计，河南省2017年全年所有快递物流配送业累计共完成10.7亿件，比往年同期增长28%，比去年全省平均经济增速高出11.6个百分点；2017年全年的快递业务收入首次突破百亿元，达到116亿元，比往年同期增长22.8%。在全省各市内，省会郑州市的快递快件业务量占全省快递业务办理总量的45.8%，在全国排名第15位；郑州市的快递办理业务收入达到58亿元，占全省快递业务总收入的49.8%，在全国排名第15位；尤其是郑州地区发往港澳台地区的快递和国际快递业务累计达到0.26亿件，比去年同期增长231%。

河南省快递综合物流服务产业转型升级取得了良好的成效，物流产业体系的飞速发展，建成校园快递综合物流服务中心1000个，安装智能化的校园快件盒1万组，建设了2000个乡镇企业快递综合物流服务站和20000个社区快递综合物流服务中心站点，开设农村快递物流公共取送点30000个，物流快递行业每年新增从业者10万名。

截至2018年12月，河南省拥有的冷藏车数量在全国排名第二，冷藏车总保有量超过了14000辆，河南还拥有全国最大的冷藏车市场——河南民权制冷工业园，这个市场占全国冷藏车市场的40%以上；河南省的冷库保有量也位居全国第二，冷库总面积大于84万平方米。之后需要进一步加强建设冷链经营管理信息服务平台，支持龙头企业带头建设食品行业冷链物流平台，开发建设专业的冷链平台，实现我省传统生鲜供应的降本增效，推动生鲜供应链各环节的高效融合，促进整个生鲜行业转型升级，提高食品的供需匹配，助力中国居民消费升级，为推动我省经济的健康快速发展提供强大的市场驱动力和力量源泉。

河南部分地区将各方物流配送资源进行积极整合，根据现有的快递配送服务网点进行规范化建设，积极推进农村物流的发展。截至2020年11月，河南省累计建成具有快递收寄功能的农村电子商务服务站点和快递取送点3万多个，快递物流服务实现了所有县域和大部分乡村的覆盖。由于农产品涉及保鲜程度的问题，河南省在加快建立和逐步完善冷链仓储物流行业标准管理体系的重要基础上，制定并实施了一批基本涵盖全产业链条的冷链仓储物流运作规范和行业技术标准，构建了覆盖全国的"河南标准"冷链物流。专门出台了《河南省现代物流业发展规划》，该规划将食品冷链的发展放在了首位，提出要继续大力发展"互联网+"的冷链仓储物流，推动加快建设具有一定行业影响力的冷链信息服务平台；建设食品温度变化监测及食品质量安全追溯信息服务平台和生鲜冷链食品物流质量管理专业的信息综合服务平台，支持龙头企业强强联手共同建设食品冷链专业物流服务平台，开发专门的生鲜冷链平台，支持农贸食品生产加工企业，增强农贸批发市场与城镇配送物流企业之间的合作，构建一个在线直销平台，整合开发冷链产品配送到直销平台，开展生鲜农产品直销直供工程。

四 农产品网络销售情况

据相关数据统计资料显示，全国范围内的95个国家级、省级电商进农村综合示范县（市）共实现电商交易额991.0亿元，网络零售额442.0亿元，带动5.93万贫困人口就业创业。河南省2019年全年实现电子商务交易额19439亿元，比去年同期增长29.1%；其中网络零售额达到4045亿元，增长26.3%。2020年受到疫情影响，网上购销成为热点,网上交易大幅增长,1—9月,全省农村产品网销额已经达到490亿元,同比增长60%,其中农产品网销达到258亿元。2019年1—5月河南省电子商务进农村综合示范县的项目资金使用和建设进度情况如表6—5所示。

表6—5 河南省2019年1—5月电子商务进农村综合示范县项目进度

序号	综合示范县	截至2019年5月历年累计数			2019年1—5月累计数				历年累计完成项目投资额(万元)
		县级电商服务中心(个)	乡镇电商服务站(个)	村级电商服务点(个)	电子商务交易额(亿元)	其中:农村电子商务交易额(亿元)	网络零售额(亿元)	其中:农村网络零售额(亿元)	
1	博爱县	1	26	553	14.42	12.28	4.09	3.02	7092.09
2	封丘县	1	0	402	2.96	1.26	1.76	0.78	11323.00
3	光山县	1	19	311	14.14	5.64	8.04	2.83	2630.83
4	临颍县	2	13	290	3.03	1.07	1.61	0.48	10263.78
5	淇县	1	9	147	20.97	2.75	6.51	0.85	13920.00
6	新安县	1	11	200	9.16	1.88	1.57	0.17	6500.00
7	鄢陵县	1	12	386	34.40	27.30	14.90	11.28	6962.72
8	林州市	1	16	370	1.66	0.97	1.29	0.72	102.00
9	卢氏县	1	6	311	3.18	1.84	1.27	0.63	7971.55
10	泌阳县	1	16	228	2.29	0.27	1.20	0.04	2361.00
11	汝州市	1	20	299	6.68	1.01	0.14	0.10	6470.84
12	睢县	1	19	311	0.36	0.19	0.18	0.12	6375.00
13	台前县	3	9	280	3.45	1.61	1.34	0.70	7730.00
14	唐河县	1	16	299	12.00	5.20	11.40	5.20	72357.00
15	长垣县	1	1	206	7.52	2.19	5.14	1.49	2755.48
16	范县	1	12	400	0.47	0.16	0.43	0.13	958.33
17	滑县	1	20	580	14.20	14.20	5.41	3.64	948.56
18	淮阳县	1	20	330	20.10	9.90	8.01	5.00	11378.00
19	鲁山县	1	21	369	0.96	0.40	0.30	0.12	0.00
20	柘城县	1	5	430	19.82	10.10	23.09	101.00	1625.90

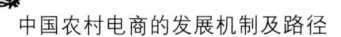

续表

序号	综合示范县	截至2019年5月历年累计数			2019年1—5月累计数				历年累计
		县级电商服务中心（个）	乡镇电商服务站（个）	村级电商服务点（个）	电子商务交易额（亿元）	其中：农村电子商务交易额（亿元）	网络零售额（亿元）	其中：农村网络零售额（亿元）	完成项目投资额（万元）
21	镇平县	1	7	373	58.00	36.90	38.00	28.50	1596.37
22	淮滨县	1	19	151	1.57	0.69	1.04	0.45	630.41
23	洛宁县	1	9	139	3.39	1.19	1.18	0.41	1807.00
24	民权县	1	15	134	2.40	0.98	0.90	0.43	1046.33
25	内乡县	1	4	151	20.24	12.65	4.99	3.50	1545.43
26	宁陵县	1	14	189	1.42	0.88	0.71	0.38	774.31
27	确山县	1	10	128	1.14	0.68	0.00	0.00	1120.30
28	汝阳县	1	7	120	0.28	0.28	0.21	0.21	947.46
29	商水县	1	10	200	17.24	3.83	4.74	1.06	783.24
30	嵩县	1	14	79	2.15	4.45	0.35	0.20	1496.00
31	太康县	1	22	241	12.75	2.36	3.32	0.76	1681.99
32	桐柏县	2	24	229	17.93	6.42	6.72	2.46	2004.68
33	淅川县	1	2	336	9.76	1.43	3.05	0.62	819.85
34	虞城县	1	5	124	5.26	3.68	1.70	0.86	1109.29
35	郸城县	0	13	0	0.00	0.00	0.00	0.00	0.00
36	南召县	0	0	0	1.63	0.59	0.99	0.38	0.00
37	沈丘县	1	32	553	3.69	1.73	2.79	1.37	9005.00
38	遂平县	1	2	79	1.01	0.49	1.01	0.49	141.68
39	西平县	0	9	12	16.73	4.63	3.42	2.44	0.00
40	新蔡县	3	3	3	0.00	0.00	0.00	0.00	50.00
41	扶沟县	1	12	253	4.90	4.90	2.00	2.00	629.28
42	兰考县	1	9	307	6.49	1.62	4.68	1.21	36028.00
43	方城县	1	15	226	15.79	8.19	3.22	1.63	1760.00
44	固始县	1	28	242	16.10	5.43	11.16	3.82	604.59
45	横川县	1	30	59	0.23	0.18	0.21	0.18	696.89

续表

序号	综合示范县	截至2019年5月历年累计数			2019年1—5月累计数				历年累计完成项目投资额（万元）
		县级电商服务中心（个）	乡镇电商服务站（个）	村级电商服务点（个）	电子商务交易额（亿元）	其中：农村电子商务交易额（亿元）	网络零售额（亿元）	其中：农村网络零售额（亿元）	
46	获嘉县	1	4	165	0.67	0.17	0.51	0.18	493.13
47	灵宝市	1	14	327	1.34	1.34	0.53	0.53	445.67
48	鹿邑县	1	4	467	6.69	2.68	3.68	1.83	430.88
49	栾川县	1	15	78	1.44	1.17	0.26	0.24	2172.27
50	内黄县	1	17	120	5.65	1.92	1.93	0.63	1031.18
51	平舆县	1	48	266	15.50	3.17	4.75	1.51	104.55
52	濮阳县	1	20	403	7.40	2.56	1.44	0.42	1262.61
53	杞县	1	10	106	6.42	3.34	2.39	1.25	910.70
54	商城县	1	20	88	3.30	1.95	1.63	0.60	3608.00
55	上蔡县	1	22	366	12.40	3.81	3.90	1.90	8135.00
56	社旗县	1	16	107	4.20	2.00	3.20	1.10	484.50
57	温县	2	11	165	11.02	6.55	5.54	3.31	22232.00
58	武陟县	2	9	191	8.80	4.08	3.01	1.15	18340.30
59	西华县	1	0	300	1.40	0.66	0.81	0.44	1150.00
60	西峡县	1	16	83	22.47	10.30	2.93	1.30	1404.00
61	新密县	1	5	206	5.53	0.23	3.47	0.09	989.24
62	新县	1	17	91	3.35	1.34	1.74	0.64	996.00
63	新乡县	1	1	178	1.30	0.76	1.10	0.70	849.13
64	延津县	1	4	181	0.75	0.58	0.64	0.41	1215.00
65	宜阳县	1	15	195	0.93	0.39	0.48	0.28	1986.45
66	永城市	1	30	156	16.45	0.96	10.41	0.55	639.10
67	长葛市	2	6	100	103.40	20.52	63.66	27.64	504.45
68	宝丰县	1	10	150	0.73	0.00	0.39	0.00	540.00
69	浚县	1	2	60	4.75	0.96	1.01	0.19	695.31
70	孟津县	1	6	80	1.34	0.63	0.55	0.44	870.00

续表

序号	综合示范县	截至2019年5月历年累计数			2019年1—5月累计数				历年累计
		县级电商服务中心（个）	乡镇电商服务站（个）	村级电商服务点（个）	电子商务交易额（亿元）	其中：农村电子商务交易额（亿元）	网络零售额（亿元）	其中：农村网络零售额（亿元）	完成项目投资额（万元）
71	渑池县	1	12	77	3.75	3.75	0.08	0.08	2285.70
72	南乐县	1	5	95	0.84	0.73	0.78	0.72	524.00
73	卫辉县	1	2	72	2.90	0.42	0.76	0.12	342.90
74	尉氏县	1	19	75	2.93	2.20	1.27	1.29	179.64
75	息县	1	23	127	1.35	0.24	0.91	0.14	471.09
76	夏邑县	1	29	622	4.67	2.59	1.31	1.09	318.66
77	新野县	1	15	65	19.40	6.40	7.60	2.78	0.00
78	新郑市	1	4	80	2.07	0.30	0.20	0.08	528.84
79	叶县	1	2	124	0.52	0.36	0.16	0.16	660.92
80	伊川县	1	15	156	2.45	0.09	0.31	0.00	740.00
81	荥阳县	1	5	87	3.74	0.37	0.27	0.02	1472.00
82	正阳县	2	19	91	0.59	0.12	0.47	0.31	900.00
83	邓州市	1	3	136	3.65	1.24	1.77	0.66	60.00
84	辉县市	1	0	488	1.01	0.26	0.60	0.19	220.00
85	郏县	0	15	0	1.17	0.57	0.15	0.07	0.00
86	罗山县	1	17	7	0.90	1.09	0.81	0.86	0.00
87	泌阳市	1	0	42	0.27	0.22	0.04	0.04	0.00
88	清丰县	1	8	215	5.52	0.43	1.58	0.43	41.00
89	汝南县	0	4	6	14.31	4.70	3.66	1.70	80.00
90	汤阴县	0	0	0	3.02	1.10	1.96	0.16	0.00
91	舞阳县	0	0	0	0.00	0.00	0.00	0.00	0.00
92	项城市	0	0	0	0.41	0.21	0.06	0.02	0.00
93	偃师市	1	7	110	0.43	0.11	0.14	0.01	300.00
94	禹州市	0	22	367	68.70	0.81	1.04	1.04	0.10
95	原阳县	1	6	97	0.08	0.08	0.00	0.00	0.00
总计		96	1140	18798	803.79	304.78	340.04	159.96	326618.60

表6—5中展示了河南省2019年1—5月各电子商务进农村综合示范项目的建设进度和资金使用情况，清晰地列示出了各个示范县的县级电子商务服务中心的个数、乡镇电子商务服务站的数量、村级服务站点的个数，并统计出了2019年1—5月各个电子商务示范县的电子商务交易额、网络零售额、农村电子商务交易额、农村网络零售额以及历年完成的项目投资额等相关数据。从表中所显示出的95个示范县的数据可以看出，近些年河南省农村电子商务示范县取得了很大的成果，规模在逐渐地发展壮大。

五　特色农业的发展

河南是农业大省，具有良好的农业资源，要合理、充分地进行利用。为了积极响应国家的号召，促进广大农民实现脱贫增收，维持农村经济的健康稳定发展，河南省一直在积极采取多种措施促进农村经济的长足发展。如坚持发展特色农业，以"四优四化"为工作重点，以农业供给侧结构性改革为工作主线，大力发展包括花生、草畜、小麦、林果等十大优势特色农业产业，优化调整农业产业发展结构，打造出具有优势特色的农产品品牌，促进农业产业加速转型升级，带动更多贫困地区的群众增收脱贫；加快培育发展乡村特色旅游业，培育打造10个旅游扶贫示范县、100个乡村旅游特色示范县、1000家旅游扶贫示范户，从而带动上万名的贫困人口实现脱贫，深入推进"十百千万"工程，力争全省依靠旅游带动脱贫人数达到32万人；结合当地的自然资源和特色产业发展的基础，结合人民群众的发展意愿，因地制宜制定旅游脱贫方案措施。

在发展优势特色农业方面，河南省目前形成了"一县一业""一村一品"发展局面。按照产业布局区域化、生产标准化、经营规模化、方式绿色化、发展产业化、产品品牌化的总体发展思路，参照自然资源禀赋重点发展包括优质小麦、草畜、花生、林果、花木、蔬菜、茶叶、中药材、食用菌、水产品等具有地方特色优势的农业产业，以此来推动贫困地区的种养殖业成功升级转型。据统计，截至2020年11月，在贫困地区发展优质专用小麦653万亩、中药材350万亩、优质饲草作物69.4万亩、稻渔综合种养95万亩，分别占全省种植作物的47%、81%、55%、91%。此外河南省将特色农产品的初加工和深加工作为延伸农业产业链、提升产品附加值、打造优质农产品供应链的手段，从而促进贫困地区特色农产品的升级转型。河南利用产业集群来发挥农业产业优势，建立了豫西南肉牛、伏牛山香菇2个国家级特色产业集群，51个国家级农业产业发展强镇，64个国家、升级特色农业产业园，打造了柘城辣椒、汝阳红薯等44个国家和省级特色农产品优势区，培育了600多个河南知名的农业品牌。

2019年8月19日，河南省人民政府办公厅发布《关于深入推进农业供给侧结构性改革大力发展优势特色农业的意见》，《意见》提出，将围绕小麦、花生、草畜、林果、蔬菜、花木、茶叶、食用菌、中药材、水产品打造十大优势特色农业基地，到2025年，优势特色农业发展取得重大进展，十大优势特色农业产值达到6500亿元；产业结构基本适应市场需求，粮经饲结构调整到59.1∶38.5∶2.4；畜牧业产值占农业总产值比重达到35%左右；农产品加工业产值与农业总产值之比达到4.5∶1左右；农村居民人均可支配收入超过全国平均水平，基本实现农业大省向农业强省转变。

六　电商人才的培育

具有专业技能的农村电子商务人才是现代农业走"互联网＋"发展道路的重要支撑，也是促进中国现代农业和新农村建设的核心骨干力量。农产品上行离不开人才的助力，电商创业、产业发展也需要人才，在电商的发展过程中，基本上每一个环节都需要人才。为了切实做好培养农村电子商务专业人才的培养管理工作，2018年河南省培养农村电子商务专业技能人才的培训基础配套设施条件和硬条件设备得到了明显的优化改善；2019年全省培养农村电子商务人才的基础配套设施、制度体系和政策服务环境都得到了进一步的优化完善。

近年来河南省政府不断地加强对网络信息建设，如图6—2所示，河南省网民数量从2013年的5803万人增长到2017年的8121万人。农村网民从2013年2205万人增加到2017年的2543万人，增长了15.3%，取得了显著的成果，可以看出河南省农产品网络营销市场的发展空间巨大，网民规模的增大为开展农村电子商务提供了消费者资源和市场资源。

河南省农村人口受教育程度低也是制约河南省农村电子商务发展的影响因素，为了让人口受教育水平提高，近几年河南省政府也加大了对教育

第六章 中国农村电子商务发展现状调研

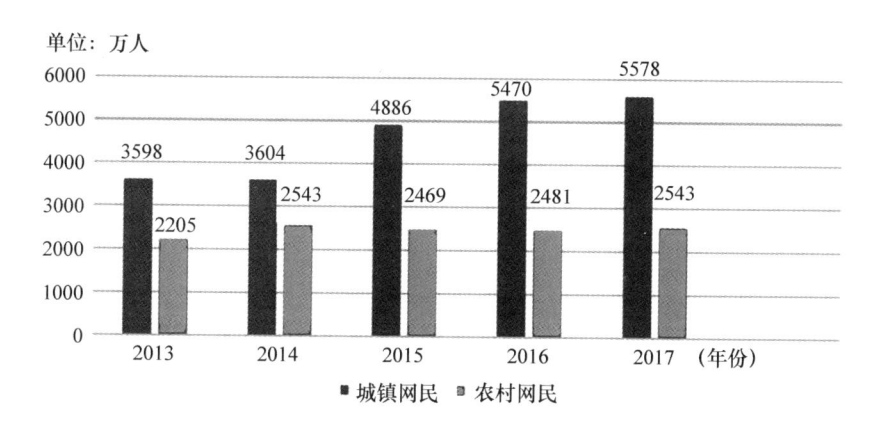

图6—2 2013—2017年河南城乡网民规模

的投入。如表6—6所示，截至2017年底，河南省各级各类院校中，初中共有4515所，高中共有1602所，高中在校生高达338.72万人，中专/技校78所，初高中和中专/技校在读人数有133.23万人；河南共有高等学校172所，有高职高专院校共79所，本科学校55所，成人高等学校11所，研究生机构27处①。河南省高职高专院校平均每个学校在校生8460人，本科院校平均每个学校在校生24235人，全省普通高校校均人数位14935人。这些院校培养的学生都为本省农村电子商务的快速发展提供了人才储备。

表6—6　　　　　　　2017年河南省各类院校数量

指标	指标分类	频数
河南省院校	初中	4515
	高中	1602
	中专/技校	789
	大专/成校	90
	本科及以上	82

---

① 参见《2018河南统计年鉴》。

河南省也非常重视农村电子商务领域的职业培训。据相关统计书籍显示，截至2018年初，在河南省开展的电子商务进农村项目中，接受过农村电子商务培训的人数达到40多万人，农村从事电商的人数比2017年增加了14万人，从事农村电子商务行业总人数达到了20多万人。河南省为培养人才在各个地区组织电商人员技能培训，为深入贯彻落实省政府印发的《关于印发河南省农村电子商务技能人才培训实施方案的通知》以及河南省科普工作的有关会议精神，河南省科协调研组2017年到漯河市调研当地农村电子商务专业技能人才的培训工作，调研期间强调各地市需要认真实施农村电子商务专业技能人才培训的各项工作。2018年，济源市科协开展电商知识下乡宣传推广活动，在农村发展电商既能让当地的农产品上行外销，又能为农村居民日常生活的需求提供帮助，还能助力于精准扶贫；汝州市对农村电子商务专业技能人才进行专门培训，来自汝州市各个乡镇的农村青年致富带头人、个人淘宝店店主、农民、企业电商运营人员、协会会员等78人参加了培训。2019年，在兰考县小宋乡红薯协会育苗基地，举办了第三期农村电子商务技能人才培训，种植户、农产品销售人员、村干部以及农资供应商等40余人参加培训。

当前中国农民上网现象越来越普遍，但是很多农民上网的目的是休闲娱乐，而且贫困农民更加安于现状，缺乏对新鲜事物的了解兴趣，不能够利用互联网进行农产品销售。他们在购买商品和销售农产品时大多数仍采用的是传统的交易方式，这大大限制了他们通过农产品增收创收的途径。因此，对有学习能力的农村居民进行电商培训，让他们接触、了解、熟悉新的增收方式，这会对农村居民脱贫致富奔小康带来很大的助推作用。

在农业技术协会和科普示范基地的帮扶下，通过对农村电子商务专业技术人才进行培训教育，可以带动部分贫困户利用农村电子商务进行创业就业，提高收入摆脱贫困。截至2020年11月，我省已累计对21万多名乡村干部和第一书记进行了全面轮训，对12万有能力有意愿的返乡青年、退伍军人、贫困户等进行了免费培训，培育了5700多名电商扶贫带头人。

七 农产品品牌的发展

近年来河南省委、省政府牢记习近平总书记殷殷嘱托，扛牢国家粮食安全政治责任，深入实施质量兴农、绿色兴农、品牌强农战略。着力开展转型升级、质量标准、绿色发展和品牌培育"四大行动",努力提升产品质量、产品品质、产品档次和产品价值。截至目前,河南农业已拥有"中国驰名商标"78个、省级知名品牌400个、"三品一标"4429个,越来越多的农业品牌正在叫响全国。如表6—7所示。

表6—7　　　　　　　　河南农业品牌数量统计

类别	数量（个）
中国农产品百强标志性品牌	1
中国驰名商标	78
省级知名品牌	400
"三品一标"	4429

河南省内有许多良好的农产品资源,部分知名农产品品牌初具规模。例如:洛阳牡丹、新郑大枣、菊花、怀山药、开封花生、原阳大米、灵宝苹果、中牟白蒜、许昌腐竹等。比如,新郑市将200多家各种类型的红枣加工生产企业进行集聚发展,形成了以好想你枣业为核心的中国红枣生产加工产业集群,累计每年能加工红枣8万吨。2017年在洛阳市培育牡丹花卉产业的企业总数达到272家,洛阳市花卉牡丹产业发展总产值达到约240亿元。

通过蓄力奋发,河南的农产品品牌影响力不断扩大。2018年,在农业部公布的第一批农产品地理标志认证登记的产品中,河南省占据19个名额,位列全国榜首。河南省新郑红枣、洛阳牡丹作为各自行业领域的领先者,享誉盛名并不断带动其周边产业的发展。信阳毛尖借助其独特的地理环境,在茶叶领域也占有一席之地,同时带动其当地旅游经济发展,提供了大量就业机会。漯河市形成食品产业集聚,不仅有卫龙、双汇等龙头企业的带动,也有南街村等老品牌促进。漯河市借助当地食品品牌优势,开展食品博览会,吸引国内外人员积极参与,使漯河市的名声不断扩大。在食品方面,更有白象、三全、花花牛等知名品牌的快速发展,也不断占据国人厨房。河南省农产品品牌的影响力正在随着企业的不断发展而扩大,也正在从单一品类向多品类、高层次发展。

第三节 河南省农村电子商务发展的成功案例分析

近年来,河南省在积极探索发展农村电子商务的同时涌现出很多成功经验,探索和创新出了多个农村电子商务的发展模式,如淇县的"电商+快递+供应链"发展模式,武陟县的"产销精准对接"模式,光山县利用两次农村综合示范创建的良好契机,综合施策,闯出了"电商+产业+服务"模式,同时,也始终坚持走科技品牌强农之路,打造了"光山十宝""原本卢氏""老家镇平""水源西峡""博爱七贤""朝歌印象""淅有山川""新县味""乡土大别山"等多个知名网货品牌。特色农业、农村电子商务的发展显然成为助力农村脱贫摘帽、脱贫攻坚、实现乡村振兴的重要途径之一。

一 光山县探索"电子商务+县域经济发展"的新路径

光山县位于河南省东南部,鄂豫皖三省交界地带,山清水秀,四季分明,物产丰富。总面积1835平方公里,现辖22个乡镇(街区)360个村(社区),总人口86万人。近年来,借助"互联网+"东风,光山县积极推进电子商务进农村综合示范县,大胆探索农村电子商务的发展,开辟了"电子商务+县域经济发展"新路径,取得了明显成效。

1. 健全电商组织,给予政策扶持

县里专门成立电子商务进农村综合示范和电商扶贫工作领导组,成立县电子商务协会、速递物流协会等8个社会组织,给各乡镇配备电商专职人员,从事农村电子商务工作。并且出台一系列支持电商发展的优惠政策,如《羽绒电商奖励十条》《电子商务奖励20条》《关于开展电商精准扶贫的实施意见》等。为了民众和企业参与电商发展的积极性,每年开展"五十佳"(十佳电商企业、十佳电商服务企业、十佳网货生产企业、十佳电商扶贫企业、十佳电商服务单位)评选活动,对电子商务产业发展给予奖励。实施企业服务员制度,26个县直部门为电商企业提供保姆式服务,让企业放心、放手做好电商事业。

2. 丰富交易产品，形成产业支撑

县财政每年拿出100万元用于羽绒服装新款开发，带动全民开发新品上千款，极大地丰富了光山羽绒服装网货品类；拓展开发糍粑、月饼、咸麻鸭蛋、黑猪腊肉、红薯粉条、甜米酒等农副产品组成"光山十宝"。同时开发上线"光山十小宝"、乡镇开发"十大精品"，形成"光山网货"系列，提升光山农产品竞争力。建立"光山十宝"、"光山十小宝"等加工基地56个，全力打造农副产品完整产业链，形成光山电商发展的支柱产业。

3. 搭建电商服务平台，加强企业合作

目前电商产业园入驻企业102家，对入驻企业实行"五免一补"；园区建立有电商运营中心等7个服务中心，全方位服务全县电商发展。建成"光绒网"平台，"易采光山"手机APP成功上线运行。构建"一村一品一店"，已建成村电商精准扶贫服务中心50多个、村级服务点306个。与阿里巴巴、今日头条、京东、苏宁易购、中国网库、拼多多等平台合作，利用平台优势，多渠道销售光山本土产品。与腾讯、百度、新浪、北大方正等公司合作，加大本地产品的网络推广宣传力度。

4. 进行电商专业培训，培养电商带头人

在电商人才保障方面，全县累计举办电商专业培训班126期，培训学员6300多人，这些学员大都成为专业卖家，有20%已成为实业家，由单一卖产品发展为集产品研发、生产加工、销售服务为一体实体经营者，这些人已成为光山经济社会发展的主力军，成为光山扶贫攻坚的先锋，更是致富奔小康的带头人。

光山县在做大做强羽绒服装电商的同时，积极推动农副产品上行工作，组织货源，扩大种植，鼓励群众差异化发展经营，另辟蹊径，做小而美的产品，如程星罡做臭大豆、咸辣椒、邹金津做槐花、艾蒿叶，吴闯卖红薯、板栗等，农产品电商都做得风生水起，畅销全国各地。

二 淇县推行农产品上行的电商新模式

淇县，总面积567平方公里，辖9个乡（镇、街道）、162个行政村、3个居委会，总人口30万，属省"三山一滩"扶贫重点区域。近年来，该县将电子商务作为发展农村经济、促进农村地区群众增收致富的重要举

措。目前，全县累计建成农村电子商务服务网点26个、电商扶贫产业基地9个，带动农村贫困人员创业就业340人、增收570多万元，淇县先后获得全国首批电子商务进农村综合示范县、全国"数字农业"百强县、"百县百品"中国农产品上行百强县、河南省首批农村电子商务服务业标准化试点县等多项荣誉称号。在全县上下的积极探索之下，因地施策，精准发力，有效提升了农民收入水平和致富渠道。

1. 在政策支持方面

为促进农产品上行，淇县还专门出台了加快推进电子商务发展的50项细则和支持农产品上行的30条扶持办法。具体围绕农产品流通标准化、品牌化和"三品一标"认证及农特产品分级、加工、包装、产品溯源等方面进行政策及资金支持。

2. 在电商平台建设方面

优化完善了县乡村三级电商服务网络，投资4960万元建成1个县级电商中心、9个乡级电商服务站、150个村级电商服务点，贫困村电商服务网点基本实现全覆盖，打通了产品上行与下行通道。打造电商创业就业平台，投资5000多万元高标准建设了占地30亩的民鑫电子商务创业园，使个体经营的"单打独斗"变为众多电商的"抱团发展"，使经营成本降低三成。与京东集团等7家知名平台企业合作，签订电子商务进农村合作协议，建成全国首家县级京东物流分拨中心和京东淇县特色馆、一亩田淇县农产品专区、云书网淇县馆等电商平台。

3. 在农产品品牌建设方面

深挖农产品潜力，对全县农畜产品名称、规模、产地、销售渠道等进行全面普查，登记造册规模以上农特产品6大类、110多种。推行标准化建设，通过"三品一标"认证企业100余家，农产品商标注册200多个，绿色产品认证60多个，创建冷冻食品行业企业管理、技术标准700多项，其中参与制定国家标准、行业标准100多项。实行溯源式管理，制定、推行农产品追溯管理办法，农产品可通过上网、二维码扫描等方式进行追溯，全县农产品溯源达到三级以上。培育特色化品牌，创建了适宜网销的淇县农特产品电商公用品牌"朝歌印象"，培育了"朝歌山小米""秦街黄桃""温坡花椒"等多个地方电商品牌。一系列扎实有效的工作举措，确保了农特产品卖得了、卖得快、卖得好，先后被确定为中国人民大学品牌农业研究基地和河南省农产品质量安全县、食品安全示范县。

三　武陟县构建产销精准对接的新格局

武陟县位于河南省西北部，是焦作的东南门户，与省会郑州隔河相望，县域面积805平方公里，辖15个乡镇办事处347个行政村，总人口74万，是焦作面积最大、人口最多的县。近年来，武陟县高度重视电子商务进农村工作，主动适应经济新常态，以完善农村电子商务生态、助力脱贫攻坚、培育电商人才、打造电商品牌为重点，按照政府引导、社会参与、市场运作原则，推进农产品流通现代化，打造"电商+"新业态，构建了"产销精准对接，农企互利共赢"的电商发展新格局。2019年3月被省政府推荐为"推进农产品流通现代化积极发展农村电子商务和产销对接工作典型县"；2019年7月成功申报国家级电子商务进农村综合示范县；入选"河南省首批兴农扶贫合作县域"。

1. 主抓农产品销售模式的探索实践

武陟县委、县政府始终高度重视电子商务发展工作，县委书记秦迎军在杭州全国直播代言武陟地标产品大米；县长申琳在安徽全国县域电商大会典型发言，直播推介武陟油茶、四大怀药；副县长张杰浙江全国直播推介武陟农特产品，1小时网络下单3万单，交易额超50万元。同时，积极参加全国农产品产销对接会、第21届农产品加工企业投洽会等，武陟大米签订购销合同4200万元；先后举办了首届河南省农业品牌发展峰会暨武陟大米官方旗舰店上线启动仪式、首届阿里巴巴年货节、县域生态电商节暨河南精品电商年货博览会。

2. 积极推进农产品品牌化和标准化建设

全县打造农产品标准化生产基地9个，无公害产品4个，绿色食品20个，有机产品6个，地理标志产品2个，54个村评为"一村一品"专业村，乔庙镇马宣寨村被评为全国"一村一品"专业示范村，成为全省农产品质量安全试点县。先后培育了武陟大米、武陟油茶、尼罗河、芭米、丫头片子、山药哥、思圆等农产品互联网畅销品牌，其中尼罗河品牌连续两年稳居网络同类产品全国销量第一，芭米品牌荣获"中国之星年度十佳明星品牌"。采取共享共用共推等方式，进行城市公共品牌LOGO及城市吉祥物创意设计、县域城市伴手礼开发等，叫响区域性特色农产品公共品牌。

3. 大力推行农产品"订单种植"模式

全县基本形成了"村集体组织或新型经营主体、供种企业、粮食收购企业或粮食加工企业"的优质专用小麦产业化联合体。11家新型农业经营主体签订了优质专用小麦订单种植2万亩、1万吨，种子生产企业签订了优质专用小麦订单种植2万亩、1万吨，回购价格均较普通小麦商品粮每斤高10%以上。全县共种植优质专用小麦10万亩，全部由粮食收购企业、粮食加工企业和种子供应企业进行订单收购，回购价格均较普通小麦商品粮每斤高5%以上，实现订单生产全覆盖。与河南省南海种子有限公司签订5000亩高油酸花生种子购销合同，示范基地增收150万元左右。推进粮食收储企业、加工企业、种子生产企业与种植基地的产销高效衔接。

4. 创新农业土地资源增收新路径

开展农村青年电商公益创业项目，把农村优质的闲置资源与城市需求进行重新优化匹配，利用网络技术实施"体验式消费"运营，通过单品销售和"土地定制"（一分地3000元），在全国范围内招募23个省427名"网络"地主，3年内共带动80余名村民创业，网销农产品山药、梨、草莓、桃、黑小麦、葡萄等近10个品类700余吨，创收900余万元。与百度、京东、拼多多等电商网站以及一淘、贝店、智搜农牧、菜篮网等分销平台合作，2018年共销售各类优质农副产品1200多万元，接待各类农业观光体验游客3万多人。

第四节　河南省县域电商运作情况调研

一　调研方案

为了切实了解河南省农村电子商务发展的真实情况以及电子商务进农村项目的综合实施效果，在河南省商务厅的主导下，成立专门的绩效评价小组，对河南省辖内的13个第四批国家级电子商务进农村综合示范县在电商的项目进度、建设和运行、资金使用管理以及精准扶贫等方面进行现场调研。

（1）调研时间：2019年3月11日至3月28日。

（2）调研对象：由于河南辖内的第四批电子商务进农村示范县相比非示范县，在农村电子商务发展方面有一定的基础；相比前面批次的示范县，又有很大的提升空间，通过调研可以全面地了解河南农村电子商务的总体状况。因此选取嵩县、汝阳县、洛宁县、内乡县、淅川县、桐柏县、民权县、宁陵县、虞城县、确山县、淮滨县、太康县、商水县这13个县作为调研对象。

（3）调研方式：本次调研的评价方式包括现场听取相关人员汇报；随机抽取部分项目进行实地评价；随机访谈了解电子商务的政策宣传和培训情况等。

（4）评价标准：本次调研根据当地的示范县工作实施方案、相关项目验收报告以及统计部门的实际数据等，把《商务部办公厅关于加强电子商务进农村综合示范日常监管工作的通知》和《河南省电子商务进农村综合示范绩效评价指标体系》作为评判依据。

二 调研结果

1. 嵩县

嵩县结合互联网发展趋势和当地实际情况，打造"两个协会、两个中心"：嵩县农副产品行业协会、嵩县电子商务协会、嵩县电子商务运营中心、嵩县农副产品交易中心。积极探索"政府+平台+协会+农商企业+消费者"的嵩县电商运营新模式，在电子商务领域有了一定的实践经验，但在调研中发现嵩县的电子商务进农村建设仍存在以下问题。如表6—8所示。

表6—8　　　　　　嵩县电子商务进农村建设问题清单

问题类别	具体问题表现
进度问题	● 县、乡、村三级物流体系建设进度滞后 ● 县级仓储物流中心尚未建设 ● 物流中心设施设备未采购到位

续表

问题类别		具体问题表现
建设与运行问题	公共服务中心建设与运营方面	• 县公共服务中心综合服务功能（如分拣、包装，农产品电子商务交易标准化，深度溯源等功能）尚未能充分发挥 • 为农民、农业合作社、涉农企业提供生产经营贷款等金融服务，未见相应服务记录 • 未对入驻的传统商贸企业进行充分的进、销、存的信息化管理提升改造，不利于数据统计、企业转型升级
	乡村服务站点建设与运营问题	• 现场抽查乡村服务站点，代销渠道发挥不足 • 村级服务站点台账对交易数据的统计不完整、不规范
	物流体系建设与运营问题	• 县域物流资源整合不完善，县乡村三级物流解决方案过于简化，不具有可操作性，物流整合效果（时效、成本）不明 • 无乡村物流管理制度，登记流程，问题处理流程 • 未建立冷链运输体系，无冷链设备柜、设备车、冷库
项目管理问题		• 培训管理存在不规范性。在12人的电话抽查中，1人停机，2人未接电话，1人未参加过培训外，其余8人都表示的培训内容主要是各种电商平台的介绍，网店的开设等较为基础的知识，在高级专业性培训（店铺运营，品牌培育）方面内容不多，培训的力度和深度不足 • 实地调查县电商服务中心和县物流中心没有"电子商务进农村综合示范项目"字样 • 无项目管理制度，未见现场查看项目进展情况的记录材料
资金管理问题		• 项目承办企业部分财务凭证票据提供不完整
• 电商精准扶贫问题		• 在制定的电商扶贫工作方案中，除培训总人数和建立服务站数量外没有明确的工作目标，如带动贫困户创就业数量、增收数量等。也没有完成工作目标的时间节点、负责人员、实施细则等 • 电商扶贫政策支持力度不足，各项政策落实情况不明 • 电商助力脱贫形式较单一，未形成内容多样的公共服务中心+乡村电商服务站点、电商企业、合作社+贫困户的助贫机制 • 帮扶贫困户记录不够完整，信息统计不规范

2. 汝阳县

汝阳县以电商示范项目为依托，确立了当地电子商务发展"三步走"的策略，第一步打造县域电商生态体系，完成了电子商务产业园区等电商发展基础的建设。第二步是力争产品上行，启动镇村电商打造计划，依托每个乡镇独特的产业,如刘店镇的桑蚕产业等,探索"乡村特色产业+电商"的模式。第三步是推动电商朝标准化、品牌化的方向发展,在2019年发布农特产品公共品牌——"山水汝阳"。汝阳县在积极打造电商河南标杆,但在调研中发现汝阳县的电子商务进农村建设仍存在以下问题,如表6—9所示。

表6—9　　　　　　汝阳县电子商务进农村建设问题清单

问题类别	具体问题表现
进度问题	●乡村级服务点基础建设及改造部分完成,实际运营效果尚未凸显
建设与运行问题	●县公共服务中心没有清晰地服务于农产品上行的网销团队建设,未充分发挥其促进县域农产品生产流通标准化、涉农金融服务和帮助传统商贸企业进行进销存信息化管理转型升级的功能 ●现场抽查乡村服务站点建设及运营情况时服务站点台账多为2018年12月,2019年1月等近期的记录汇总,没有更早期的数据信息。部分乡村服务站点记录上行的农产品数量很少,代销渠道发挥不足,服务点统计信息台账记录不规范,服务站点运营效果尚未凸显
项目管理问题	●受培训人员开设的网店能够真正运营产生效益的占比低,为培训人员提供的跟踪辅导、孵化服务效果不够理想 ●部分培训人员签到表存在笔迹相似的情况并且签到表上的人数和实际统计的人数不一致
资金管理问题	汝阳县电子商务进农村综合示范项目实施企业汝阳县云联乡村网络科技有限公司: ●提供的2018年9月至2019年2月的凭证未装订,财务管理不规范 ●2019年2月25日1号凭证,记录支付门头制作费28000元,未见结算清单及验收文件 ●2019年3月5日4号凭证记录支付物流园及农产品装修费用320000元,与河南全筑设计装饰工程有限公司签订的工程施工合同,总价款为320000元,付款条件约定工程完工验收合格后支付至合同总价的80%,结算完成后,付至结算款的95%,余款5%,作为质保金,质保期1年。但该款项已全部支付,未留质保金。承办企业资金支付程序不够规范
电商精准扶贫问题	●电商助贫不够精准,帮扶贫困户记录不够详细完整,信息统计不规范

3. 洛宁县

洛宁县建设乡村电子商务综合服务网点210个,实现了县、乡、村三级电商服务体系全覆盖。培育了一批传统企业转型为电商示范企业,打造电商全网营销体系,解决"卖"的问题,并且连续举办2届农民丰收节直播活动进一步提升本地农产品的知名度。洛宁县积极开拓农产品线上销售的新路径，但在调研中发现洛宁县的电子商务进农村建设仍存在以下问题。如表6—10所示。

表6—10　　　　　洛宁县电子商务进农村建设问题清单

问题类别		具体问题表现
进度问题		● 电子商务专业技能培训方面需加大培训力度，提高转化率
建设与运行问题	公共服务体系方面	● 部分站点农产品上行量少，农产品集散功能不明显 ● 部分站点不能为农民、农业合作社、涉农企业提供生产经营贷款等金融服务 ● 村级代买代卖、代存代缴等业务台账记录不完整，物流业务台账也不够完整规范 ● 县电商公共服务中心贷款金融服务机构刚刚建立，还没有开展具体业务
	农产品供应链方面	● 农产品电商企业情况摸底基本情况报告中，企业网店缺少企业名称等基本信息
	农村物流体系方面	● 缺少整合前后物流价格对比情况资料，缺少整合后物流价格与省会物流价格对比情况的资料
项目管理问题		● 洛宁县云联乡村网络科技有限公司与河南省联乡村网络科技有限公司于2018年8月14日签订的关于洛宁县电子商务进农村建立农产品质量溯源服务网站开发构建协议，软件加价格为360000元。其中第四条软件验收标准乙方验收软件的标准以双方合拟的合同附件功能说明书作为通过的根据。未见双方合拟的合同附件功能说明书 ● 电话抽查14人，其中部分人员开设的网店无销售额，后续跟踪服务、辅导孵化有待进一步加强 ● 没有统计出培训的有能力有意愿的贫困户的具体人数和信息 ● 实操培训中，持续5天的培训为内容连贯的一期培训，每人应计1人次而不是5人次，部分签到表中实际签到人数和统计人数不一致
资金管理问题		● 洛宁县云联乡村网络科技有限公司提供的财务资料中个别凭证所附报销单据有涂改，财务管理不够规范 ● 2019年3月6日6号凭证记录支付洛宁县乡镇村服务点装修费用402906元，洛宁县云联乡村网络科技有限公司与河南全筑设计装饰工程有限公司于2018年7月5日签订的工程施工合同，总价款为402906元，付款条件约定工程完工验收合格后支付至合同总价的80%，结算完成后，付至结算款的95%，余款5%，作为质保金，质保期1年。但该款项已全部支付，未留质保金。资金支付程序不规范，缺少验收文件等

续表

问题类别	具体问题表现
电商精准扶贫问题	• 上报"河南省电商扶贫信息管理系统"中的数据有不一致的地方 • 未提供充分的代购代销、代存代缴等服务覆盖方面的统计数据,无法准确计算农村电子商务扶贫网络对行政村及建档立卡贫困村的服务覆盖率 • 电商助贫精准,帮扶贫困户记录不够完整,信息统计不规范

4. 内乡县

内乡县建设了电商创业科技孵化园,目前已入驻电商企业98家,农产品网销企业36家。建设了内乡县智能化电商仓配中心,打造农产品网货加工基地,培育网货基地示范点。政府累计投资200多万元,主导组织"千人星火计划"电商培训,提供"雨露计划"资金补助,目前已培训电商学员近2000余人次。在县政府的大力支持之下,内乡县的农村电子商务工作取得了很大的成效,但在调研中发现内乡县的电子商务进农村建设仍存在以下问题。如表6—11所示。

表6—11　　　　内乡县电子商务进农村建设问题清单

问题类别	具体问题表现
进度问题	• 虽然已建立县级仓储配送中心,入驻16家物流企业,但没有确定整合主体单位并签订招标协议,尚未对物流企业进行有效整合
建设与运行问题	• 农产品上行方面,部分站点台账记录的农产品上行量少,站点农产品集散功能不明显 • 人才培训方面,根据资料结合电话抽查13人的反馈情况,虽针对各类主体、不同需求开展多层次、有针对性的培训,提供相关的增值培训,但针对电商意向从业人员的实操培训、提升培训等方面较少,转化率较低,部分受训人员开设的店铺基本无运营,培训成效不够理想 • 没有对县内快递价格进行定价明示
项目管理问题	• 公开公示方面存在欠缺,2018年11月没有更新项目进度建设 • 合同协议签订方面,一扇门控股有限公司内乡分公司分别与常山路佳商务信息咨询服务部以及常山县天奇广告工作室签订的内乡县大数据项目服务协议均无无签订人员、签订日期等合同要素,两份合同内容相同。与固原新博电子科技有限公司签订的销售合同无签订日期、签订人等合同要素,且固原新博电子科技有限公司未盖章。合同管理需要进一步加强

续表

问题类别	具体问题表现
资金管理问题	• 部分凭证票据不完整。一扇门控股有限公司内乡分公司，2019年3月10日记0008号凭证记录支付路佳商务信息咨询服务部290000元，未见付款申请、支付凭证、验收文件等相关资料。2019年3月10日记0009号凭证记录支付常山县天奇咨询工作室290000元，未见付款申请、支付凭证、验收文件等相关资料
电商精准扶贫问题	• 未对带动贫困户增收的其他来源和数额进行精准统计 • 台账记录方面，未标明所服务的村民是否为贫困户及所属的行政村，无法准确计算电商服务（代存代缴，代买代卖等）对行政村以及建档立卡贫困村的覆盖率，台账记录不够完整规范

5. 淅川县

淅川县大力发展电子商务，建立了电子商务信息产业园，发布区域农产品公共品牌"淅有山川"。建设了1个县级仓储物流配送中心，分批次对本县的农村电子商务服务点进行了升级改造，培育10家传统企业，与电商融合发展。虽然淅川县的农村电子商务发展趋势良好，但在调研中发现淅川县的电子商务进农村建设仍存在以下问题。如表6—12所示。

表6—12　　　　淅川县电子商务进农村建设问题清单

问题类别		具体问题表现
	进度问题	• 淅川县农村物流体系建设已明确建设主体、已有快递企业入驻，已实现县域局部三级物流统一配送，但物流建设主体企业还没有对物流快递企业制定整合方案及签订整合协议等，距实现全县三级配送"六统一"的目标还存在一定差距。截至评价日，淅川县建成一个乡镇级服务站点，其他的正在建设
建设与运行问题	公共服务体系方面	• 评价组现场抽查的村级服务站点中，农产品上行量小，站点台账代销记录信息少。代销渠道发挥不足，村级服务站点多平台、多渠道、多功能的整合开放能力较弱 • 根据现场查看情况，部分中央资金支持项目中购置的设备缺少"电子商务进农村综合示范项目"字样，部分乡村网点负责人的业务不够熟练
	农产品供应链方面	• 淅川县已建立溯源系统、溯源码，但没有溯源监控基地即没有可深度溯源的产品 • 淅川县电商小组制定的农产品网络流通标准不符合标准制定的规范（比如没有标准代码、开始实施的时间等）

续表

问题类别		具体问题表现
建设与运行问题	农村物流体系方面	• 淅川县有县、乡镇、村三级物流解决方案，有"菜鸟物流"整合的说明材料，但没有物流中标企业的物流整合说明材料，及中标企业整合前后的物流价格与省会城市价格对比情况 • 虽然有"菜鸟物流"的物流体系管理制度，登记流程，问题处理流程等，但是物流中标企业没有提供上述材料
项目管理问题		• 《淅川县电子商务电子商务进农村综合示范项目实施方案》提出的工作目标、时间节点不够合理，如：到2018年底，实现乡（镇）、村电子商务服务站点覆盖率60%以上，截至评价日实际建设1个乡镇、133个村级站点 • 未定期现场检查资金使用情况，无资金使用情况检查记录 • 评价组电话抽查电商培训人员13人，4人普及性培训，9人增值性培训。其中增值培训中除1人开设的店铺每月有几百元的销售额外，3人开设网店无销售额，5人没有开设网店
资金管理问题		• 河南两相信息科技有限公司的2018年8月31日2号凭证，记录现金支付品牌策划费280000元，经核查，实际为银行支付，使用会计科目错误。2018年9月30日5号凭证记录，无原始凭证 • 一扇门淅川分公司2019年3月4日开具给淅川县商务局发票号码为67005113/5114/5115/5116，金额合计为391281元的发票未加盖销售方发票专用章，为无效发票 • 河南中润肉制品有限公司2019年3月1日1，凭证显示：收到财政拨款1468500元，会计处理错误
电商精准扶贫问题		• 对有能力有意愿的贫困户和有条件的贫困村界定标准不太清晰，相应的调研报告不完整 • 村级服务点台账记录没有标明服务的村民是否为贫困户及所属的贫困村，台账记录不完整 • 企业带动建档立卡贫困户的增收数据为总人数和总金额，部分企业的增收信息中没有提供贫困户的名单和每一户的增收信息，统计信息不够详细精准

（6）桐柏县

桐柏县开发建设县域电子商务公共服务平台——"桐柏云商"，成功打造1个县级电商产业园、1个跨境电商产业孵化园、1个县级电商物流集散中心；专门成立桐柏电商培训小组、桐柏农产品上行小组为农民在店铺运营、营销推广方面提供全方位的指导和服务，全县主要产品网上展销率达到90%以上。桐柏县农村电子商务蓬勃发展，但在调研中发现桐柏县的电子商务进农村建设仍存在以下问题。如表6—13所示。

表6—13　　　　　　　　桐柏县电子商务进农村建设问题清单

问题类别	具体问题表现
进度问题	• 农村三级共同配送体系建设已确定建设主体单位，已与部分快递企业签订合作协议，但建设主体单位没有一个明确的配送整合方案，未对县域内物流资源进行有效的整合 • 县级物流配送中心由县财政出资租赁仓库一个（1680平方米），免费提供给菜鸟物流使用；由中央财政资金租赁仓库一个（1200平方米），仓库完成主体建筑，但物流设备设施没有入驻 • 物流信息数据平台已建成，但其功能为第三方物流企业货运管理系统，不符合物流信息公共服务平台建设要求
建设与运行问题	• 已招标明确农村三级物流配送建设主体单位（蓝奥科技公司）。中标单位与邮政、今达物流和菜鸟物流签有合作协议，已有快递企业入驻物流园区。但是各企业运营相对独立，距县整合方案提出的"八统一"目标有一定差距 • 现场抽查的村级服务站点中，部分站点台账记录农产品上行量小，村级服务站点发挥的代销功能不明显 • 村点配置的电脑、货架等设备显著位置没有标识"电子商务进农村综合示范项目"字样。部分标有"桐柏县电子商务服务中心"字样，标示不够规范 • 已制定县乡村物流体系管理制度、登记流程、问题处理流程，但制度内容简化，制度制定要素不全，比如缺少制定单位和时间等 • 县电商公共服务虽已建成农产品供应链管理团队，但资料中没有团队人员基本情况，没有明确的职责分工
项目管理问题	• 村级服务点基础建设及改造基本完成，实际运营效果尚未突显，部分村级服务站点和物流站点没有实现资源共享，在后续整合、运营方面应加大力度 • 电话抽查14人，1人关机，1人开设的店铺每月有1000多元的销售额，4人开设网店但无销售额，8人未开设网店，针对已培训人员的跟踪、辅导、孵化服务需进一步加强 • 投标文件：《分项报价一览表》，其中仓库A4库实际面积1200平方米，3年租金180000元，办公楼1—5层实际面积共3464平方米，3年租金4890000元，实际合同签订为桐柏今达电商物流园电商大楼1—5层房屋及附属设施，面积3464平方米，三年租金507万元。合同签订与中标内容不一致 • 项目实施方案中，村点建设每个站点最高补助不超过1万元，投标文件中为每站点23000元 • 没有对已培训人员的回访记录表，没有定期统计创业和从业人员运营情况的记录
资金管理问题	• 公共服务中心建设要坚持实用、节约原则，资金使用比例原则上不得超过15%，租金已支出405.6万元
电商精准扶贫问题	• 《桐柏县电子商务扶贫工作实施方案》中未明确电商扶贫工作抽调的人员，奖励政策落实情况的佐证材料不够充分 • 电商助贫不够精准，帮扶贫困户记录不够完整，信息统计不规范

7. 民权县

民权县有乡镇级电商综合服务站点15个，村级站点134个，在贫困村设立了电商综合服务站点达到129个，贫困村站点建设率、覆盖率均达到100%。以电子商务服务站点为平台，方便贫困群众生产生活，促进农村消费，拓宽贫困村农特产品、旅游产品销售渠道，帮助贫困村群众实现增收。民权县农村电子商务发展前景一片大好，但在调研中发现民权县的电子商务进农村建设仍存在以下问题。如表6—14所示。

表6—14　　　　　民权县电子商务进农村建设问题清单

问题类别	具体问题表现
建设与运行问题	●农产品检测工作不够完整规范 ●传统商贸物流企业转型升级的效果不够明显 ●现场抽查有的农村电商负责人业务操作熟练程度有待进一步提高 ●县乡村物流体系管理制度、登记流程未进行更好的整合，不够完善 ●冷链物流体系不够完善
项目管理问题	●合同签订不严谨。民权县商务局与河南瀚海教育信息技术有限公司签订的民权县电子商务进农村综合示范采购项目合同书（第三标段）甲方无签字，没有具体签署时间，合同要素不完整 ●民权县人民政府网上电子商务进农村综合示范项目专栏中于2018年11月30日起进行公示，公示不够及时，未做到按月更新项目进度。关于项目建设要求、完成时限等内容公示不够全面 ●在商务部"农村电子商务和社区商业信息系统"填报的数据不够全面 ●在培训与人才培养方面，培训管理存在不规范性 ①截至评价日，提供的培训数据显示累计培训6140人次，其中培训贫困人口3128人次，但检查培训签到表大多无具体培训时间，无法准确计算培训人次。 ②民权县商务局与河南瀚海教育信息技术有限公司签订的民权县电子商务进农村综合示范采购项目合同书（第三标段）约定：2018年9月25日至2020年9月24日两年合同期内全县累计培训10000人次，未明确划分不同时间段的目标任务，不利于对培训进行有效管理。 ③通过对培训人员进行电话回访抽查，实际抽查10人，其中1人反映培训内容都会，但不是自己所需的，建议多针对年轻人进行增值性培训。 ④培训管理力度不足，管理规范性有待加强，培训签到表中填写不够规范，存在代签现象
资金管理问题	●承办企业会计核算不够及时，记账凭证未装订，不够规范 ●电子商务村级站点与电子商务公共服务中心尚未开展严格的固定资产管理，电脑、电视等设备缺乏编码管理
电商精准扶贫问题	●未提供快递收发、代购代销等服务覆盖方面的统计数据，无法准确计算电商扶贫服务站点对行政村及建档立卡贫困村服务覆盖率

8. 宁陵县

宁陵县2017年获评商务部、财政部、国家扶贫办的"国家级电子商务进农村综合示范县"。宁陵县以"党建+电商人才培养"模式，实现了对县乡村三级党政干部电商培训100%全覆盖，对全县驻村第一书记电商培训100%全覆盖，对全县106个贫困村免费培训100%全覆盖，在70%的有条件的贫困村培育了电商带头人。宁陵县全面打造了农产品"互联网+"的新模式，但在调研中发现宁陵县的电子商务进农村建设仍存在以下问题。如表6—15所示。

表6—15　　　　　　宁陵县电子商务进农村建设问题清单

问题类别	具体问题表现
建设与运行问题	●现场抽查服务站点发现，个别服务站点上行业务较少
项目管理问题	●工作实施方案提出的工作目标、时间节点不够合理。《宁陵县电子商务进农村综合示范工作实施方案》五、示范项目具体内容及时间进度安排（二）重点实施阶段（2018年1—11月）：①"完成200个村级电商服务网点建设"，截至2019年3月13日，实际建设180个电商服务网点；②"按照计划持续开展电子商务相关培训和宣传工作，培训人次达到8000人次以上。"截至2019年3月13日，实际完成培训6912人次 ●合同签订不严谨，部分合同内容存在缺失。如：公共服务助贫机制中劳动用工协议书未明确工作内容和合同期限两方面内容，酒都梨乡电子商务有限公司土地流转合同未明确乙方提供的土地面积和提供给乙方的租金，个别合同无签字，没有具体签署时间，合同要素不完整 ●现场检查站点的快递、电商服务台账，未见2018年12月之前的台账记录，已提供的台账无法显示已建站点的行政村电商服务对乡邻行政村的服务覆盖 ●在商务部"农村电子商务和社区商业信息系统"填报的数据不够全面 ●在培训与人才培养方面，培训管理存在不规范性。①合计电话抽查13人，其中抽查精准培训5人，5人中有3人未接听电话，已接通两人表示目前都未开店，其中一人有开的意愿，但还需要再学习；②大多数被抽查学员要求多组织培训，针对电商意向从业人员的实操培训、提升培训有待进一步加强；③培训管理规范性有待进一步提高
资金管理问题	●电子商务村级服务站点与电子商务公共服务中心尚未开展严格的固定资产管理，电脑、电视等设备缺乏编码管理
电商精准扶贫问题	●未提供充分的快递收发、代购代销等服务覆盖方面统计数据，无法准确计算电商扶贫服务站点对行政村及建档立卡贫困村服务覆盖率 ●带动建档立卡贫困户的增收数据统计信息不够精准

9. 虞城县

虞城县是全国第一批农村商务信息服务体系建设试点，拥有省级电子商务示范企业2家、市级电子商务示范企业5家，各类网店2000多家。全县形成了以钢卷尺为代表的"小五金"电商，以苹果为代表是"小水果"电商，以剪纸为代表的"小礼品"三大电商品牌产业。虞城县积极探索，催生了农村经济发展新模式，但在调研中发现虞城县的电子商务进农村建设仍存在以下问题。如表6—16所示。

表6—16　　　　　　　虞城县电子商务进农村建设问题清单

问题类别	具体问题表现
建设与运行问题	● 抽查的村级站点中，有的站点农产品上行、农资下行效果还不太明显 ● 抽查的个别村级站点业务功能融合性不够充分，村级站点为农民、农业合作社、涉农企业提供生产经营贷款等金融服务较少 ● 项目对传统商贸企业加速实体经济转型升级的效果目前还不太明显 ● 物流体系建设工作中整合快递、物流企业的广度、深度不够；村级物流业务台账不统一、不够完整规范；冷链物流体系还不完整 ● 服务中心为农产品提供检测、溯源的数量较少，入住企业数量较少
项目管理问题	● 虞城县人民政府关于印发虞城县电子商务进农村综合示范工作实施方案（修订）的通知（虞政〔2019〕3号）（二）实施阶段（2018年6—2019年6月）："为确保电子商务进农村综合示范工作顺利实施，按时完成目标任务，对相关单位明确职责，细化分工，量化管理。制定了《虞城县电子商务进农村综合示范项目管理办法（试行）》"，而项目管理办法中并未明确较为合理的时间节点 ● 合同签订不严谨，部分合同内容存在缺失。如：物流仓储分拣中心、冷链合同中签订日期等不够完整规范，合同要素不完整 ● 在培训与人才培养方面，培训管理存在一定的不规范性。①电话抽查10人，大多要求增加有针对性的培训及次数；②针对电商意向从业人员的实操培训、提升培训有待进一步加强；③关于培训有能力有意愿的贫困户方面，有能力有意愿的贫困户统计数据不够充分 ● 公示内容不够全面，如项目建设等基本信息未公示，公示不及时
资金管理问题	● 电子商务公共服务中心与电子商务乡、村服务站点尚未开展严格的固定资产管理，如电脑、电视等设备缺乏编码管理
电商精准扶贫问题	● 未提供充分的快递收发、代购代销等服务覆盖方面统计数据，无法准确计算电商扶贫服务站点对行政村及建档立卡贫困村服务覆盖率 ● 带动建档立卡贫困户的增收数据统计信息不够精准

10. 确山县

确山县积极响应国家政策要求，早在2017年开启了农村电子商务扶贫之路。建设了1个县级仙子商务服务中心，14个乡镇电子商务服务站，236个村级服务点；并同时开展"农村电商技能人才培训三年行动计划"，培育既懂农业又懂互联网的新型农民。确山县积极开拓电商扶贫路径，但在调研中发现确山县的电子商务进农村建设仍存在以下问题，如表6—17所示。

表6—17　　　　　　确山县电子商务进农村建设问题清单

问题类别	具体问题表现
建设与运行问题	• 抽查的村级站点中，有的站点农产品上行、农资下行的品种金额较少 • 传统商贸企业进销存管理、数据统计等功能不够完善 • 大数据系统数据功能需进一步补充完善，农产品溯源的数量品种较少 • 村级物流配送点台账不规范 • 农产品网络销售上行冷链物流体系不完整 • 未正式制定与实施本地农产品流通标准 • 为农产品检测服务还未全面开展
项目管理问题	• 县电子商务进农村综合示范项目实施方案时间节点不够合理 • 合同签订不够严谨，个别合同要素不够完整 • 在商务部"农村电子商务和社区商业信息系统"里填报的数据不够全面 • 在培训与人才培养方面，培训管理存在一定的不规范性。电话抽查10人，2人反映未接到回访，大多要求增加有针对性的培训及次数 • 公开公示未按月更新项目建设等基本信息
资金管理问题	• 电子商务公共服务中心与电子商务乡、村服务站点尚未开展严格的固定资产管理，如电脑、电视等设备缺乏编码管理
电商精准扶贫问题	• 未提供充分的快递收发、代购代销等服务覆盖方面统计数据，无法准确计算电商扶贫服务站点对行政村及建档立卡贫困村服务覆盖率

11. 淮滨县

淮滨县建立县级电子商务公共服务中心、电商乡镇服务站和村级电商服务点，为农村电子商务发展提供服务。通过推进农业发展与农村电子商务的深度融合，让藏在深山中的特色农产品销往全国各地，推动电商农产品供应链体系建设，走出一条电商与农业发展、脱贫攻坚相融合的造血式扶贫新路子。但在调研中发现淮滨县的电子商务进农村建设仍存在以下问题。如表6—18所示。

表 6—18　　　　　　　淮滨县电子商务进农村建设问题清单

问题类别	具体问题表现
建设与运行问题	●抽查的村级站点中,有的站点农产品上行、农资下行的品种金额较少 ●现场查看,公共服务中心入驻农村电商服务企业较少,为农民、农业合作社、涉农企业提供生产经营贷款等金融服务较少 ●传统商贸企业进销存管理、数据统计等功能不够完善 ●农村物流体系建设已有规划与选址,尚未启动招标程序,未对现有物流快递企业进行充分整合 ●乡村物流体系管理制度、登记流程不够完善,农村物流固定路线、固定时间地点尚在规划中,冷链物流体系还未建设 ●未制定本地农产品流通标准 ●设计了统一公共品牌,但宣传、营销策划不够,提供企业品牌注册、培育服务不够充分
项目管理问题	●电子商务进农村综合示范项目实施方案时间节点不够合理 ●合同签订不够严谨,个别合同要素不够完整 ●在培训与人才培养方面,培训管理存在一定的不规范性。电话抽查 10 人,4 人反映未接到回访,大多要求增加有针对性的培训及次数 ●公开公示未按月更新项目建设等基本信息
资金管理问题	●电子商务公共服务中心与电子商务乡、村服务站点尚未开展严格的固定资产管理,如电脑、电视等设备缺乏编码管理
电商精准扶贫问题	●未提供充分的快递收发、代购代销等服务覆盖方面统计数据,无法准确计算电商扶贫服务站点对行政村及建档立卡贫困村服务覆盖率

12. 太康县

太康县构建"五个体系"的电子商务产业链,电商服务网点乡镇覆盖率达到 100%,行政村覆盖率达到 60% 以上,逐步构建了"工业品下乡"和"农产品进城"双向流通功能的农村新型流通体系。但在调研中发现太康县的电子商务进农村建设仍存在以下问题。如表 6—19 所示。

表 6—19　　　　　　　太康县电子商务进农村建设问题清单

问题类别	具体问题表现
建设与运行问题	●抽查的部分农村站点中开展农产品电商代购代销的品种金额较少 ●公共服务中心为农产品提供生产技术、金融等服务有待提升 ●传统商贸企业进销存管理、数据统计等功能不够完善 ●整合现有物流快递企业资源的广度、深度不够 ●符合农产品网络销售上行要求的冷链物流体系还未建立 ●当地农产品流通相关标准还未正式制定实施 ●农产品全程可追溯品种较少

续表

问题类别	具体问题表现
项目管理问题	• 《太康县人民政府关于印发太康县电子商务进农村综合示范工作实施方案的通知》（太政〔2018〕6号）提出的工作目标、时间节点不够合理：①2018年5月底前完成太康县电子商务公共服务中心建设并投入运营。②乡镇、村级电子商务服务站点建设项目目标：2019年10月前建立23个乡镇服务站和537个村级服务点。其中，2018年10月底前完成计划的50%以上。③2018年8月底前完成品牌培育农品溯源建设。④到2018年10月底前培训1万人次以上。以上目标均未按时完成 • 太康县商务局与郑州金霖电子商务工程有限公司签订的政府采购合同中约定："要到2019年6月前建立23个乡（镇）服务站，和537个村级服务点。其中2018年10月底前完成计划的50%以上"，未按时完成合同约定的任务 • 抽查的村级站点中物流台账不够完整规范 • 在培训与人才培养方面，培训管理存在一定的不规范性 ①电话抽查10人，4人反映未接到回访；查看回访记录显示回访514人，大多要求增加有针对性的培训及次数；②普及性培训力度不够；③针对电商意向从业人员的实操培训、提升培训有待进一步加强 • 公示内容不够全面，如决策文件、项目名称、建设内容要求、项目承办单位名称等基本信息未公示，资金项目管理办法未公示；未按月更新公示
资金管理问题	• 《太康县人民政府关于印发太康县电子商务进农村综合示范工作实施方案的通知》（太政〔2018〕6号）"四、重点建设项目（一）电子商务公共服务中心建设项目。项目投资：电子商务公共服务中心建设项目计划投资650万元（其中，中央财政专项资金300万元，县财政资金350万元）。"太康县县级运营服务中心装修装饰费用已经拨付中央财政资金348.69万元，中央财政资金使用比例超过15%。招投标管理不严格、规范 • 未见资金检查记录 • 电子商务公共服务中心与电子商务乡、村服务站点尚未开展严格的固定资产管理，如电脑、电视等设备缺乏编码管理
电商精准扶贫问题	• 太康县商务局在关于《河南省脱贫攻坚巡视整改方案》任务工作汇报中：整改措施及成效"两年内完成建设乡镇级电子商务公共服务站23个，村级电子商务服务点537个。其中2018年10月底前完成计划的50%以上，即完成12个乡镇电子商务公共服务中心，270个村级电子商务服务点"。截至目前，共建立234个乡镇、村级电子商务服务点。整改力度不够 • 未提供充分的快递收发、代购代销等服务覆盖方面统计数据，无法准确计算电商扶贫服务站点对行政村及建档立卡贫困村服务覆盖率 • 提供的对有能力有意愿进行培训的贫困户统计数据证明材料不够充分 • 未提供充分的带动贫困户直接和间接开展网络及相关产业链销售数量、金额和增收效果等情况的证明数据

13. 商水县

商水县是第四批"国家级电子商务进农村综合示范县"，2019年荣获全省电子商务进农村先进示范县、全国"金梧桐年度产业创新案例"等奖项。全县已经建成360个村级电商服务点，24个乡镇全部建成乡级电商服务站，并且建立了渔具、假发制品电商扶贫基地和网货供应基地。虽然全县电商发展呈现欣欣向荣的景象，但在调研中发现商水县的电子商务进农村建设仍存在以下问题。如表6—20所示。

表6—20　　　　　商水县电子商务进农村建设问题清单

问题类别	具体问题表现
建设与运行问题	●抽查的部分乡村服务站点中开展农产品电商代购代销的品种金额较少 ●传统商贸企业进销存管理、数据统计等功能较少，不够完善 ●整合现有物流快递企业资源的深度不够 ●农产品全程可追溯监控体系尚未建设
项目管理问题	●商水县电子商务进农村综合示范工作实施方案提出的工作目标、时间节点不够合理 ●抽查的村级站点中物流台账不够完整 ●合同签订不够严谨，个别合同要素不够完整 ●在商务部"农村电子商务和社区商业信息系统"里填报的数据不够全面 ●在培训与人才培养方面，培训管理存在一定的不规范性。①电话抽查11人，1个空号，2人反映未接到回访，大多要求增加有针对性的培训及次数；②签到表笔迹相似的情况较多，如2018年4月18日在张庄举办的普及型培训、2018年5月18日在黄寨镇举办的电子商务知识普及培训签到表等均存在笔迹相似情况；③有些签到表要素不全，有的无时间、地点，有的无身份证、电话号码、地址等信息 ●公示不够及时；决策文件、项目名称、建设内容和要求、项目承办单位名称等基本信息内容不够全面；未按月更新公示
资金管理问题	●承办企业周口市布瑞克农信科技有限公司账务处理不够及时 ●未见资金检查记录 ●电子商务乡、村服务站点尚未开展严格的固定资产管理，如电脑、电视等设备缺乏编码管理
电商精准扶贫问题	●未提供充分的快递收发、代购代销等服务覆盖方面统计数据，无法准确计算电商扶贫服务站点对行政村及建档立卡贫困村服务覆盖率 ●提供的对有能力有意愿进行培训的贫困户统计数据证明材料不够充分 ●带动贫困户直接和间接开展网络及相关产业链销售数量、金额和增收效果等情况的佐证材料只有电子版材料，未提供充分的证明数据

根据对河南省13个国家级第四批电子商务进农村综合示范县的电商工作开展进度及完成情况的评价来看，河南省的电商示范县在实际开展工作中存在着较多问题，如电商物流体系运作不规范、基础配套设施不完整、统计信息不规范、模式单一、培训人员后续的跟踪辅导和孵化等工作不到位、电商未真正做到精准扶贫等一系列问题。在接下来的工作中，应重点关注电商示范县的工作开展进度、工作的完整质量等，根据目前存在的问题及时地改进、完善，同时要定期地监督、规范其工作，让电商示范县发挥出其应有价值，真正成为助力农村地区实现乡村振兴的重要主体。

第五节　河南省农村电子商务存在的问题分析

一　物流体系尚不完善

目前，在河南省的乡镇中，虽然已经基本实现了物流企业的全覆盖，顺丰、韵达、中国邮政等多家快递企业都在镇上设置了服务站点，但是村中设置快递点的比较少。农民在家里要想寄发快递时往往都是先到自己的乡镇快递点进行邮递，当快递从乡镇发出时，下一站将会到达县城集结点进行中转，再加上乡镇快递点运作不够专业，配套设施也不够齐全，快递的摆放较为散乱，效率低，种种因素累积起来导致从农村发出的快递配送时长要比城市快递多1—2天。农产品上行的力度较小，"最先一公里"目前还存在一定的问题，有待解决。

为了有效保证农产品的质量和新鲜度，瓜果蔬菜一般需要在采摘的当天进行运输销售。大多数乡村地区的农民主要通过两种途径进行农产品销售：一种是在附近农村集贸市场卖出，另一种是将农产品对外批发，对外批发又包括农户自身去城市批发市场销售和在种植基地等待批发商上门收购。大部分农民在销售农产品时，会在一些环节中出现信息不对称的问题，导致大部分农民销售农产品十分困难，再加上因为瓜果蔬菜的保鲜期和销售时间相对较短，一般都是先进行平价销售，最后进行特价抛售，出现了农产品贱卖等情况。

虽然河南省近几年一直在建立和完善生鲜冷链物流标准体系，但目前河南省农村地区快递点配备生鲜冷链物流运输条件的相对来说还是比较少，如果配送点不具备生鲜冷链物流运输条件，交通时间太久或者是不便利会直接导致农产品在运送过程中发生腐烂或者变质等情况，所以一些偏远地区除了"最先一公里"问题，目前仍存在"最后一公里"的问题。快递物流配送综合体系的不完善和冷链运输条件的缺乏会在很大程度上制约农产品上行，造成农产品电子商务市场难以拓展，阻碍农村电子商务的发展。

二 农产品品牌化程度低

河南省作为一个农业大省，主要以小农经营为主，农业经营也比较分散化。省内农民主要从事农业，每年河南省粮食作物的产量能满足全国1/5的人口的需求，面粉、大米、玉米等农作物产品市场遍布全国，虽然河南省粮食供给量在全国名列前茅，但很少有全国熟知的农产品个体品牌。河南省散户或者农民承包经营的农产品销售途径基本上依靠当地收购商，价格基本浮动不大。农产品只进行了简单的晾晒和筛选处理，质量参差不齐，没有形成较大的市场和经济优势。价格跟随市场波动，受天气影响加大，人力投入不科学，经济效益较低。当前较为盛行的经营模式是"龙头企业＋农户"的模式，在这种模式下有着标准化的生产流程，大规模批量生产，产品质量有保障，源头可溯，节约了人力成本，风险承担能力较强。但也存在部分企业只做简单加工，深加工投入力度不足，产品种类较少，不注重市场划分，市场占有率低等问题。

河南不仅是全国重要的农业大省，也是一个人口极其众多的省份，常住人口总数在全国排名第三。农村居民以初高中学历者居多，整体文化素质不高，缺乏相应的生产经营理念，再加上一些地区基础设施比较落后，农业生产难以形成大规模进而很难产生经济效益。另外，农民对品牌商标意识重视程度不够，不懂得利用品牌效益来提升农产品附加值，导致许多好的农产品没有相应的品牌来支撑，缺乏竞争优势，制约了农产品获取更多附加值的可能性。如河南焦作市的铁棍山药，因为农民缺乏对品牌的保护意识，造成各大购物网站肆意地打着温县铁棍山药的名义进行销售，而山药质量却参差不齐，给消费者留下了不好的印象，不利于温县本土农产品电商的持续健康发展。除了上述原因，还存在农特产品同质化严重、质量参差不齐、农产品没有统一的市场标准等许多问题。

除了河南省，不少其他地区也都发生过农产品品牌的抢注现象。另外，很多农户和一些企业缺乏品牌意识，很多产品只是经过简单筛选、加工后就流入了市场，造成产品价值科技含量低，无议价空间，不能创造更多利润。特别是对地域品牌差异性较为敏感的农产品，市场恶性竞争容易导致前期积累的品牌形象大打折扣。比如：河南省原阳县特产农产品——原阳大米，最辉煌时期曾有"中国第一米"的称号。打造的大米品牌"原阳黄金晴"在市场上具有较好的口碑。但是由于市场供不应求，农户开始以次充好，经新闻媒体曝光后，造成口碑急速下滑，以至于痛失市场，被其他品牌抢占市场份额。经过几年的市场肃清、规范，目前仍难以恢复其往日地位。

随着近些年河南省政府对农村电子商务的逐渐重视，在发展农村电子商务的过程中也开始注重农产品品牌化的建设，截至目前已经培育了600多个知名农业品牌，这些品牌一般都是以地域特色进行命名，如洛阳牡丹、信阳毛尖、洛川苹果、新郑大枣、开封菊花、驻马店小磨香油等，大多品牌并没有突出产品本身的特色，缺乏创意。其中，虽然一些具有品牌意识的地区已经创立了自己的品牌，但是宣传运营得不理想，品牌知名度不够高，大多是在河南省范围内知名度比较高，限制了在其他地方的销售，其品牌所含的商业价值比较低，不具备全国市场的竞争优势。

三　缺乏电商专业人才

在发展电子商务过程中，涉及许多个环节，如在网上开店铺、商品分类、产品上架、图片和文字的编辑、对订单进行处理、打包发货、快递配送、售后保障服务等环节，这其中的每一个环节都需要专业电商人才的指导和协助，专业电商人才是电商发展不可或缺的重要力量。因此，需要对当地农民进行电商培训，让电商的思想观念深入每一个农民心中。但是，在培养电商专业人才的过程中存在许多问题，导致农村地区电商专业人才缺乏。

1. 农民思想较为保守

河南省作为一个人口大省，教育程度目前相对来说还比较低，受教育程度为大专以上的人口仅占全国平均比例的一半，大多数人是中小学毕业。受教育年限较少以及部分地区闭塞的生活环境导致一些农民仍然保留了陈旧保守的思想观念，再加上地理位置的原因，使得农民处在一种更加封闭的环境内，大多数农民都缺乏对新鲜事物的认识和了解，对新鲜事物和新知识、新技术的接受能力比较差。此外，由于电子商务本身具有虚拟性、风险性的特点，农民收入渠道较少，抗风险能力较差，不愿意甚至不敢去尝试一些新事物，所以说电子商务在农村的全面普及和推行具有一定的难度。另外，大多数农民的眼界不够长远，大部分上网时间主要停留在娱乐层面，喜欢安于现状，对"授人以鱼不如授人以渔"的理解还不深刻，不愿意做出一些改变。

2. 缺乏电商培养对象

以前在河南从事第一产业的人比重较大，但是近几年农民的分化程度比较高。以前在农村留守的人口大多为每个家庭的年老者和年幼者，而一个地区如果要想真正发展，真正的劳动群体为中青年。2019年全国第一产业经营收入仅占全国农民人均可支配收入的23.3%；从农民就业看，农村户籍劳动力已经有大部分转向非农部门；从土地流转来看，部分农户已将部分或全部承包地流转他人经营，受城镇化不断深入发展、农业效益下降。再加上近些年农村土地流转政策的推广，很多土地被集中起来，许多农村青壮年都外出打工，留守农村的居民大部分都不懂网络，也不了解什么是电子商务，使得农村缺少发展电子商务的骨干人群。

3. 吸引不到专业人才

河南省目前培养出的电子商务专业技术人才主要集中在高校，虽然近几年来随着电子商务快速的发展，与电子商务相关专业的招生火爆，但是很多高校的电商专业学生毕业后大多都选择去了一些机会更多的沿海城市，真正留在河南的占少数比例，这直接造成了河南省电子商务专业技术人才的缺失。河南省农村地区的经济和社会发展水平相对落后，生活条件也比较艰苦，在河南省从事农村电子商务工作的个体普遍薪酬不高，再加上河南省从事电子商务工作的人员本来就比较缺乏，相对来说发展农村电子商务更是一个比较艰难的事情。

虽然近两年河南省出台了许多关于加快培养电商专业技术人才的政策，在推动农村电子商务专业人才培养方面已经取得了很大的成就。截至2020年11月，累计实现了对全省21万多名乡村干部和扶贫第一书记的全面轮训，一共培育了5700多个电商扶贫带头人。但是河南省是人口大省、农业大省，总的来说电商人才还是处于缺乏的状态，接下来仍要继续在农村电子商务人才方面加大培训力度。要鼓励、支持、引导、帮扶贫困地区的农民，力争帮助他们熟练掌握农村电子商务的相关知识技能，通过农村电子商务来实现增收脱贫，要重视对他们的思想引导，转变其落后的思想观念，激发他们的主观能动性，让贫困对象的思想由"要我富"向"我要富"转变。

第七章 基于虚拟社群的农村电子商务模式构建

根据上述有关农村电子商务模式、特色农产品销售模式以及基于虚拟社群的电子商务的相关文献和研究，对中国现有特色农产品农村电商发展模式进行总结，并对特色农产品农村电商发展面临的主要困境进行分析，得出通过虚拟社群进行特色农产品的销售模式，可以成为解决特色农产品上行的一种新路径。

本章对 Jan Marco Leimeister 等人提出的虚拟社区商业模式框架的组成部分进行研究，结合本书的研究内容提出基于虚拟社群的特色农产品农村电商的基础商业模式框架，并以此为基础拟建本次课题研究的基于虚拟社群的特色农产品农村电商模式。

第一节 理论框架

一 虚拟社群商业模式理论框架研究

自从虚拟社群的概念被提出以来，就有许多学者针对虚拟社群的商业模式框架进行了研究，Timmers（1998）认为虚拟社群的商业模式由三部分组成：一是产品、服务和信息流的体系结构，包括对各种业务参与者及其角色；二是对各种业务参与者及其角色的潜在利益；三是收入来源。

Leimeister（2002）对上述商业模式进行了补充，提出虚拟社区商业模式分析框架，该框架以产品和服务模型（Product and Service Model）、演员模型（Actor Model）以及收益模块（Revenue Model）三部分内容为基础，通过波特五力模型将竞争关系、法律、技术条件和市场条件引入该商业模式，形成了战略模型（Strategy Development）和外部框架（External Framework），并根据上述五部分组成内容构建如图 7—1 所示的基于虚拟社群的商业模式框架。

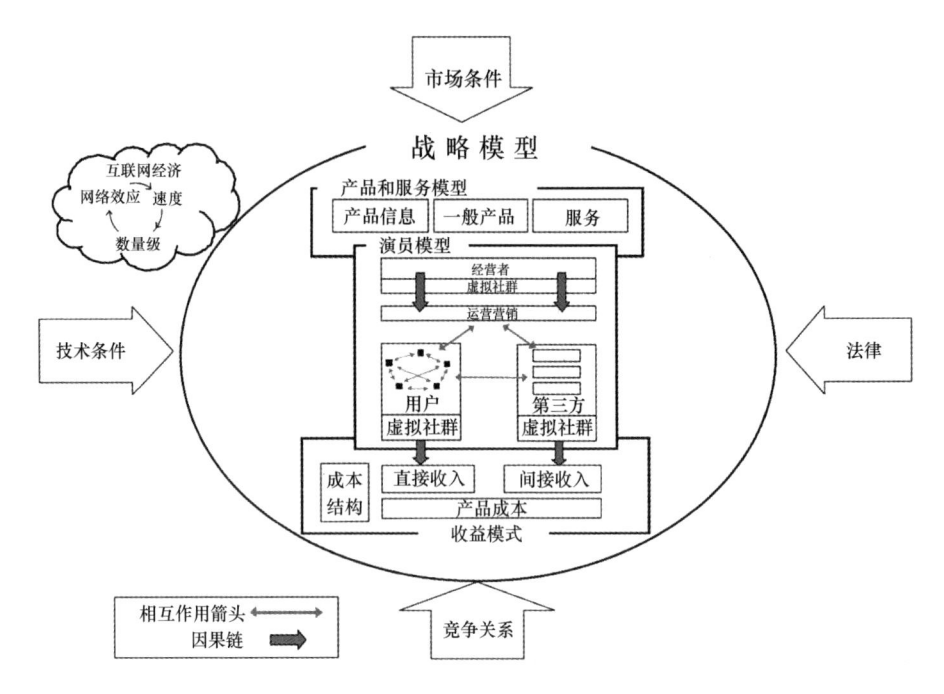

图 7—1　基于虚拟社群的商业模式框架

2004 年，Leimeister（2004）对该框架进行了进一步的研究，通过实例验证了该框架能够应用于各种商业模式之中。他还指出，不同的商业模式使用该框架时，上述五部分组成内容可以根据具体场景进行灵活删减或调整。同时指出，随着科技的发展，该框架在未来应用时可结合实际技术水平进行修订。基于此，本研究沿用的虚拟社群商业模式模型由以下几部分组成：

1. 产品与服务模型

产品与服务模型包含的内容有产品信息、一般产品和服务。其中产品信息是指在虚拟社群内交换的相关信息，包括组织者提供的产品信息、群内成员之间交流的商品信息等。一般产品是指社群组织者在社群内推广的实物类产品。服务是组织者为社群成员提供的相关服务，包括信息服务、产品应用服务以及产品售后服务等。

2. 演员模型

演员模型包括经营者、用户、第三方群体和运营营销。其中经营者是指虚拟社群的组织和运营者，经营者决定了虚拟社群的主体经营内容和具体的服务模式等，是虚拟社群的管理者。用户是虚拟社群中的客户群体，是虚拟社群的主要参与者，是商品的购买者和服务的接受者。第三方群体是虚拟社群销售的参与者，可以是商品信息的提供者，也可以是经营者的帮助者，第三方群体不直接参与虚拟社群的管理，但能够从虚拟社群中获利或是辅助经营者提升虚拟社群的运行质量。运营营销是指经营者通过一系列虚拟社群内部的手段和经营活动，提高产品销售量和客户满意度的手段。

在演员模型中，经营者通过运营营销手段经营虚拟社群，如果能使上述各方均得到满意的结果，那么可以说明这个虚拟社群的运行方式是成功的。

3. 收益模型

收益模型包括直接收入、间接收入和产品成本。其中：直接收入是指经营者通过虚拟社群的经营、产品销售以及服务获取的直接受益；间接收入是指经营者通过对第三方经营者的利润进行分成或者收取社群运营服务费用获取的收益；产品成本是指产品和服务所需要的成本，包括原材料成本、加工成本、人员成本等。

收益模型是虚拟社群商业框架存在的基础，只有获利，才能使经营者继续进行虚拟社群的运营。

4. 战略模型

战略模型是从外部框架得出的策略模型，主要包括虚拟社群的战略定位以及战略意图，这两个因素决定客户的目标人群、第三方群体的对象、虚拟社群所面临的竞争者条件、法律条件等因素。

5. 外部框架

外部框架是对外部环境的整体考量，包括市场条件、技术条件、法律条件和竞争者因素。市场条件是指虚拟社群所经营的领域中的市场因素。技术条件包括社会中商品生产技术、虚拟社群服务技术以及虚拟社群建立的技术因素等。法律条件是指法律对虚拟社群运行领域的支持因素和限制条件。竞争者因素重点关注的是同类虚拟社群经营者的经营能力、客户范围、经济实力等内容。

从上述研究可以看出，该框架具有以下特点。特点一：该框架构成内容涵盖了虚拟社群商业模式的内部因素和外部条件，涵盖面广，具有普适性；特点二：已经通过实例验证了该框架的可行性，为后续的应用和研究奠定了更扎实的基础；特点三：不同的商业模式使用该框架时，可以根据具体场景对组成内容进行灵活删减或调整。

二 基于虚拟社群的特色农产品农村电子商务模式理论框架构建

基于虚拟社群的特色农产品农村电商属于虚拟社群商业模式的一种，因此，以 Leimeister 提出的虚拟社群商业模式理论框架为基础，从产品和服务模型、演员模型、收益模型、战略模型、外部框架五个部分，构建基于虚拟社群的特色农产品农村电子商务模式研究框架。

1. 产品和服务模型

Leimeister 提出的虚拟社群商业模式理论框架中的产品和服务模型由产品信息、一般产品和服务组成。

基于虚拟社群的特色农产品农村电子商务中，产品信息是指农产品的销售信息，包括产品种类、销售时间、销售价格等内容。一般产品是指销售的特色农产品，通常包括水果、肉类生鲜、水产、地方特色小吃、蔬菜、干货等产品。服务是指在虚拟社群中有关农产品销售的相关服务，主要包括物流服务、产品存储服务、售后服务等。

2. 演员模型

Leimeister 提出的虚拟社群商业模式理论框架中的演员模型由经营者、用户、第三方群体和运营营销组成。

基于虚拟社群的特色农产品农村电子商务模式中，经营者是指特色农产品的销售者，主要包括农民、农产品经销商、淘宝店经营者等。用户指的是特色农产品的购买者，由于购买力和经济水平等因素，购买者以城镇人口居多。第三方群体是指农产品销售的协助者。由于互联网技术手段的进步，建立一个虚拟社群的成本基本为零。为了独占虚拟社群内的客户资源，每个虚拟社群中只有一方销售者，即经营者本身。因此，理论框架中有关第三方群体在虚拟社群内的角色定位发生了变化，不再承担产品销售的功能。在基于虚拟社群的特色农产品农村电子商务模式中，第三方群体起到辅助特色农产品销售的作用，往往由农村进城务工成员或政府扶贫工作人员等担任，尤其在经营者教育水平低、能力受限，无法凭借自己能力支撑虚拟社群运营的情况下，第三方群体的作用尤为明显。运营营销是指特色农产品销售渠道以及由于销售渠道不同而产生的不同运营方式。销售渠道是根据虚拟社群所在的基础平台所属类型进行区分的，目前的虚拟社群主流基础平台有微信群、微信公众号、快手、抖音、淘宝销售群等，根据基础平台的属性，可以将销售渠道划分为聊天群、淘宝销售群、公众号、直播销售四种，因此，运营营销的方式也可以按照销售渠道划分为四种。

3. 收益模型

Leimeister 提出的虚拟社群商业模式理论框架中的收益模型包括直接收入、间接收入和产品成本。

基于虚拟社群的特色农产品农村电子商务中，直接收入是指特色农产品销售额。由于第三方群体不再进行产品销售，而是协助经营者进行销售，也就是说第三方群体与经营者形成了获益共同体，因此虚拟社群内销售特色农产品的收入均为直接收入，间接收入不再进行讨论。产品成本是指特色农产品的成本，主要包括特色农产品的人工费、材料费、销售人员成本、运输成本、存储成本等。

4. 战略模型

Leimeister 提出的虚拟社群商业模式理论框架中的战略模型是要包括虚拟社群的战略定位以及战略意图。

对基于虚拟社群的特色农产品农村电子商务模式来说，战略定位和战略意图主要是指经营者对于特色农产品的品牌定位。

5. 外部框架

Leimeister 提出的虚拟社群商业模式理论框架中的外部框架主要包括市场条件、技术条件、法律条件和竞争者因素。

基于虚拟社群的特色农产品农村电子商务中，外部框架是指基于虚拟社群特色农产品农村电子商务所处的市场条件、技术条件、法律条件和竞争者因素。

基于上述分析，构建基于虚拟社群的特色农产品农村电子商务模式理论框架如图 7—2 所示。

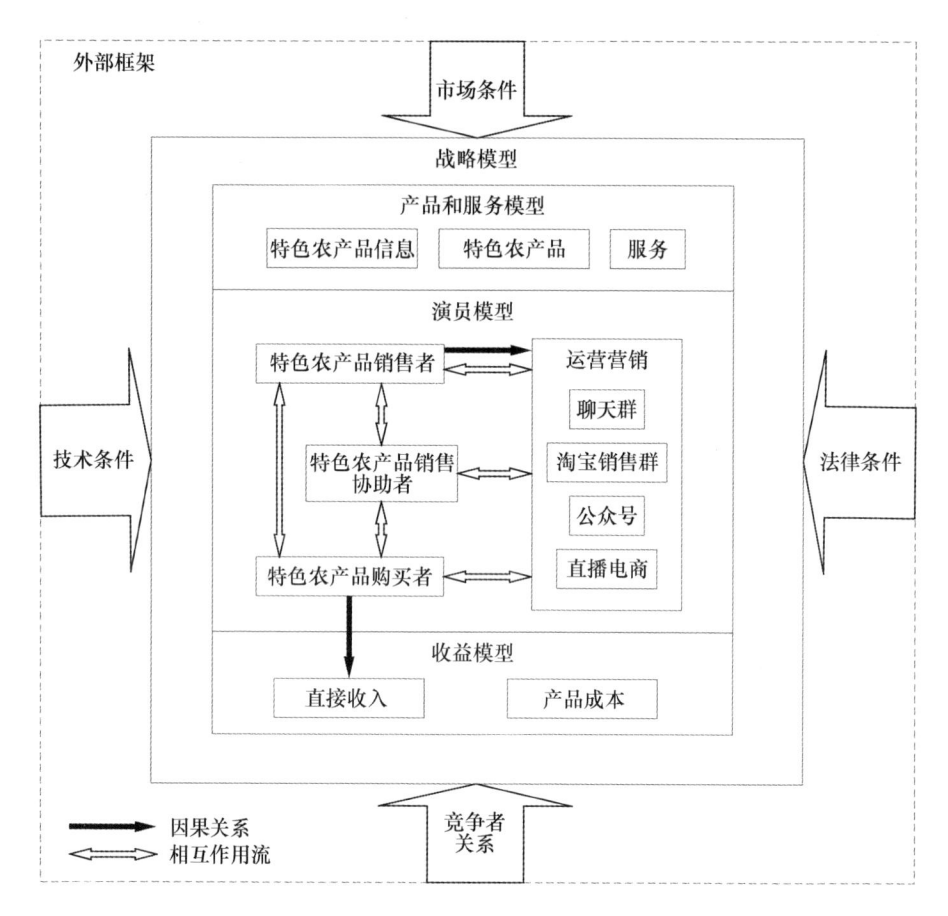

图7—2 基于虚拟社群的特色农产品农村电子商务模式理论框架

第二节 基于虚拟社群的特色农产品农村电子商务模式构建

一 内部框架

1. 产品和服务模型

基于虚拟社群的特色农产品农村电子商务模式理论框架中,产品和服务模型包括特色农产品信息、特色农产品和服务,本小节将结合基于虚拟社群的特色农产品农村电子商务应用情况,对以上三方面内容进行分析和研究。

（1）特色农产品信息。特色农产品信息主要是特色农产品销售者或者第三方协助者在虚拟社群中发布的特色农产品有关的信息，一般来说，销售者会根据销售前、销售中、销售后不同的时段发布不同类型的特色农产品信息。

①售前。销售者或第三方协助者会在虚拟社群内发布产品预售信息或者产品宣传信息。由于特色农产品受季节影响有时限性特点，因此通过发布预售信息，可以有效减少购买者在产品销售过程中对产品购买行为的思考时间，增加产品销售期间的销售量。产品预售信息主要是针对产品价格、产品销售时间或相关的促销活动进行公告。产品宣传信息是对产品功能、效用或优势的宣传，往往通过文字或者短视频的形式来实现，主要目的是在虚拟社群内潜移默化地影响特色农产品购买者的价值观，让特色农产品购买者能够在购买前对该产品产生购买欲望，从而增加销售时的销售量。

②售中。销售者或第三方协助者在虚拟社群内发布产品的销售信息，主要包括产品的销售价格、产品促销活动信息等内容，对正在销售中的特色农产品和相应社群内促销优惠活动进行发布，以告知群内所有购买者。

③售后。销售者或第三方协助者在虚拟社群内对特色农产品的使用信息进行发布，主要是在社群内发布特色农产品食用和保存方法，以提升购买者对产品使用的满意度。

（2）特色农产品。特色农产品是该模式销售链条中的货源，主要有水果、蔬菜、肉类生鲜、坚果、水产、茶叶、地方特色小吃、药材、调味料、加工类零食、干货、粮油制品等组成。按照产品特点，可以将虚拟社群销售的特色农产品分为两类，一是具有当地特色的生鲜类农产品，比如水果、蔬菜、肉类生鲜、水产等，其代表有兰州的百合、广州的荔枝、烟台的樱桃等；二是当地特色生鲜类农产品加工后形成的特色农产品，比如茶叶、地方特色小吃、药材、调味料、加工类零食、干货、坚果、粮油制品等，其代表产品有贵阳的刺梨干、内蒙古的风干牛肉等。本节将对这两类特色农产品分别进行研究，并对其产品的销售特点进行总结。

①生鲜类特色农产品。生鲜类特色农产品是指在当地生产的，具有当地特色的未经加工的产品，这类产品普遍具有保鲜困难、运输条件要求高

的特点。尤其是在销售产品过程中，有些产品（如海产品、季节瓜果等）必须通过冷链物流来进行运输。对于运输、物流等基础设施建设较为发达的城镇来说，运输的成本可以通过运输量进行分摊，物流成本会相应降低。但对于交通不发达地区来说，生鲜类特色农产品的运输已成为阻碍销售的主要因素。一方面体现在销售者无法将产品向外运输，这从根本上阻碍了产品的销售；另一方面，即使销售者能够通过一定的手段将产品运输出去，但相应的运输成本也会大幅提高，这就造成销售产品的价格高，从而降低购买者的购买欲望。

在对案例的研究过程中发现，基于虚拟社群的特色农产品购买者对于额外增加的运费持接受态度。对交易过程进行分析，发现主要有两点原因。首先是销售者到购买者直接交易的特色农产品省去了中间多次倒手的环节和差价，不仅价格低廉，而且产品新鲜，即使加上运费也远远低于购买者通过其他途径的购买价格。在对兰州百合案例进行研究的过程中，百合的成交价格一般在9—11元/斤，每斤的平均运费价格一般在4—5元，而市面上常见的新鲜百合的价格普遍在20元/斤以上；部分淘宝店的售价在11—15元/斤左右，但对购买的百合质量评价褒贬不一。因此，对于购买者来说，在已经建立信赖关系的前提下，通过虚拟社群内部购买的百合更新鲜，口感好，产品质量保证度高，价格相对合理，购买者更喜欢通过虚拟社群内部渠道进行购买。

另外一个原因是通过虚拟社群购买的产品质量明显高于市面上其他渠道购买到的同类产品质量。对于更看重特色农产品品质感的这一类购买者来讲，他们看重的是产品的新鲜度、口感和食品的安全保障，不太在意额外支付运费。对广州荔枝销售案例研究发现，销售者的运输链是通过信誉度高的顺丰进行邮寄，在装箱过程中加入冰袋保鲜，保证荔枝次日或是隔日到达时，仍然处于冰鲜的状态。通过对购买者售后体验询问，多数购买者普遍反馈从虚拟社群渠道购买的荔枝味道，要比从本地线下店或淘宝店购买的荔枝更新鲜，口感更好，他们愿意多支付一定的运费购买该产品。

②加工类特色农产品。加工类特色农产品是指通过一定的工业生产手段，对当地生鲜类农产品加工后形成的农产品。相比于生鲜类特色农产品，它具有易保存、易运输的特点。这类产品普遍生产于城镇化、工业化程度较高的镇或者乡村，多数城镇已经在电商下乡的过程中被建设成淘宝

村，或是由地方政府扶植形成较为完善的基础设施体系，相应的交通设施和物流体系也比较完善，运输条件已不是影响销售的主要因素。

在研究过程中发现，加工类特色农产品普遍具有一定的销售渠道，如淘宝店等，而且这类产品的首次交易一般都是在原有的销售渠道中完成的，虚拟社群中大部分成员是原有销售渠道中已经购买相应产品的购买者。

对销售者调查发现，加工类特色农产品销售具有以下几个特点：一是产品的价格不受限于销售渠道，无论是通过农村电子商务、虚拟社群或者其他方式来销售加工类特色农产品，售价基本一致。二是在虚拟社群平台进行产品交易，能够拉近销售者和购买者的距离，增加客户的黏度，将原本随机的淘宝购买者变为长期购买群体。三是虚拟社群中的购买者通过各种线上线下关系，宣传在虚拟社群上销售的产品，可实现进一步扩大购买者群体，增大购买者群体量的效果。四是虚拟社群更便于销售者主动推送产品信息，扩大产品的宣传度，调动购买者的购买欲望。

（3）服务。特色农产品涉及相关服务主要包括物流服务、产品存储服务、售后服务。

①物流服务。物流服务是特色农产品服务过程中的关键一环，是销售者从接收到购买者的订单开始，到将产品送到购买者手中为止所发生的所有服务活动。由于特色农产品产地往往来自偏远地区，物流基础设施薄弱，产品运输困难，物流成本较高，并且部分生鲜类特色农产品具有不易存放、害怕磕碰等特点。因此，如何在兼顾运输成本的条件下，实现购买者对产品的满意度，选择合理的物流方式成为特色农产品物流服务的关键问题。

②产品存储服务。产品存储服务是指特色农产品从成熟到售出前，销售者对该产品保存的过程。由于大部分生鲜类特色农产品有保鲜等特殊存储要求，比如避光、干燥、低温等，特殊的存储条件也会增加产品成本。因此，在保证产品存储质量前提下，如何平衡成本和质量的问题，也是特色农产品销售过程中的关键问题。

③售后服务。售后服务是售后最重要的环节，是保持或扩大市场份额的要件。售后服务的优劣直接影响购买者的满意度，因此，售后服务不仅是增加客户认可度的重要手段，也是一种促销手段。由于特色农产品的不易存储、害怕磕碰的特性，在特色农产品生产、运输和存储过程中，难免

会有部分产品出现质量问题，购买者收到带有质量问题的特色农产品，难免会心生不满，因此，需要建立一套处理此类问题的售后服务体系，以保证购买者的满意度。通过售后服务来提高销售者的信誉，增加销售工作的效率及收益，保持特色农产品稳定的销售路径。

根据本节的研究可以得出，基于虚拟社群的特色农产品农村电子商务产品和服务模型主要由特色农产品产品信息、特色农产品、服务三部分组成，其中特色农产品产品信息包括售前信息、售中信息、售后信息，特色农产品包括生鲜类特色农产品和加工类特色农产品、服务包括物流服务、产品存储服务、售后服务。根据上述结论，构建如图7—3所示的基于虚拟社群的特色农产品农村电子商务产品和服务模型。

图7—3 基于虚拟社群的特色农产品农村电子商务产品和服务模型

2. 演员模型

基于虚拟社群的特色农产品农村电子商务模式理论框架中，演员模型包括特色农产品销售者、特色农产品购买者、特色农产品销售协助者和运营营销，本小节将结合基于虚拟社群的特色农产品农村电子商务应用情况，对以上四方面内容进行分析和研究。

（1）特色农产品销售者。特色农产品销售者是该模式销售链条中的主动方，主要成员有农民、农产品经销商、淘宝店经营者、公众号经营者、网络主播、政府扶贫工作人员、农村进城务工人员等。结合本次研究方向，为表述方便，将上述人员按照是否有政府的扶持帮助，分为政府扶持下的销售者和个人经营的销售者两大类。

第一类，政府扶持下的销售者。中国农村特色农产品生产者普遍存在受教育程度不足、现代科技水平不高、信息化手段弱等情况，在网络销售过程中属弱势群体。这种销售者主体通常是指特色农产品销路不畅、收入不高、销售困难、政府扶贫对象，他们普遍存在受教育程度不足、现代科技水平不高、信息化手段薄弱等现象，在网络销售过程中属弱势群体。为解决上述问题，各地政府针对各地现状问题提出了因地制宜的电商扶贫政策，派出大量工作人员协助他们开展网络销售。因此这类成员主要包括农民和政府扶贫工作人员。在销售特色农产品过程中，销售方式也多种多样，通常采取微信公众号和网络直播的方式，尤其是随着网络直播兴起，通过网络直播，能够快速帮助农民快速建立销售渠道，达到快速销售特色农产品的目的。因此，部分微信公众号的经营者、网络主播也常常作为参与者出现在政府扶植下的销售者之中。

网络直播可在双重互动中重构虚拟社区，是一种快速构建虚拟社群的可靠手段。因此，通过虚拟社群的方式销售特色农产品，已经成为近年来政府扶贫工作开展的一种主要的工作方式。着眼于网络直播带动农村产品上行的作用与效果，将网络直播作为创新农村产品上行的新模式，并取得了一系列可见的成果。以河南省为例，2019年，河南省商务厅联合省扶贫办、阿里巴巴，在商丘市举办河南省丰收购物节暨淘宝直播"村播"计划启动仪式和第二届中国农民丰收节村播计划河南助农专场活动，来自兰考、确山、镇平等12个县的县长化身本地农产品"推荐官"，与10位网红主播同台卖货，8个小时的直播活动共卖出农产品近10万单，销售额近300万元[1]。与省委组织部、省扶贫办在郑州共同举办了河南省驻村第一书记扶贫成果展销中心成立暨展销对接会，对接会共促成交易额4.45亿元[2]。联合河南日报社在郑州举办了2019河南（郑州）国际现代农业博览会，组织80多家贫困地区企业免费参展。联合省扶贫办、阿里巴巴集团在郑州举办了"河南好物推荐专场"直播活动，邀请淘宝直播第一主播——薇娅和百名本土主播共同推介河南优质农产品网上销售，10小时直播活动共在线销售贫困地区农产品1186万元。与知名电商企业合作，共同推动农产品上行。春节前组织我省电商企业参加阿里巴巴兴农扶贫"淘

---

[1] 参见河南省人民政府网。
[2] 河南省商务厅，商务简报—《第114期——河南省驻村第一书记扶贫成果产销对接活动成功举办》，http://hnsswt.henan.gov.cn/2019/11-04/1996050.html，2019年11月04日。

宝年货节"促销活动,共促成交易额 3.38 亿元;与阿里巴巴在杭州举办"村播计划——县长来了"专场在线直播活动,武陟、镇平等县市的 7 位县长和"网红主播"同台卖货,在 4 个小时的直播中,共成交农产品 31860 单,实现销售额 91.3 万元。全省"淘宝村"由去年的 50 个增加到 75 个,"淘宝镇"由去年的 3 个增加到 44 个,增长势头迅猛。指导市县结合当地实际,开展形式多样的产销活动,助推农村产品上行,2019 年,通过电商促进农村产品上行 415.7 亿元,带动贫困人口就业创业 5.93 万人[①]。

因此,通过政府采取的一系列措施帮助农民销售特色农产品能够达到快速销售特色农产品的目的,助力扶贫工作的快速发展。

第二类,个人经营的销售者。基于虚拟社群的特色农产品农村电子商务的个人经营者,一般情况下由城市务工返乡人员、特色农产品网店的经营者组成。他们往往有固定的销售渠道和虚拟社群,这种虚拟社群的建立主要依托于经营者的人脉关系,比如同学、校友、同事、亲朋等。因此,这类销售者人员构成主要包括农产品经销商、淘宝店经营者、公众号经营者、网络主播这些有独立经营销售能力的主体。比如"华水校友圈"(基于校友关系网进行销售)、"买苹果的微信群"(同学亲戚关系网)、"兰州百合朋友圈"(顺丰小哥客户关系网)等。

这类销售者的销售渠道往往是建立在信任关系之上的,现实中的信任关系会映射到虚拟社群中去,在销售过程中有所体现,在这样的信任关系之下,对于消费者来说具有天然的可信赖度,对于产品的销售起促进作用。另外,这类销售者相比于农民来说,往往具有更多的互联网使用经验,并且对电商交易模式、经营方法、营销手段等有所涉猎,相比于一般的电商经营者来说,更加了解农村特色农产品的特点。因此,这类销售者在特色农产品的销售过程中更具有得天独厚的优势。

(2)特色农产品购买者。特色农产品购买者的定义是对某类商品有需求,并愿意通过支付一定的货币获得商品的所有权。购买者可能是企业,可能是政府组织,也可能是普通消费者。基于虚拟社群下的购买者主要是

---

① 《河南省商务厅厅长:"把电商扶贫贯穿于脱贫攻坚全过程。"》,https://baijiahao.baidu.com/s?id=1667224327511923203,2020 年 5 月 24 日。

普通消费者，不同地域、年龄层次、文化背景、消费习惯、个人收入水平及网购接受程度等，对特色农产品销售的产量结构影响很大。对购买者的研究放在实施路径章节中。

（3）特色农产品销售协助者。特色农产品销售协助者是指销售者本身能力不足以支撑虚拟社群的经营时，帮助销售者销售特色农产品的人员，主要由农村进城务工成员、政府扶贫工作人员组成或职业主播。

进城务工人员具有在农村中生活的经历，能够理解农民销售特色农产品的不易，同时也在城市中生活过，了解城市中购买者的消费习惯和需求，在城市中多年的生活经历也让其具有了电商购物和互联网使用的经验，能够在特色农产品的销售过程中起到重要作用。当进城务工人员作为虚拟社群中的特色农产品销售协助者时，往往是销售者的亲戚或朋友，当销售者的能力不足以支撑虚拟社群中的特色农产品销售时，进城务工人员以其更完善的知识体系帮助销售者，实现特色农产品顺利销售的目的。

政府扶贫工作人员是政府专门针对农村电子商务扶贫工作派遣的具有销售或熟悉互联网知识的工作人员，他们帮助销售者提供知识、工具、销售方法等内容的支持，同时参与虚拟社群中的营销工作，帮助销售者顺利完成特色农产品销售，以达到扶贫的目的。

职业主播是指以直播为职业，在直播过程中充当主持人角色的专业人员。在基于虚拟社群的特色农产品农村电子商务中，职业主播的作用主要是通过直播这种形式，将真实的场景向购买者展示，增加特色农产品销售的信服力，并利用自己的专业直播技巧带动现场气氛，达到提高特色农产品销售额的目的。

（4）运营营销。虚拟社群中的销售渠道决定运营营销的策略，销售渠道不同，运营营销策略就不同。虚拟社群中的销售渠道主要有微信公众号、朋友圈、微博、快手、微信小程序、微信群、QQ群、淘宝销售群、抖音、微信视频号。结合本次研究方向，根据销售渠道的特点划分为聊天群、淘宝销售群、公众号和直播销售四类。其中，朋友圈、微信群、QQ群为聊天群；淘宝销售群单分一类；微信公众号、微信视频号、微信小程序为公众号类；抖音、快手为直播销售类。本节将根据上述四种分类分别对不同销售渠道内的运营营销模式开展讨论，主要有以下四种销售渠道：

①聊天群。基于聊天群的特色农产品销售渠道，是通过聊天群建立起销售者与购买者之间的关系，通过聊天群内推送产品信息进行销售的一种方式，其运营营销策略与聊天群成员的构成具有很大关系。

进行特色农产品销售的聊天群一般分为两种，一种是由原本就具有某种信赖关系的群成员构成，比如亲戚、朋友、同事等，这种原有的信赖关系会在特色农产品的销售过程中，对产品销售起到促进作用，特别是购买者第一次购买产品的理由，首先来源于对销售者的信任，然后才是对产品质量的和商品价格的认可度，最后促成后续的交易。另外一种是由以交易为目的的群成员构成的聊天群，这种聊天群一般是由商家组建，通过采取宣传产品信息、营销手段或是原本购买过该产品的老客户宣传等方式吸引新成员的加入，群成员会根据商家发布的相应产品宣传信息对所购买的产品进行判断。对于首次购买产品的购买者来说，产品宣传信息以及其他群成员的购买行为会对销售量产生很大影响。

②淘宝销售群。基于淘宝销售群的特色农产品销售渠道，是淘宝店基于虚拟社群衍生出的一种新型销售模式。淘宝销售者以自己的淘宝店为基础，对关注自己淘宝店的所有购买者进行产品信息推送，用户根据产品信息选择自己需要的产品后，前往淘宝店购买。这种虚拟社群的建立完全依托于淘宝店的购买者群体，虚拟社群中的购买者群体往往是购买过该店产品的客户，购买者是通过对以往购买过的产品质量来保持对店家的信赖关系的，该信赖关系一旦形成，通过淘宝销售群推送的信息主要起到产品宣传的作用，购买者对产品的购买欲完全来自对该家淘宝店产品质量及价格的认可度。在对淘宝销售群的研究过程中发现，销售群中发送的信息有95%是淘宝商家发送的信息，其中，90%是新产品上架、店内现有产品宣传等信息，而购买者发送消息的5%中，绝大多数信息仅仅是对产品上架时间、到货情况的询问，未对其他购买者的购买行为产生积极影响。

③公众号。基于公众号的特色农产品销售渠道，是通过公众号受众形成购买者群体，借助公众号的影响力形成信赖机制的一种销售方式，分为两种不同的销售形式。其中一种是销售产品与公众号主营内容没有太大关系的销售形式，这类销售形式的公众号主体是社会知名度大、关注人数多的大型公众号，如"十点读书"、"正安聚友会"等，通过公众号流量带

来大量的购买者群体。它们往往是以在公众号主营内容中插入广告的形式来获取购买者群体的关注，购买者基于对公众号的喜爱和信赖以及本身购买需求而产生购买欲望，后续的购买行为依托于对产品质量、性价比的认可程度。还有一种是以销售产品为主营内容的公众号销售形式，如中通快递、中邮速递易、慈念好物等，通过软文发布信息，对产品的功能、背景、使用好处、产品质量等多方面内容进行宣传，在公众号的关注者心里逐渐形成印象和认知，从而实现营销目标。当完成初次购买的购买者对产品产生认可时，会在网络社交圈（如朋友圈）这一虚拟社群内转发这类公众号的相关信息，进行信息再次传播，借助社交圈内的朋友之间的信赖关系和对公众号信息本身的认可程度，产生对产品的双重认可效果，从而实现多级传播的效果，这种销售渠道能够跨越多个虚拟社群，实现快速增加潜在购买者的效果。

④直播销售。通过直播或者录制短视频的形式，构建时间短、流量大的虚拟社群进行特色农产品的销售已成为一种新兴的销售模式。在特色农产品直播销售过程中，主播分为两类，第一类是具有一定社会公信力的人物，比如当地政府官员、现在流行的网红等，当具有社会公信力的人物成为主播时，往往事先通过其他手段进行了提前宣传，如社会广告、政府宣传等，从而吸引大量的观看者。这种社会公信力的主播会让观看直播的人产生充分的信赖感，从而形成购买者的购买欲，完成首次购买产品，而后通过对产品的满意度，决定是否继续购买。第二类主播是农民为自己的产品直播代言，农民自己直播宣传产品更增加了真实性，让购买者产生面对面跟生产者进行特色农产品交易的感觉，增加了对产品的信赖程度。但由于农民对直播技术和手段掌握不足，并且没有知名度，从而导致观看直播的人数不多，这类直播往往不能达到预期的效果。因此，此类直播经常与其他销售渠道结合，比如在聊天群中进行直播，这种在虚拟社群成员原本就具有一定信赖关系的情况下进行直播，能够取得较好的效果。

根据上述对演员模式中的特色农产品销售者、特色农产品购买者、特色农产品销售协助者、运营营销四个组成部分进行研究，结合理论框架，构建演员模式的工作流，并对工作流进行分析和优劣对比，得出演员模式的最优工作流，具体构建过程如下：

（1）演员模式工作流的构建。演员模式由特色农产品销售者、特色农产品购买者、特色农产品销售协助者、运营营销四部分内容组成，其中特色农产品销售者可以分为个人经营下的特色农产品销售者和政府扶植下的特色农产品销售者，特色农产品购买者主要为城镇消费者不再进行分类，特色农产品销售协助者可以分为农村外出务工人员、政府扶贫工作者和知名主播，运营营销根据销售渠道划分为聊天群、淘宝销售群、公众号和直播电商。

为尽快将特色农产品卖出，帮助农户脱贫，当地政府针对缺乏互联网应用经验和产品营销经验的销售者，采取培训、寻找销售平台等一系列帮扶手段帮助销售者进行产品销售，该种营销方式具有规模性和集群性特点。因此，政府扶植下的销售者销售特色农产品的路径主要是通过公众号和直播进行销售。

个人经营的销售者相对于政府扶植下的销售者来讲更具有互联网应用经验和产品营销经验，他们可根据掌握的销售技术和网络信息平台以及销售产品特性等因素，运用不同的运营营销方式对产品进行销售，具有一定的灵活性。因此，个人经营的销售者销售特色农产品路径主要是通过聊天群、淘宝销售群、公众号和直播销售四种方式销售特色农产品。

对于特色农产品销售协助者来说，政府扶贫工作者是一类特殊的人群，只会出现在政府扶植的销售者之中，而知名主播作为一类特殊的职业人，仅仅与直播电商相关联，农村外出务工人员则没有任何限制，活跃在各种工作流之中。

根据上述分析，对演员模型工作流进行构建，形成如图7—4所示的6条工作流。

第一条：个人经营的销售者＋聊天群＋农村外出务工人员＋购买者；

第二条：个人经营的销售者＋淘宝销售群＋农村外出务工人员＋购买者；

第三条：个人经营的销售者＋公众号＋农村外出务工人员＋购买者；

第四条：个人经营的销售者＋直播电商＋知名主播/农村外出务工人员＋购买者；

第五条：政府扶植下的销售者＋公众号＋政府扶贫工作者/农村外出

第七章　基于虚拟社群的农村电子商务模式构建

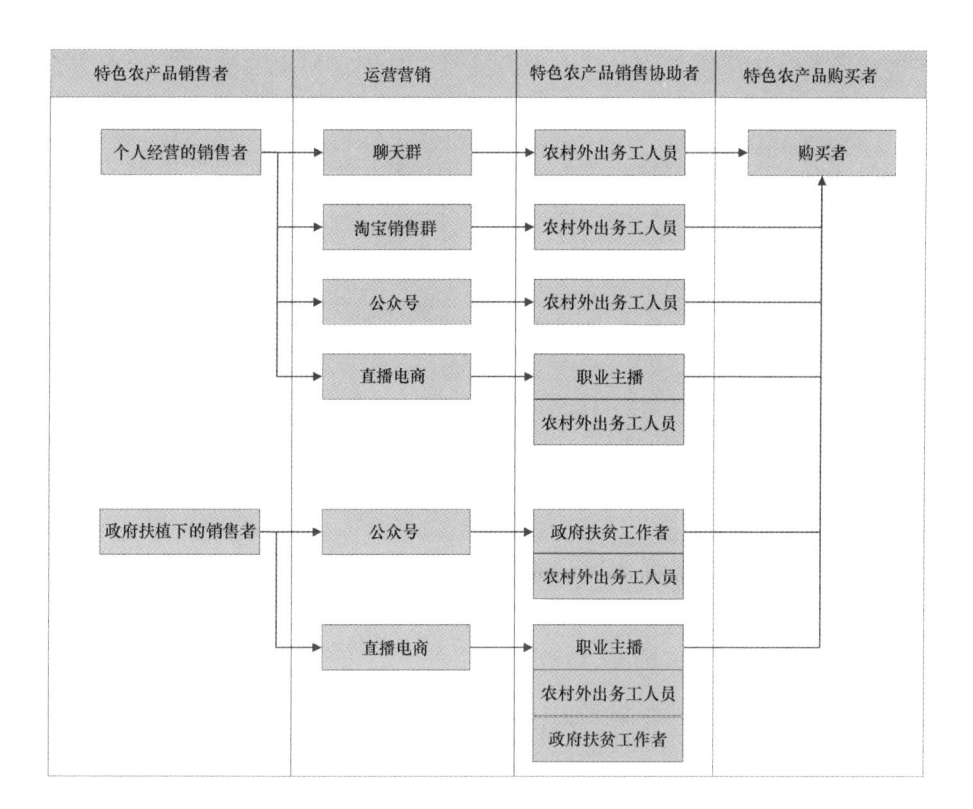

图 7—4　基于虚拟社群的特色农产品农村电子商务演员模型工作流

务工人员＋购买者；

第六条：政府扶植下的销售者＋直播电商＋知名主播/农村外出务工人员/政府扶贫工作者＋购买者。

（2）演员模式工作流的优化。对基于虚拟社群的特色农产品农村电子商务案例进行研究，结合本节对演员模式工作流中的相关元素的分析，发现无论销售者是谁、销售渠道如何、销售产品如何，在虚拟社群中销售特色农产品之所以能够成功，主要是借助了虚拟社群的两个特性，一是虚拟社群内的信赖机制；二是虚拟社群具有传播性。信赖机制和传播性是虚拟社群中销售特色农产品的两大驱动因素，相同的销售路径由于其内在驱动因素的不同，对销售者产生的效果也会有所不同。因此，将两种驱动因素引入辅助分析。

分析上述各工作流特点，并与传统销售模式进行对比，研究虚拟社群销售路径相对于传统方式是否有提升效果，从而验证哪些路径能够更好地帮助特色农产品上行。

第一条工作流。通过"个人经营的特色农产品销售者＋聊天群＋农村外出务工人员＋特色农产品购买者"的方式对特色农产品进行销售。

生鲜类特色农产品的销售，对购买者来说，主要关注的是产品的新鲜度和价格，而生鲜类特色农产品具有储存难、保鲜难、运输难等特点。因此，购买者首次购买一定是对销售者有足够的信任感才能促使双方交易的产生。

加工类特色农产品的销售，虽然没有运输费用的差别，但仍然能通过虚拟社群建立信赖机制来促成购买者完成首次购买，为特色农产品的销售增加潜在客户。

第一条工作流从购买者完成首次购买，到建立起一种持续性买卖双方的交易关系，整个销售过程主要借助虚拟社群的信赖机制。随着购买者对销售者信任感的增强，购买者对产品质量的信任度也在提高，在保证自己购买到的特色农产品质量前提下，对销售产品因保证产品品质所采取的必要的手段而带来产品的价格略高，也会放在次要地位。该路径对特色农产品上行是一种不错的方法。

第二条工作流。通过"个人经营的销售者＋淘宝销售群＋农村外出务工人员＋特色农产品购买者"的方式对特色农产品进行销售。

第二条工作流是销售者与购买者双方依托于淘宝店建立起来的虚拟社群，购买者对销售者的信任关系已经在购买的过程中形成，并对自己已购买的特色农产品质量有所认可。在这种路径下，拟销售的特色农产品信息推送显得更为重要。销售者仅需在虚拟社群中定期发布相关产品的宣传信息即可，购买者可根据自己的需求提前策划拟购买的产品。

对比传统的销售路径，第二条工作流在销售者与购买者双方的信赖机制及产品推送方式上与传统销售路径基本一致，传统的销售路径同样能够实现与虚拟社群销售的效果。因此，第二条工作流对特色农产品上行没有起到明显的作用。

第三条工作流。通过"个人经营的特色农产品销售者＋公众号＋农村外出务工人员＋特色农产品购买者"的方式对特色农产品进行销售。

虚拟社群的信赖机制是通过长期推送购买者喜欢的文章积累的公信力产生的，这是一个长期而且非常艰难的过程。在传播性方面，公众号具有其独有的传播方法，能够很好地进行产品宣传，但是在没有建立信赖机制的情况下，与传统电商模式类似，产品的质量仍然会受到质疑。因此，第三条工作流对特色农产品上行没有起到明显的作用。

第四条工作流。通过"个人经营的特色农产品销售者＋直播电商＋农村外出务工人员/知名主播＋特色农产品购买者"的方式对特色农产品进行销售。

通过直播的形式，借助知名主播的影响力在短时间内形成大流量的虚拟社群。通过知名主播影响力构建信赖机制，而直播本身也是通过虚拟社群快速宣传产品的一种方法。对个人经营的销售者来说，主播不具有强大的影响力，但是通过直播可以让生产者与购买者进行面对面的交流，增加购买者对产品的信赖心理。直播具有时间短、流量大、传播速度快的特点，而且可以突破地域限制形成面对面的沟通环境，让销售者与购买者快速产生信赖感，直播过程中就完成信赖机制的建立，帮助特色农产品交易的完成。因此，第四条工作流无法被传统方式替代，对特色农产品上行起到明显的作用。

第五条工作流。通过"政府扶植下的特色农产品销售者＋公众号＋农村外出务工人员/政府扶贫工作者＋特色农产品购买者"的方式农产品进行销售，运用的机制和原理与第三条工作流一致。因此，第五条工作流对特色农产品上行没有起到明显的帮助。

第六条工作流。通过"政府扶植下的特色农产品销售者＋直播电商＋农村外出务工人员/政府扶贫工作者/知名主播＋特色农产品购买者"的方式对特色农产品进行销售。对于政府扶植下的销售者来说，通过政府官员或者政府邀请的公众人物参与直播过程，购买者能够面对面的看到这些拥有公信力人物对于产品的推荐，自然会增加购买者对产品的信赖感，能够切实的帮助特色农产品上行，这也是传统销售路径无法替代的因素。因此，第六条工作流能够对特色农产品上行提供有效帮助。

通过上述分析，从构建的演员模型6种工作流中梳理出能够对特色农产品上行提供有效帮助的3条。如表7—1所示。

表 7—1 演员模型有效工作流

序号	工作流	驱动因素
1	个人经营的特色农产品销售者 + 聊天群 + 农村外出务工人员 + 特色农产品购买者	信赖机制
2	个人经营的特色农产品销售者 + 直播电商 + 农村外出务工人员/知名主播 + 特色农产品购买者	信赖机制、传播性
3	政府扶持下的特色农产品销售者 + 直播电商 + 农村外出务工人员/政府扶贫工作者/知名主播 + 特色农产品购买者	信赖机制、传播性

对基于虚拟社群的特色农产品农村电子商务模式中的演员模型组成内容进行分析、研究，构建如图 7—5 所示的演员模型。

同时得出以下三点结论：通过聊天群和直播电商的特色农产品销售路径均会对特色农产品上行产生更好的效果；信赖机制是影响基于虚拟社群的特色农产品农村电子商务成功的主要因素；直播电商不同于以往的销售路径，能够对特色农产品的销售起到巨大作用。

3. 收益模型

基于虚拟社群的特色农产品农村电子商务模式理论框架中，收益模型包括直接收入和产品成本，本小节将结合基于虚拟社群的特色农产品农村电子商务应用情况，对以上两方面内容进行分析和研究。

（1）直接收入。直接收入是指销售者通过销售特色农产品产生的销售额，对于基于虚拟社群的特色农产品农村电子商务来说，销售特色农产品的直接收入等于特色农产品的销售价格与特色农产品销售量的乘积。对同类特色农产品来说，在产品外观差异不大的情况下，最吸引购买者眼球的一定是优惠的销售价格。根据市场供需平衡可知，价格与销售量之间成反比关系。因此，寻找出能够实现供需平衡的最合适的销售价格，是提高销售者直接收入的关键点。

（2）产品成本。基于虚拟社群的特色农产品农村电子商务的产品成本主要包括人工费、材料费、销售人员成本、运输成本、存储成本等。其中

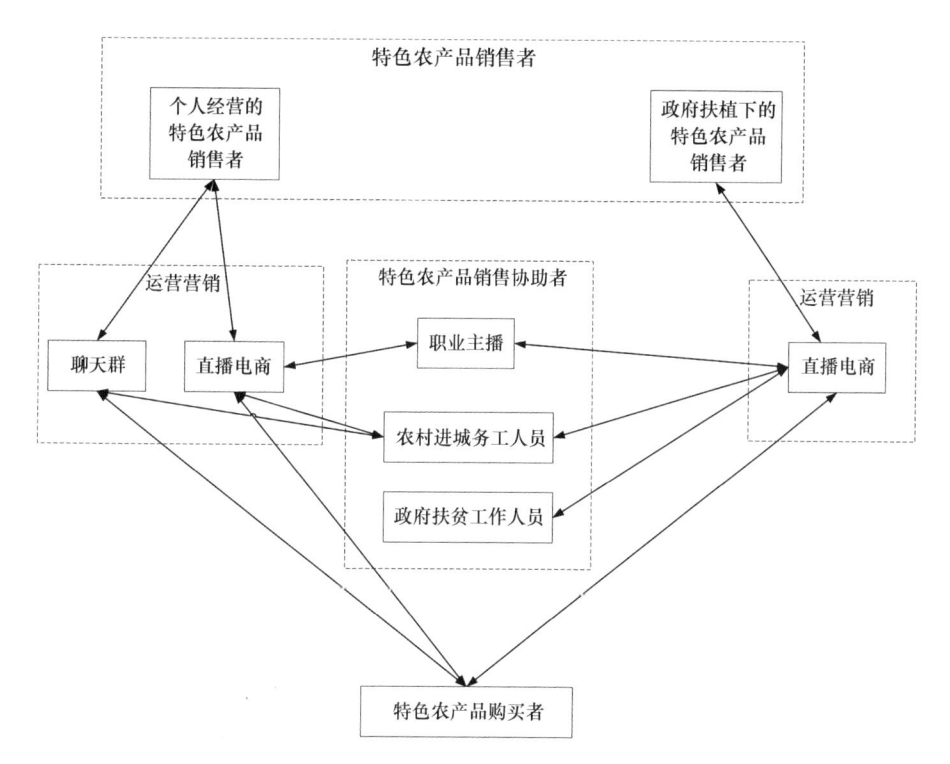

图7—5 基于虚拟社群的特色农产品农村电子商务演员模型

人工费和材料费决定特色农产品质量，销售人员成本决定销售人员的水平，而销售人员的水平对特色农产品的销售量有一定的影响，比如直播电商销售特色农产品的过程中邀请知名主播参与，一定程度上增加了购买者的吸引力。运输成本和存储成本决定了特色农产品最终送到购买者手中的产品质量，从而直接影响购买者的满意度，是决定特色农产品能否形成稳定销售渠道的关键因素。综上所述，产品成本直接影响产品质量、产品销量、和客户满意度，投入成本越高，产品的销售也就相对更好。

基于虚拟社群的特色农产品农村电子商务销售过程中，销售者的最终收益等于直接收入减去产品成本，产品成本高，意味着收益减少。因此，如何确定产品成本是提高销售者收益的关键点。

根据本节的研究，基于虚拟社群的特色农产品农村电子商务收益模型由直接收入和产品成本构成，其中直接收入由产品价格和产品销售量构成，产品成本由人工费、材料费、销售人员成本、运输成本、存储成本等内容构成。

根据上述结论，构建如图7—6所示的基于虚拟社群的特色农产品农村电子商务收益模型。

直接收入	产品成本		
产品价格	人工费	销售人员成本	存储成本
产品销量	材料费	运输成本	……

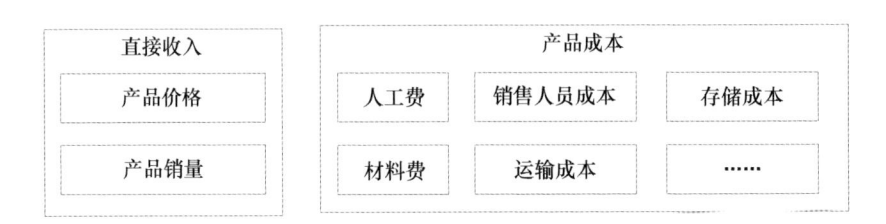

图7—6 基于虚拟社群的特色农产品农村电子商务收益模型

在基于虚拟社群的特色农产品农村电子商务模式理论框架中，在战略定位和战略意图的基础上，结合基于虚拟社群的特色农产品农村电子商务应用情况构建战略模型。以下对战略定位和战略意图两方面内容进行分析和研究。

在基于虚拟社群的特色农产品农村电子商务中，战略定位即产品的品牌定位，在销售特色农产品之前，销售者一定要对自己销售的特色农产品做一个全面的评估，根据评估的结果，选择适合销售的特色农产品的具体定位，选择适合产品战略定位的产品和服务模型、演员模型、收益模型而建立虚拟社群。

在基于虚拟社群的特色农产品农村电子商务运营过程中，应当根据社群规模、战略定位、演员模型内容等方面，确定合理的战略意图作为社群运行的不竭动力。

二 外部框架

基于虚拟社群的特色农产品农村电子商务模式理论框架中，外部框架包括技术条件、市场条件、法律环境和竞争者关系，本小节将结合基于虚拟社群的特色农产品农村电子商务应用情况，对以上四方面内容进行分析

第七章 基于虚拟社群的农村电子商务模式构建

和研究。

1. 技术条件

随着互联网技术的发展，建立虚拟社群的手段多种多样，且基本由免费软件提供，因此建立虚拟社群的技术条件不受限制。基于虚拟社群的特色农产品大多数来自偏远地区，经济发展水平普遍不高，物流存储等基础设施建设不够完善。随着电商企业在农村的发展以及各地方政府对农村电子商务的大力扶持，偏远地区的物流、存储等基础设施也开始逐渐完善，在未来将会极大减少来自这方面的技术限制。

2. 市场条件

随着城镇居民生活水平的提高，人们追求高质量生活的欲望也越来越强烈，特色农产品上行给城镇居民的菜篮子和餐桌提供了更多可选择的空间，也更加迎合当今人们的消费习惯。但对经济不发达地区，由于缺乏电商企业的支持，特色农产品缺乏合适的销售渠道，特色农产品上行整体较为困难。而基于虚拟社群的特色农产品农村电子商务能够为特色农产品上行提供一种新的渠道，为城镇居民生活消费需求提供了一个新的购买渠道。因此，对基于虚拟社群的特色农产品农村电子商务来说，市场条件良好，发展空间广阔，可以说处于蓝海市场。

3. 法律环境

近年来，国家提出了乡村振兴战略，扶贫工作的开展如火如荼。电商扶贫是国家帮扶农民脱贫的重要手段之一，解决特色农产品上行问题能够切实有效的提高农民收入。目前，脱贫攻坚战进行到了关键时刻，基于虚拟社群的特色农产品农村电子商务作为一种有效帮助特色农产品上行的模式，受到国家宏观政策的支持。

4. 竞争者关系

基于虚拟社群的特色农产品农村电子商务的主要竞争者是传统特色农产品销售模式和以电商企业为主导的特色农产品农村电子商务。

基于虚拟社群的特色农产品农村电子商务相对于传统的特色农产品销售模式具有以下优势：特色农产品可以直接从农民手中销售给购买者，避免了多级分销的环节，提高了销售者的收入；营销渠道简单，投入成本低，减少了中间环节，买卖更加灵活。

因此，基于虚拟社群的特色农产品农村电子商务对农民来说更具有吸引力，也更愿意选择基于虚拟社群的特色农产品农村电子商务这种模式完成产品的销售。不远的将来，基于虚拟社群的特色农产品农村电子商务的发展壮大一定程度上会在货源上削减传统特色农产品销售产业的地位。

目前，以电商企业为主导的农村电子商务在市场中占比较大，基于虚拟社群的特色农产品电商还未得到广泛的普及，这两种农村电子商务模式都各具特色，存在着一定的差异性：

第一，从特点上分析。以电商企业为主导的特色农产品农村电子商务的特点是以集成化、规模化和产业化为主模式，主要集中分布在发达地区，欠发达地区分布较少。而基于虚拟社群的特色农产品农村电子商务主要针对小而散的农户，这种模式正好能够弥补以电商企业为主导的特色农产品农村电子商务的不足。

第二，从分布区域上分析。以电商企业为主导的特色农产品农村电子商务在经济发达地区已经完成了规模化、集成化的生产链条以及基础设施的建立，在这样的条件下，其生产成本和销售成本相对较低。因此，在发达地区，以电商企业为主导的特色农产品农村电子商务更具优势。

综上所述，二者的竞争者关系因各自特点及所处区域的优势不同，分为两种情况，基于虚拟社群的特色农产品农村电子商务针对欠发达地区小而散的农户处于优势地位，以电商企业为主导的特色农产品农村电子商务在经济发达地区处于优势地位，二者结合能够进一步扩大中国农村电子商务的发展，加快特色农产品上行。

三 基于虚拟社群的特色农产品农村电子商务模式

本章以基于虚拟社群的特色农产品农村电子商务模式理论框架为基础，对基于虚拟社群的特色农产品农村电子商务中的产品和服务模型、演员模型、收益模型、外部框架和战略模型分别进行研究，并对演员模式中的工作流进行了优化，构建出如图7—7所示的基于虚拟社群的特色农产品农村电子商务模式。

第三节　模式特点

一　基于购买者角度

基于虚拟社群的特色农产品电商模式为购买者提供了一种新的特色农产品购买途径，能够提高购买者购买过程的满意度，主要表现在以下两个方面：

1. 通过虚拟社群购买到的特色农产品质量高

对于生鲜类特色农产品来说，虚拟社群直接连通生产者和消费者，使购买到的产品质量有所提升。在传统的销售模式中，购买者购买特色农产品普遍是通过淘宝店、实体店等方式进行购买，这些店家并不是生产者，在产品原有价格的基础上，增加了店铺利润额和营业成本，普遍造成产品价格大幅提高的现象。另外，店家在对产品收购和销售的过程中，采取批量收购，零散卖出的方式，这种方式造成了产品贮存时间长，从而会影响到产品的新鲜度。另外，贮存方式也会对产品质量产生一定的影响，比如冰冻对生鲜类特色农产品的口感影响很大。而通过虚拟社群购买的生鲜类特色农产品是从生产者或生产者的关系者手中直接获取的刚刚完成收获的产品，回避了提前收购和贮存的问题，从而提高了产品质量。

2. 虚拟社群的信赖机制可以提升购买者的购物体验

虚拟社群的信赖机制，减少了购买者对销售者的不信任感，提升了购买者的购物体验。在传统的特色农产品交易过程中，制约产品交易的一个主要因素就是购买者对销售者的不信任感，这种不信任感会使购买者对产品真实性以及产品质量产生质疑，从而阻碍交易的成功。虚拟社群的信赖机制很好地解决了这个问题。另外，虚拟社群成员本身就有一定的社会关系网，购买者通过直播等方式对销售者的产品形成认可，对产品质量的怀疑基本可以消除，从而促进交易的完成。也消除了购买者由于不信任感而进行多家比选或查阅更多的资料鉴别产品质量的时间，从而提升了购买者的购物体验。

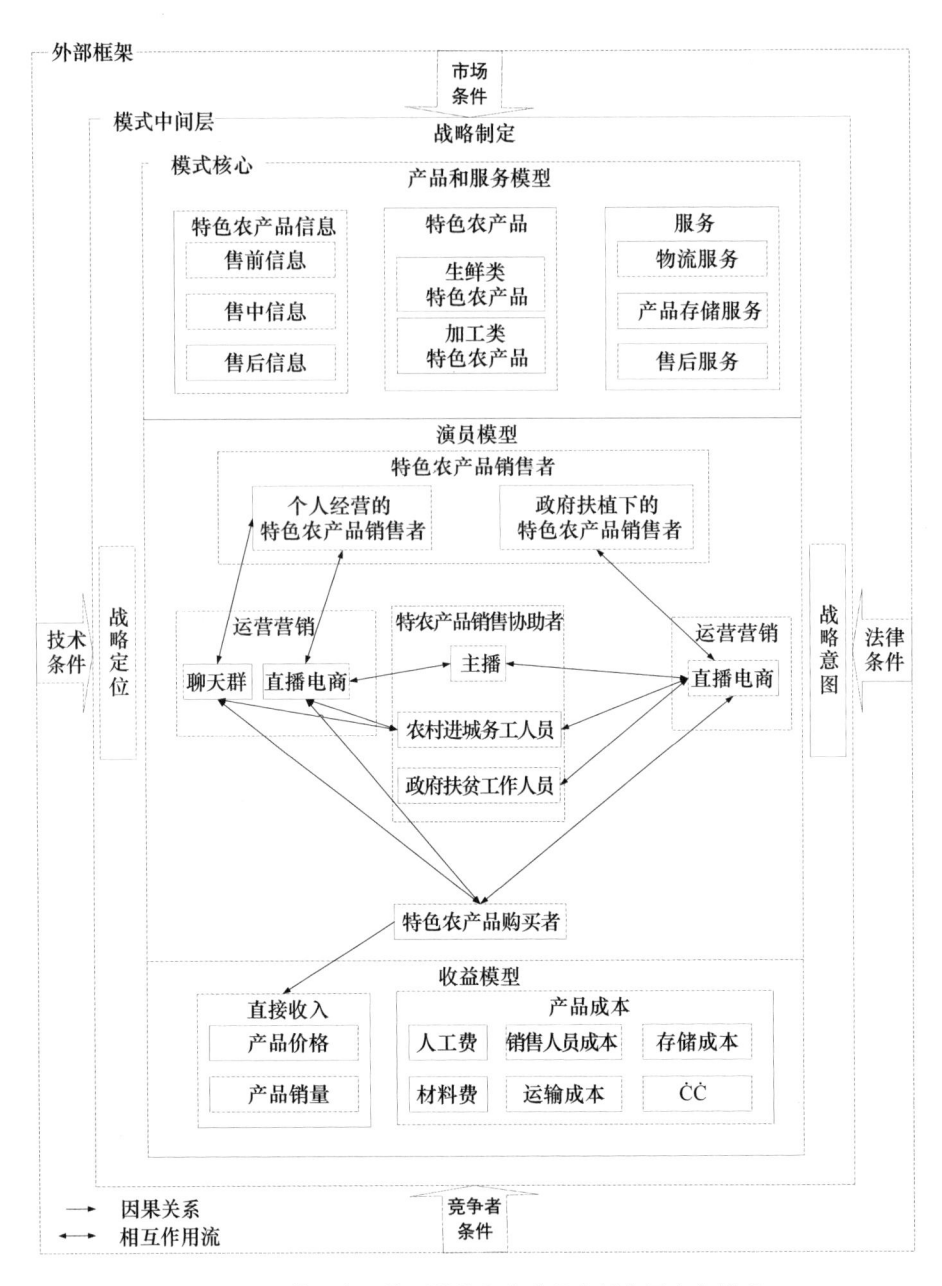

图 7—7　基于虚拟社群的特色农产品农村电子商务模式

二 基于销售者角度

基于虚拟社群的特色农产品电商模式对销售者来说,最大的好处是提高了销售量和获取更大的利润。主要表现在以下四个方面:

1. 销售者和购买者直接联系,能够提高特色农产品的销售量

在基于虚拟社群的特色农产品农村电子商务模式下,销售者能够与购买者直接建立联系,并且能够利用虚拟社群的信赖机制和传播性的特点,切实提高特色农产品的销售量。

2. 销售者和购买者直接联系,获取更高的特色农产品销售额

销售者能够通过虚拟社群与购买者建立直接联系,减少中间商收购的环节,增加销售者收入。虚拟社群通过互联网环境建立购买者与销售者之间的直接联系,这为原本缺少一定渠道的生产者提供了直接销售的可能性,同时避免了由于中间商批量收购时造成的压价现象,从而获取更高的产品销售额。

3. 建立稳定的特色农产品的销售渠道,获得稳定的收入来源

销售者能够通过虚拟社群的信赖机制,减少购买者的不信任感,建立产品的销售渠道,并维持该渠道的稳定性。通过虚拟社群信赖机制,销售者能够完成特色农产品的首次交易,只要购买者对产品质量满意,利用虚拟社群的传播性特点,会吸引越来越多的购买者群体,形成稳定的销售路径,帮助销售者获得稳定的收入来源。

4. 利用虚拟社群的传播性特点,扩大特色农产品的销售渠道

销售者能够利用虚拟社群的传播性,扩大产品的销售渠道。相比于传统销售模式,虚拟社群能够更好地与互联网新媒体、直播等形式融合,虚拟社群内的产品宣传信息更易扩散。借助虚拟社群的传播性特点,销售者的宣传信息会比传统的销售模式具有更好的效果,从而扩大产品销售渠道。

以 Leimeister 提出的虚拟社群商业框架为基础,延伸出基于虚拟社群的特色农产品农村电子商务模式理论框架,并对基于虚拟社群的特色农产品农村电子商务中的产品和服务模型、演员模型、收益模型、外部框架和战略模型分别进行研究。结合理论框架,分别构建出基于虚拟社群的特色农产品农村电子商务的产品和服务模型、演员模型、收益模型,并对演员

模式的工作流进行分析和优劣对比，得出最优工作流，完成了基于虚拟社群的特色农产品农村电子商务的模式构建，为中国特色农产品上行提供了切实的理论支持。

第八章　基于虚拟社群的农村电子商务创新实施路径

上一章，以基于虚拟社群的特色农产品农村电子商务模式理论框架为基础，完成了基于虚拟社群的特色农产品农村电子商务的模式构建。本章将以基于虚拟社群的特色农产品农村电子商务模式，以该模式实施步骤为顺序，从销售前对销售策略的制定，销售过程中对群成员选择、虚拟社群的建立及营销策略、产品信息发布、运输存储服务等方面进行分析，最后到产品售后的保障措施，建立该模式的实施路径。

第一节　制定销售策略

制定销售策略是基于特色农产品的农村电子商务销售模式中实施路径的前奏。销售策略制定的好坏，直接影响到产品销售的顺利实施。

本节结合基于特色农产品的农村电子商务销售模式，首先从构成外部框架的四个条件对特色农产品销售进行市场分析及外部环境研究，然后从产品的品质、成本、价格几方面进行分析，制定出特色农产品的销售策略。

一　市场分析及环境研究

市场分析及环境研究是制定销售策略的前提。在基于虚拟社群的特色农产品农村电子商务模式实施过程中，外部框架中的市场条件、技术条件、法律条件、竞争者条件等外部环境条件，是该模式能否运行的前提条件。因此，对上述四种外部环境条件进行研究，是了解市场情况、制定销售策略的前提。

随着城镇居民生活水平的提高以及"互联网+"的飞速发展,基于虚拟社群的特色农产品农村电子商务的市场条件更为宽阔。如何将这种销售模式稳定发展下去,扩大产品的知名度、特色农产品品质及价格对购买者的吸引力是影响市场的关键因素。通过虚拟社群的传播,进一步扩大所销售的特色农产品购买者的数量和购买能力,是该模式能够实施的第一步。因此,在制定销售策略前,首先要对所销售特色农产品的市场条件进行研究,研究该产品市场销售的饱和程度、市场定价以及市场上同类销售产品的品质,了解拟销售的产品在市场中所处的地位,作为后续产品定位的重要参考因素。

在移动互联网及虚拟社群社交软件免费化的今天,基于虚拟社群的特色农产品农村电子商务在宏观方面的技术条件限制基本不存在,而在微观方面,基于虚拟社群的特色农产品销售过程中的技术条件包括销售者是否掌握移动互联网使用技术、是否具有足够的网络销售经验、是否对产品销售的流程足够熟悉、产品生产地的物流基础设施建设情况、销售者能够提供的产品存储设施、销售者是否具有网络直播的经验等内容,这些因素将影响虚拟社群建立时人员的选择和销售路径的选择,所以在制定销售策略的过程中销售者应当对技术条件进行详细的分析。

1. 法律条件

近年来,中国在乡村振兴、电商扶贫等方面出台了众多政策,大力扶植农村地区的经济发展,这些政策的出台对于基于虚拟社群的特色农产品农村电子商务模式的实施起到推动作用。因此,在制定销售策略的过程中,应当对销售者所在地对于特色农产品销售、电商扶贫、乡村振兴的相关政策进行了解,从中提取能够起到帮助的政策条款,并以此为基础制定销售策略,必能起到事半功倍的效果。

2. 竞争者条件

在制定销售策略前,销售者应当提前做好本地以及网络上销售同类产品商家调研,判断自身的优势,找出核心竞争力,才能在市场竞争中取得优势地位。

二 产品的品质、成本及价格

在基于虚拟社群的特色农产品农村电子商务模式实施过程中,产品的品质、成本及价格是制定销售战略目标和实施方案的基础。

1. 产品品质定位

产品定位是指产品销售过程中产品所处的层次，是高端、低端还是走大众化路线，它决定了产品的品质、运输及存储等级，影响着整个销售策略的整体方向，是销售策略的根本，而产品的定位主要是需要针对产品品质进行定位。

购买者对产品的满意度和销售者持续的服务质量是决定产品能否拥有长期稳定销售渠道的根本因素。在特色农产品销售过程中，最重要的就是要保证产品的质量，而产品品质由产品筛选定级、产品储存方法、产品运输条件来决定。这些因素都是特色农产品销售前要重点考虑的问题，只有建立产品品质定位标准，保证产品储存、运输质量及速度等方面均能满足产品在战略定位中的质量要求，才能维持长期稳定并持续增长的客户源。

对于特色农产品来说，产品质量是影响销售的关键因素，而在产品质量方面，产品品质定位标准的确定非常重要，直接影响到产品的销售价格及虚拟社群中销售群体的定位。对生鲜类特色农产品来讲，要讲究其品种、种植过程中的所采用的方法、收获时产品的品相及大小等对产品品质的影响。对加工类特色农产品，就要讲究加工原材料的品质、加工过程中各种添加剂的使用标准、外包装的设计等环节对产品品质的影响。只有把好产品品质关，对不同品质的产品确定其相应的级别，才能有效把握好产品销售价格，针对确定的产品级别，有针对性地选择适合的销售者群体，以保证建立的虚拟社群能稳定健康的发展，加速带动特色农产品上行。

2. 产品成本分析

产品成本是构成产品销售价格的主要元素，它包括生产成本和运输成本两部分。

（1）生产成本。对于生鲜类特色农产品来说，产品的生产成本无法通过人力资源成本和劳动量来估算，因此我们可以以农民原本的销售价格作为生产成本，也就是参考供销社或者农产品经销商的收购价格来估算生产成本。对于加工类特色农产品来说，通常可以根据原材料的价格、加工费用、人员、加工产品的设备成本等因素，综合计算产品生产成本，一般情况是将出厂价格定为产品的生产成本。

（2）运输成本。对于生鲜类特色农产品来说，由于要保证鲜度和口感，通常对运输和存储的要求更高，为保证产品质量和吸引更多的客源，提升后续服务，对生鲜类特色农产品就应当选择高质量的物流公司来承担销售产品的运输工作，其运输成本相对来说也会高于加工类特色农产品的运输成本。对于加工类特色农产品来说，运输和存储相对比较容易，因此，在运输和存储方面可以在保证产品不损坏的前提下，适当降低选定物流公司的标准，以此降低销售产品的运输成本。

在特色农产品的交易过程中，只有产品价格当被双方接受才能完成交易，而产品的定价大于产品成本才能被销售者接受。因此，在基于虚拟社群的特色农产品农村电子商务进行特色农产品销售前，销售者应该提前对产品成本进行策划，以此保证产品销售价格更为合理，最终实现制定的销售战略目标。

3. 产品销售价格确定

特色农产品的销售价格决定了产品的收益率，同时对购买群体的体量有一定的影响，因此，在基于虚拟社群的特色农产品农村电子商务进行特色农产品销售前，应该对产品销售价格的确定做好充分的研究。

产品销售价格的确定，除了必须要考虑产品成本，还应当对市场销售的同类特色农产品的价格、质量、客户需求等方面进行调研。

对特色农产品来说，产品的价格是影响购买者购买欲望的主要因素，特色农产品的销售价格一般要低于同类产品的平均市场价格才会有吸引力。因此，在产品销售前，首先要调研同类产品的线下或者网店中的销售价格。另外可以通过网上购买同等品质的产品来进行对比分析，重点分析拟销售产品的优缺点，如果优势多，可以在价格方面适当有所提升，反之，则应当采取低价吸引客户的眼球。在客户需求方面，可以对城市中的销售者进行询问或者通过对网店中的销售信息进行调查，根据销售量的大小，去制定产品是以量大价优的方式还是以量少精致的方式确定销售价格。

4. 战略定位

不同的特色农产品销售战略定位对产品质量的需求也各有不同，如果只是采取倾销的模式销售特色农产品，那么产品质量不是第一要务，销售价格是关键。但如果定位目标是树立特色农产品品牌，那么产品品质则是目标首位。

因此，销售者应当对即将建立的虚拟社群进行战略定位，确定该虚拟社群的销售目的是仅仅为了将特色农产品卖出去获得暂时的利润，还是建立特色农产品品牌，获得长期稳定的销售渠道，如果是后者，则应当提高对特色农产品质量的关注程度，并以此为基础制定销售策略。

三 不同的销售者对战略目标的影响

在基于虚拟社群的特色农产品农村电子商务实施过程中，应当在销售者群体内部确定阶段目标。对于个人经营的特色农产品销售者来说，可以针对购买群体的收入水平以及购买喜好进行目标确定；对于政府扶植下的特色农产品销售者来说，可以针对年收入的增加比例、地方品牌文化的建立以及扶贫工作的开展来确定战略目标。

第二节 产品销售

产品销售是基于特色农产品的农村电子商务销售模式中实施路径的核心内容。本小节结合基于特色农产品的农村电子商务销售模式，从虚拟社群人员选择、产品销售渠道及虚拟社群的建立、产品信息发布以及运输和存储服务几方面进行分析，构建出基于特色农产品的农村电子商务销售模式中产品销售路径。

一 虚拟社群成员的选择

在虚拟社群建立的过程中，销售者首先应结合自身是否有过网络销售经验、财务能力状况等因素，分析自身是否具备建立和经营虚拟社群的能力。若能力不够，应借助特色农产品销售协助者的能力来完成虚拟社群的构建，并共同研究哪些特色农产品购买者进入虚拟社群。

1. 特色农产品销售者

在建立虚拟社群时，销售者首先要对自身情况有一个基本的定位。特色农产品的销售者主要有农民、农产品经销商等，由于各自生活经历不同，所以具有各自不同的销售优劣势。

（1）农民。农民一般是特色农产品的销售者，对自己所销售的自家产品的质量特性熟悉，在销售过程中容易使购买者产生信任感；但他们普遍存在销售经验少、网络使用水平不高、未接触过网络销售等问题。所以这类人在虚拟社群中如果作为销售者主体,受限于他们在网络平台销售水平的限制,一般处于不利地位。

因此,当农民作为特色农产品销售者时,应当适当选择特色农产品销售协助者,为自身在销售技术和能力上的不足进行补充,如果自身能力低下,可以通过寻求政府工作人员的帮助来完成虚拟社群的建立,如果有亲戚朋友在城镇内务工,也可以选择农村进城务工人员作为协助者,而如果自身能力和经济水平比较强,还可以选择直播电商方式等扩大销路。

(2) 农产品经销商。农产品经销商一般是有多年经商经验的个体户,有着极为丰富的网络销售经验。因其所销售的特色农产品均来自下乡从农民手中收购的特点,所以存在对所收购的产品质量特性把握不准而带来的产品质量不高的风险。在他们销售产品过程中就有可能夸大产品的质量而引起购买者的不信任感。

因此,在选择协助者时,可以选择农村进城务工人员进行协助,以增加销售过程中的可信度。另外,由于经销商普遍掌握较为丰富的资源,可以通过邀请主播协助进行销售。

2. 特色农产品销售协助者

特色农产品销售协助者主要包括政府扶贫工作人员和农村进城务工人员,选择合适的特色农产品销售协助者能够有效助于特色农产品在虚拟社群中的销售。

(1) 政府扶贫工作人员。政府扶贫工作人员是扶贫工作的执行者,相比于一般的特色农产品销售协助者,在国家政策的支持下,政府扶贫工作者能够调动更多的社会资源来帮助特色农产品的销售,以实现农村脱贫的目标。因此,在销售者缺乏销售经验、投入资金以及相应的人脉关系时,在政府扶贫工作人员的帮助和指导下销售特色农产品,能够为贫困农村人员增加一笔不错的收入。

(2) 农村进城务工人员。农村进城务工人员从小就生长在农村,对所销售的特色农产品的质量特性熟悉。这类人员大部分也受过高中以上的教育,熟悉互联网各类软件的使用。经过几年城市生活的历练,对城市购买者的生活习惯和消费习惯也逐渐熟知,而且也有了一定的社交圈。对这类销售者群体来说,在虚拟社群上推销自己家乡的特色农产品有一定的优势。

（3）职业主播。职业主播具有丰富的直播经验，掌握了一定的直播技巧，运用这些技巧，职业主播能够带动现场的气氛，增加直播过程中的销售量，另外，职业主播在长期的直播过程中，积累了一定的知名度和固定的粉丝，因此职业主播的直播过程必定会吸引较多的人来观看，从而增加直播过程中的购买者人数。但是，聘用职业主播需要支付一定的报酬，自身资金不足的销售者对于是否聘用职业主播的情况要慎重考虑。

3. 特色农产品购买者

在建立虚拟社群前，销售者应当根据销售策略，对特色农产品的购买者进行选择。特色农产品的购买者主要是城镇中的居民，年龄层次、网络消费习惯、个人收入差异，是虚拟社群中对购买者群体进行研究所需要关注的主要因素。

（1）年龄层次。都市生活节奏快以及外卖行业的兴起，大部分20—40岁年龄层的购买者基本上不在家做饭，对生鲜类特色农产品的需求较少，但是对果脯、坚果等加工类休闲食品需求量较大。40—60岁年龄层的购买者对生鲜类特色农产品的需求量相对大，加工类特色农产品需求量较少。

（2）网络消费习惯。大部分20—40岁年龄层的购买者更愿意在网上购买他们需要的产品，40—60岁年龄层的购买者中一部分有网上消费习惯，能够接受在线上购买特色农产品的人员占比较少。而且这个年龄层段中的网上购物群体更愿意在朋友推荐的聊天群中购买特色农产品，他们一旦认可首次购买的产品后，就会成为忠实的买家。

（3）个人收入差异。在收入方面，受教育程度高、收入相对较高的购买者群体更愿意直接通过虚拟社群购买来自生产区的特色农产品。

二 虚拟社群的建立及营销策略

在第七章演员模型里，对虚拟社群中的销售渠道进行了分类，对不同销售渠道内的运营营销模式进行了研究，并构建演员模式的工组流。对基于虚拟社群的特色农产品农村电子商务工作流分析，发现该模式最优销售渠道主要有两种，一是通过聊天群销售特色农产品，二是通过直播电商销售特色农产品。本节主要结合这两种销售渠道建立虚拟社群，并进行营销策略研究。

1. 通过聊天群销售特色农产品

基于聊天群的虚拟社群是在聊天群中完成特色农产品交易。主要有三个决定性的因素：一是通过与购买者建立信赖机制来促成首次交易的形成；二是保证产品质量，以实现建立长期稳定的客户关系；三是建立良好的品牌形象，通过虚拟社群的传播性，获得更多的客户关系。

（1）聊天群的建立。特色农产品虚拟社群中，对购买者和销售者双方群人员的结构特点把控，是实现交易的关键因素。因此，在建立虚拟社群前，应当对购买者和销售者主体进行分析，选择合适的销售人员加入虚拟社群，同时选择产品真正的需求者作为购买者进入虚拟社群，才能够快速建立信赖关系，促进特色农产品交易的完成。

对购买群体的选择，应当根据产品类别，选择合适的购买群体建立虚拟社群。熟悉网购和有网购习惯的收入较高的购买者是基于虚拟社群的农村电子商务的最佳购买者群体。

进城务工人员在虚拟社群上推销自己家乡的特色农产品有一定的优势。他们只要再经过一定的营销培训，无疑会成为基于虚拟社群的农村电子商务的最佳销售者群体。农民依托这类群体建立的虚拟社群，可以快速与购买者群体建立信赖关系，助力特色农产品上行。

如果购买者和销售者在建立虚拟社群之前已经有一定的信赖关系，如同事、同学、朋友、合作对象等，更应当作为购买者客户群体的优先选择对象。

（2）营销策略的制定。特色农产品的销售离不开营销策略，通过制定合理的营销策略方案，并做好长远规划，扩大产品销售范围，才能更好地解决特色农产品上行的问题。通过虚拟社群的传播性，销售产品能够被更广泛的传播，取得更大的效果。基于虚拟社群的营销手段多种多样，主要以短视频、直播互动以及宣传软文为代表。

①短视频具有记录和分享的作用。它不同于传统的纪录片，因篇幅短小，方法新颖，也越来越被现代人接受。短视频也是聊天群营销的一种重要手段。销售者可以通过短视频，将特色农产品从种植到收获再到加工过程中的重要步骤记录下来，形成类似于特色农产品生产日记的短视频，定期在虚拟社群中推送，增加购买者的信任感和亲切感，吸引更多的购买者

参与进来。

②直播互动也是聊天群的重要营销手段。销售者可以通过直播，向群成员宣传特色农产品信息，搭建时间短、流量大的宣传平台。这种宣传手段不仅高效，也能够迅速拉近购买者和购买者之间的距离。在聊天群中通过直播的形式，定期向全体群成员展示特色农产品种植、生产的过程，以此提升群成员对产品品质的认可度。通过定期向群成员推送特色农产品信息，唤醒群成员的消费欲望，提高销售率。在直播时间的选取上，要充分考虑到群成员的职业和生活习惯，尽量挑选休息日、成员在线多的时间进行直播，或者可以通过直播预告的形式向群成员提前宣传。

③宣传软文是通过网络文章的形式。宣传软文是对产品的功效、优点等进行描述，旁敲侧击地宣传产品效果的一种形式。销售者可以将特色农产品的相关信息写成软文，在聊天群内定期推送，部分购买者会将软文通过朋友圈微博等形式转载出去，形成速度快、辐射面广的级联宣传效果，以增加潜在的购买者群体。

2. 通过直播电商销售特色农产品

基于直播电商的虚拟社群是直播电商通过主播以及在直播过程中观看直播的群成员来完成虚拟社群建立的，因此，通过直播电商建立的虚拟社群不同于聊天群，具有临时性和短暂性。基于直播电商的虚拟社群主要关注的是主播选择、直播技巧策划和服务策略等方面的研究。

（1）主播的选择。直播电商是短时间内集中销售特色农产品的一种方式。直播过程中能否将特色农产品顺利销售出去以及产品的销售量都与主播选择的好坏有着很大的关系。要保证特色农产品顺利上行，应当选择具有一定社会公信力的人物作为主播进行直播销售。公信力强的主播人选一般是职业主播或者政府官员，但是考虑到销售规模和特色农产品销售者的困难，销售者自身也可以作为主播进行销售。

①职业主播。职业主播具有一定知名度优势和作为主播的专业优势。一个优秀的网络主播在互联网节目或活动中，常常要面对线上数万人、几十万人甚至上百万人的观众，积累了大量的粉丝和知名度。因此，选择这类人作为特色农产品销售主播，可充分利用他的人气吸引大量的观众参与，有效增加潜在购买者的数量。网络主播是一个综合能力很强的职业，在互联网中的一档节目或活动，从策划、编辑、录制、制作、观众互动等

一系列工作大多由主播负责参与，并由主播本人担当主持工作。因此，职业主播作为特色农产品销售主播，可通过其丰富的经验和手段，实时与线上群成员交流互动，快速拉动现场气氛，增加购买者购买该产品的积极性。

②政府官员。政府官员是具有一定社会公信力的人物，一般会为其所在的地域进行特色农产品的宣传，以此扩大其所在地区的特色农产品上行。政府官员作为特色农产品主播时，往往事先通过其他手段安排了预宣传，如社会广告、政府宣传等，从而吸引大量的观看者。这种社会公信力的主播会让观看直播的人产生充分的信赖感，从而购买者产生购买欲。因此，当地政府官员亲自直播推销本地特色农产品时，销量往往能够取得可观的效果。

③销售者自身。销售者作为主播为自己的产品直播代言，具有一定的直播场景优势，可以通过在特色农产品生产和制造的第一现场进行直播，比如田间地头或者加工现场。销售者自己直播宣传产品更增加了真实性，让购买者产生面对面跟销售者进行特色农产品交易的感觉，增加了对产品的信赖程度。在直播过程中，销售者本身的淳朴气息能够打动观看直播的购买者，而且生产现场的情况能够增加直播的信服力，但由于销售者自身的影响力有限、知名度小，吸引观看直播的人员有限。因此，这类主播做的特色农产品销售直播，一般常与其他销售渠道结合，比如在聊天群中进行直播，这种在虚拟社群成员原本就具有一定信赖关系的情况下进行直播，能够取得更好的效果。

（2）直播技巧策划。在直播过程中，采取合理的直播策略，吸引购买者的眼球，根据主播不同和直播场景的不同，发挥各自的优势。合理运用直播中的技巧，打造短时间的爆款，进一步扩大直播特色农产品过程中的销售量。

①针对以职业主播为主参与的直播：应当充分利用主播的知名度提前做好宣传工作。可以在各大网络平台开展直播前的铺垫活动，如广告宣传、短视频预告等。在直播过程中，利用主播的专业优势，实时与线上观众交流互动，快速拉动现场气氛，进一步增加直播时的销售量。

②针对以政府官员为主参与的直播：要特别注意直播场地的选择，注重活动的策划，在购买者在挑选特色农产品的同时，还可以真实感受到当

地的风俗人情。在直播过程中,利用扶贫政策及政府公信力优势,不仅加大了特色农产品的销售力度,帮助拓宽农产品线上销路,提升农产品品牌价值,也为当地特色农产品销售打开新的渠道。

③针对以销售者自身为主参与的直播:销售者自身在进行特色农产品销售直播时,直播场景和策略应当以贴近生产现场、淳朴自然的风格为主,这样能够还原最真实的生产现场,抓住观众的眼球。

(3)服务策略。由于直播销售具有时间短、流量大的销售场景特点,为了提前对直播信息做好宣传并且在直播后也能建立起长期稳定的销售渠道,应当做好事前和事后服务。

在直播销售之前,应当对本次直播进行宣传,通过各种渠道,提前在各大平台及网络宣传本次直播,为本次销售的特色农产品和销售主播做好宣传,以保证直播时的观看人数和销售效率。

在直播销售之后,应当在商品上标识或者通过其他手段告知购买者再次购买的方式,尤其是对于生鲜类特色农产品,可以通过建立基于聊天群的虚拟社群形式,将购买者聚集在一起,以求建立后续稳定的销售渠道。

三 产品信息的发布

为了保证特色农产品的顺利销售,同时扩大宣传的范围,特色农产品信息的发布起着尤为重要的作用。

售前。由于特色农产品具有销售的时效性,所以应当及时对产品预售信息进行发布,以保证在产品销售期间的销售量。产品的特色和功效宣传信息则应当在产品销售前长时间发布,从而起到潜移默化影响购买者消费习惯的作用,并且在宣传方式上应当以侧面宣传的方式来进行,以防引起购买者的反感。

售中。对于促销信息,应当及时发布以供购买者选择。同时做好发货和运输信息的通知,以保证购买者能够及时确认产品的运送情况。

售后。应当及时发布销售产品有关的售后服务方式以及产品个人保存的方法,帮助购买者延长产品的保存时间,同时在购买到存在质量问题的产品时能够及时寻求售后服务。

四 运输和存储服务

无论是生鲜类特色农产品还是加工类特色农产品，鲜度是影响特色农产品口感的主要因素，因此，保证产品鲜度是保证产品质量的主要因素。要保证产品鲜度，首先是在产品生产和收获的过程中要掌握方式方法，避免由于操作不当造成产品的磕碰和变质。其次，在产品储存的过程中，即使增加成本，也应当选择合理的手段保存产品。最后，在产品运输的过程中，尽量选择条件好、运输速度快的物流公司。对特殊的产品应该考虑到产品的保鲜问题，运输过程中需采取适当的措施。虽然保证鲜度的手段在一定程度上会提高产品的成本，但是稳定的客源才是生意兴隆的根本，切不可因小失大。

在运输速度方面，高效的运输不仅仅是保证鲜度的一种方式，也是提升客户满意度的一种方法。购买特色农产品的用户群，普遍是短时间内有所需求的购买者。将产品快速送到客户手上，不仅符合用户的实际需求，也是提升用户满意度的一种手段。

第三节 售后保障

特色农产品，尤其是生鲜类特色农产品的特殊性，为保证售出产品的质量，对产品的运输和贮存提出更高的要求。但是仍难免不出现产品磕碰、变质等问题；另外，在售前产品品质筛查过程中，也难免没有疏漏发生，有残缺的小部分产品可能会作为优质产品销售到购买者手中。这种现象不可避免，但对于客户来说是不能接受的。因此，在售后服务保障方面，如果购买者反映产品质量有问题，一定要虚心接受并加以赔偿，这样不仅可以换取购买者的理解，也能赢得长期的信任。

以构建的基于虚拟社群的特色农产品农村电子商务模式为基础，以该模式实施步骤为顺序，从销售前对销售策略的制定，销售过程中对群成员的选择、虚拟社群的建立及营销策略、产品信息发布、运输存储服务以及产品售后的保障措施等方面进行研究，完成了该模式实施路径的建立，形成一套基于虚拟社群特色农产品农村电子商务的实施方法论，能够为该模式的落地和实施提供帮助。

第九章　家庭经营视角下的农村电子商务模式的实践验证

第一节　基于虚拟社群的山西某水果销售案例

B某家住在山西运城吕梁山区，是一位地地道道的农民，家庭经济收入的主要来源是种植苹果和桃子的果园收入。受地域条件限制，以往的水果基本上是卖给经销商，卖出的水果价格低廉，而且经常由于经销商收购不及时造成大量的水果烂掉。B某起早贪黑的劳作，家庭的经济状况也没有太多的改善。

2015年，B某为寻找新的销路，经朋友介绍，在淘宝网开设了一家专门销售桃子和苹果的淘宝店，希望能够通过网络解决水果滞销浪费的问题，但是在经过2015年和2016年两年的努力之后，B某家水果通过淘宝店销售的数量几乎可以忽略不计，仅有的销量还是托熟人、找关系购买的为数不多的水果，而且这些熟人购买过一次之后，几乎没有再购买过，结果在这两年间，B某家的水果仍然是以卖给经销商为主，并且存在大量的浪费现象，收入情况没有改善。

B某的姐姐C某大学毕业后留在西安工作和生活，2016年，B某开始向姐姐寻求帮助，C某首先对苹果和桃子销售市场进行了研究，发现2015年、2016年两年市场中苹果和桃子的销售价格平均在4元左右，对B某开设的网店在2015年、2016年销售的情况研究后发现，B某将苹果和桃子销售价格定在4元，与市场价格没有区别，由于B某的果园地处山区，运输条件不发达，物流价格普遍偏高，B某在销售过程中为了减少运输费用，选择了较为便宜的物流方式进行运输，顾客收到货之后，普遍反映水果有磕碰腐烂的现象发生，通过网店的评价系统反馈给B某，但B某却未对这些反馈进行关注，导致顾客对 B 某的水果失去了信心，不再进行购买。

由于 C 某同样出生在吕梁山区，知道家乡的水果由于昼夜温差大，具有汁多、味甜、品相好看的特点，在口感方面普遍优于市场上销售的一般产品。因此 C 某决定将自家的水果打造成以口感取胜的品牌水果。在价格方面，将弟弟家的苹果和桃子的销售价格定位在略低于市场价格的平均价位之内，并每年按照市场波动和收获的情况进行动态调整。而桃子和苹果销售给经销商时，每斤价格普遍在 1 元以下，所以 B 某对于苹果和桃子的定价也十分满意。

在对自家淘宝店研究的过程中 C 某还发现，由于自家销售产品少，淘宝店规模小，缺乏有效的宣传途径，并且对于 B 某来说，淘宝店的操作过于烦琐，几经抉择之后，C 某决定关闭自家的淘宝店，转而利用 B 某也能够熟练使用的微信进行水果的销售。从 2016 年以来，C 某利用大学同学微信群和朋友圈帮助弟弟寻找新的水果销售渠道，通过朋友和同学的关系逐渐聚集了一大批喜欢她弟弟家的水果粉丝，由此建立了水果销售群。每年苹果和桃子即将成熟之际，C 某就会在水果销售群中发一些弟弟家的不同品种的苹果和桃子产品信息。在运输方面，C 某亲自回到家乡进行考察，更换了水果的物流商家，选择价格虽然高，但是能够保证运输过程中产品质量的物流，虽然增加了产品的成本，但保证了产品的质量。

由于 B 某家的水果口感好，价格低廉，水果销售群迅速壮大，2018 年已经成为拥有 500 人的水果销售群，并在微信群中建立了稳定的销售网络，大大提高了 B 某的收入水平。但是，随着销售规模的扩大，一系列的问题也接踵而来，其中，出现最多的问题是用户反馈的水果有磕碰、腐烂等小问题。为赢得客户的信任，维持稳定的买卖双方关系，在 C 某的建议下，B 某对物流方式进行了调整。使用格笼将水果一一分开，加泡沫减震，夏季在容易腐烂的桃子快递箱内增加冰袋等，这一系列的举措虽然导致产品价格有所提高，但是微信群中的用户普遍接受了这样的价格，改进后产品的销售数量得到了进一步的提升。尽管对物流方式进行了改进，但仍然会收到客户反映收到的水果中个别果有这样那样的小问题。在 C 某的建议下，B 某决定对客户通过照片反馈有问题的水果，按照数量进行记录，在该客户下一次再次购买水果的时候，按照记录的数量进行补偿，B

某售后服务的这一举措,再一次受到的微信群中用户的好评。

随着微信水果销售群的扩大以及一系列产品服务保障措施的建立,2017年、2018年、2019年,B某家水果的销量以及销售收入有了显著的提高,具体销售数据如表9—1所示。

表9—1　　　　　　B某家水果近五年销售情况一览表

销售年份	销售渠道	销售额（元）	销售量（斤）	总产量（斤）	销售单价（元/斤）	主要客户
2015	客商	31500	50000	80000	0.63	中间商
	淘宝店	800	200		4.00	购买者
2016	客商	63000	70000	95000	0.70	中间商
	淘宝店	600	150		4.00	购买者
2017	客商	88000	119000	140000	0.73	中间商
	微信群销售	15000	5000		3.00	购买者
2018	客商	90000	55000	70000	1.63	中间商
	微信群销售	40000	10000		4.00	购买者
2019	客商	60000	69000	90000	0.87	中间商
	微信群销售	42000	14000		3.00	购买者

从表9—1中看出,在微信群中销售的水果单价远高于销售给中间商的价格。从2017年起,B某家的水果销售情况有明显改善,同时B某在微信群中的水果销售数量与销售收入逐年提高,产品浪费的比例也在逐年下降。在不考虑总产量影响的情况下,B某通过微信群销售水果的这种方式,在2017年、2018年、2019年三个年度收入增加量分别为13.79%、18.8%、41.25%。

在上述案例中,由于地处偏远山区,交通、物流等条件不发达,另外水果这种产品具有按季收货和难以储存的特性,再加上B某缺少电商销售的知识,通过传统电商销售水果对于改变自家收入、增加水果销路效果不明显。在B某选择C某这一农村外出务工人员之后,C某对市场情况进行了分析,对于自家的水果的产品和战略进行了定位,并确定了以低于市场价、增加产品成本以增加产品质量的方式作为整体的销售策略,选择同学这一信赖关系群体为购买者，以微信群的形式建立聊天群对自家水果进行销售，在微信群中及时发布产品销售信息，并选择了优良的运输和存储方式以保证自己产品质量，在发现质量有问题的产品时，采取了积极退换的售后服务策略增加客户满意度，最终使 B 某果园内的水果销售额大大增加，减少了水果浪费的现象。通过该案例，足以说明基于虚拟社群的特色农产品农村电子商务模式是能够有效帮助特色农产品上行的。

第二节　研究结论

本书沿用 Leimeister 提出的基于虚拟社群的商业模式框架，构建基于虚拟社群的特色农产品农村电子商务模式，并结合实际案例，形成了一套针对该模式的实施路径，为该模式的实施和落地提供了理论指导。主要研究结论如下：

1. 利用电子商务开展扶贫工作是中国帮扶农民脱贫的重要手段之一

对于经济欠发达地区，由于缺乏大型电商企业的支持，特色农产品上行整体较为困难。随着移动互联网的普及化，基于虚拟社群的特色农产品农村电子商务模式对欠发达地区小而散的农户更具优势，与以电商企业为主导的特色农产品农村电子商务结合，能够进一步扩大中国农村电子商务的发展，加快特色农产品上行，其外部环境受到国家宏观政策的支持。

2. 战略定位是影响基于虚拟社群的特色农产品农村电子商务成功的前提

基于虚拟社群的特色农产品销售前，要对销售的产品进行一个详细的评估，根据评估结果对产品有一个清晰明确地定位，进而建立产品品质定位标准，保证产品储存、运输质量及速度等方面均能满足产品在战略定位中的质量要求，才能维持长期稳定并持续增长的客户源，才能实现实施路径的真正运行。

3. 产品和服务模型是基于特色农产品农村电子商务模式能够顺利实施的根本

在激烈的市场竞争中，产品和服务是非常重要的竞争因素。在产品方面，要严格把关产品质量、品牌特色、销售模式等多个方面；在服务方面，随着市场内产品逐渐同质化，要不断地通过服务来创造差异，提高附加值。只有产品质量和服务水平不断提高，才能建立稳定的销售渠道，提高特色农产品的销量。

4. 聊天群和直播电商是基于虚拟社群的特色农产品农村电子商务的最佳销售渠道

在基于虚拟社群的农村电子商务销售特色农产品过程中，选择农村外出务工者、政府扶贫工作人员、主播等特色农产品销售协助者进行特色农产品销售，能够大大提高特色农产品的销售量。在销售渠道选择方面，聊天群和直播电商是基于虚拟社群的特色农产品农村电子商务的最佳销售渠道。

5. 特色农产品价格是影响销售的主要因素

特色农产品价格是影响销售的主要因素，寻找出能够实现供需平衡的最合适的销售价格，是提高销售者直接收入的关键点。在制定销售价格时，不仅要关注产品的成本，还要时刻关注市场内产品的供需状况、竞争对手的价格、顾客的心理价格等各个方面。要通过充分地调研分析，制定出合理的农产品销售价格。

虽然本书研究整理了部分学者有关特色农产品农村电子商务现有模式、基于虚拟社群的电子商务、农村电子商务的发展模式与特色农产品销售模式等研究成果，并且在此基础上进一步分析了目前中国特色农产品农村电子商务的发展现状及面临的主要困境，采用文献研究法、数字统计法、案例分析法等多种方法，沿着提出问题、分析问题、解决问题的思路，提出基于虚拟社群的特色农产品农村电子商务模式，根据实施经验总结出该模式的实施路径，力求为中国特色农产品销售困难的问题寻找到一种新方法，初步取得了一定研究成果。

但是在研究过程中，由于自身能力不足和一些不可掌握的情况，可能对各类问题的覆盖面还有一定不足，研究所发现的问题可能不够全面，提出的解决方案可能存在一定的局限性，还需要在实践中检验和反复修正。笔者会在未来的学习和工作中，继续关注相关问题，将专业知识更好地运用到实际工作中。

参考文献

黄浩锋：《"互联网＋"背景下农村电商发展研究》，《核农学报》2021年第35卷第1期。

吴昌嵘：《乡村振兴战略下农村电商创新发展的文献述评》，《南方农机》2021年第52卷第2期。

张雪莲：《河南省产业结构现状分析及对策探究》，《现代商贸工业》2021年第3期。

陈圆圆等：《小农户发展农副产品电商市场的对策分析》，《农经管理》2020年第1期。

郭骁荻：《农产品电子商务发展探究——以浙江遂昌模式为例》，《现代商业》2020年第17期。

郭骁荻：《农产品电子商务发展探究——以浙江遂昌模式为例》，《现代商业》2020年第17期。

利利：《从马克思农业观探析中国农业现代化的困境及路径——评〈中国农业农村现代化探索与实践研究〉》，《中国食用菌》2020年第39卷第12期。

刘可：《农村电子商务发展模式比较分析》，《农村经济》2020年第1期。

刘文娟：《网络社群视角下农产品品牌营销策略探析》，《贵阳学院学报》（自然科学版）2020年第15卷第1期。

汪涛等：《农业社会化服务——小农户与现代农业发展有机衔接的有效途径》，《安徽农业科学》2020年第48卷第12期。

文丰安：《乡村振兴战略与农业现代化治理融合发展：价值、内容及展望》，《西南大学学报》（社会科学版）2020年第46卷第4期。

吴轲：《沙集电商产业集群发展模式及优化路径分析》，《中国产经》2020

年第 15 期。

周浪：《另一种"资本下乡"——电商资本嵌入乡村社会的过程与机制》，《中国农村经济》2020 年第 12 期。

朱丽辰：《基于要素分析的发达国家农业现代化经验及启示》，《农业经济》2020 年第 8 期。

戴中亮等：《现代农业中的"家庭经营+合作经营"模式研究》，《全国流通经济》2019 年第 26 期。

高啸等：《家庭经营模式创新与农业现代化的路径选择——基于联耕联种和按户连片实践的思考》，《农村经济》2019 年第 2 期。

韩弘：《我国农村电子商务发展现状、问题及对策研究》，《商业经济》2019 年第 9 期。

何金梅：《站在"互联网+"风口的小农：小生产与大市场之间的矛盾》，《商业经济研究》2019 年第 9 期。

刘静娴等：《农村电子商务演化历程及路径研究》，《商业经济研究》2019 年第 19 期。

卢宁：《乡村振兴视角下农村电子商务助推河南省农村经济发展现状与机遇研究》，《科技经济市场》2019 年第 12 期。

牛静静、张国栋：《"互联网+"赋能小农户有机衔接现代农业的困境与对策路径》，《农村经济与科技》2019 年第 30 卷第 5 期。

王晓雨等：《我国农产品销售的问题及对策建议》，《物流工程与管理》2019 年第 9 期。

魏后凯：《当前"三农"研究的十大前沿课题》，《中国农村经济》2019 年第 4 期。

徐卓越等：《互联网经济下的"互联网+农业"乡村发展模式的研究——以浙江遂昌县为例》，《营销界》2019 年第 42 期。

张正荣、杨金东：《乡村振兴视角下农村电商如何优化"工业品下行"路径——基于"双链"耦合机制的扎根研究》，《农业经济问题》2019 年第 4 期。

周安琪：《发达国家农业现代化经验借鉴及启示—我国农业现代化的发展建议》，《现代化农业》2019 年第 2 期。

周畅：《"互联网+"中农村电子商务的发展探讨》，《智库时代》2019 年第 35 期。

崔凯、冯献：《演化视角下农村电商"上下并行"的逻辑与趋势》，《中国农村经济》2018 年第 3 期。

龚榆：《我国农村电子商务发展现状、问题及对策研究》，《农民致富之友》2018 年第 2 期。

郭文汇：《基于社会化电子商务模式的创新研究》，《商场现代化》2018 年第 13 期。

蒋和平：《改革开放四十年来我国农业农村现代化发展与未来发展思路》，《农业经济问题》2018 年第 8 期。

蒋永穆等：《坚持农业家庭经营基础性地位研究》，《政治经济学季刊》2018 年第 1 卷第 1 期。

雷宇：《基于微信社群的湖北特色农产品电商模式研究》，《农村经济与科技》2018 年第 29 卷第 24 期。

李坤洋、刘日恬：《我国农村电商扶贫模式的比较研究》，《农村经济与科技》2018 年第 29 卷第 14 期。

李小倩、陈国宏：《社会化商务特性对消费者购买意愿的影响研究》，《商业经济研究》2018 第 4 期。

李长青等：《从"沙集模式"的发展历程看中国农村电商发展的困境》，《经济研究导刊》2018 年第 3 期。

刘平峰等：《社会化商务环境下用户消费行为演化研究——基于系统动力学方法》，《消费经济》2018 第 34 卷第 3 期。

路永华：《浙江省三大农村电商模式下农村电商经营主体调查及启示》，《价值工程》2018 年第 37 卷第 15 期。

王波、王兴帅：《新常态下农村电商发展研究——以山东省为例》，《商业经济研究》2018 年第 3 期。

王慧斌、陈美如：《农村电商扶贫政策落实过程中存在的问题及对策研究——以山西省静乐县农村淘宝为例》，《山西高等学校社会科学学报》2018 年第 10 期。

杨阳：《国外农产品电商物流模式的发展经验与借鉴》，《科技经济导刊》2018 年第 26 卷第 26 期。

周瑞：《电子商务在陕西农村中的实际应用现状研究》，《科技经济导刊》

2018 年第 26 卷第 32 期。

韩萌:《中国农村电子商务发展研究与评述》,《江汉大学学报（社会科学版）》2017 年第 4 期。

韩庆龄、任晓慧:《社会化电商的营销策略研究——以蘑菇街为例》,《物流科技》2017 年第 40 卷第 6 期。

何亚玲:《甘肃省农产品企业发展电子商务的内因分析——以"成县模式"为例》,《重庆文理学院学报》（社会科学版）2017 年第 36 卷第 3 期。

胡永盛:《江苏农村电商典型模式分析与创新探讨》,《江苏农业科学》2017 年第 45 卷第 20 期。

雷兵、刘蒙蒙:《农村电子商务产业集群的形成机制——基于典型淘宝村的案例分析》,《科技管理研究》2017 年第 11 期。

李京川:《结合美国经验谈生鲜农产品电商模式发展策略》,《商业经济研究》2017 年第 12 期。

李雯琦等:《近年来中国农村电子商务发展的研究综述》,《知识经济》2017 年第 2 期。

凌红:《网络经济视角下农村电商发展模式分析》,《商业经济研究》2017 年第 3 期。

刘宏、张小静:《我国社会化电子商务研究现状分析——基于 CNKI 的文献研究》,《现代情报》2017 年第 37 卷第 2 期。

邱碧珍:《中国农村电子商务模式研究》,《世界农业》2017 年第 6 期。

史修松、魏拓、刘琼:《农村电商产业集群发展模式与空间涉及差异研究——江苏淘宝村的调查》,《现代经济探讨》2017 年第 11 期。

王超、龙飞扬:《"一村一品一店"农村电商发展模式浅析——以江苏宿迁市宿豫区为例》,《江苏农业科学》2017 年第 45 卷第 4 期。

向红梅:《日本农产品电子商务发展实践及借鉴》,《世界农业》2017 年第 2 期。

项继权、周长友:《"新三农"问题的演变与政策选择》,《中国农村经济》2017 年第 10 期。

张滢:《农村电商商业模式及其进化分析》,《商业经济研究》2017 年第 6 期。

周俊茹等:《基于浙江桐庐淘宝村的农村电子商务模式探析》,《中国商论》2017 年第 3 期。

曾亿武：《农业电子商务国内外研究现状与展望》，《中国农村观察》2016 年第 3 期。

洪勇：《我国农村电商发展的制约因素与促进政策》，《商业经济研究》2016 年第 4 期。

李茹：《基于社群的生鲜农产品电商盈利模式研究》，《中国商论》2016 年第 29 期。

王金华：《"习近平'三农'思想研讨会"会议综述》，《中国农村经济》2016 年第 11 期。

韦珏：《"互联网+"下的农村电子商务模式构建探讨》，《中国商论》2016 年第 15 期。

杨一翁：《消费者愿意采纳推荐吗？——基于信息系统成功—技术接受模型》，《中央财经大学学报》2016 年第 7 期。

张柯：《农村电商"双驱模式"路径探索》，《商业经济研究》2016 年第 12 期。

张云勤：《"互联网+农产品"是小生产对接大市场的新出路》，《南方农村》2016 年第 2 期。

陈亮：《从阿里平台看农产品电子商务发展趋势》，《中国流通经济》2015 年第 29 卷第 6 期。

何昆烨等：《浅析农村电子商务的发展模式——以"通榆模式"为例》，《吉林金融研究》2015 年第 12 期。

李成钢：《"互联网+"下的农村电子商务模式分析》，《商业经济研究》2015 年第 32 期。

李京福：《"互联网+"背景下河南省农产品电子商务策略研究》，《物流技术》2015 年第 34 卷第 19 期。

李自琼、刘东皇：《借鉴国外经验 探索中国农产品电子商务发展模式》，《世界农业》2015 年第 10 期。

林洁：《农村电商的发展现状研究》，《南方农机》2015 年第 1 期。

严海蓉、陈义媛：《中国农业资本化的特征和方向：自下而上和自上而下的资本化动力》，《开放时代》2015 第 5 期。

张鸣峰、林初有、谢科成：《县级城市集约式农产品电子商务模式探讨——以句容为例》,《电子商务》2015 年第 10 期。

韩俊:《农业改革须以家庭经营为基础》,《环球财经》2014 年第 1 期。

马凌等:《我国社会化电子商务发展现状与趋势分析》,《现代商贸工业》2014 年第 26 卷第 5 期。

张海鹏等:《农地经营权流转与新型农业经营主体发展》,《南京农业大学学报》(社会科学版) 2014 年第 14 卷第 5 期。

高贵如等:《交易效率视角下农业家庭经营方式创新》,《农村经济》2013 年第 5 期。

姜长云:《农户家庭经营与发展现代农业》,《江淮论坛》2013 年第 6 期。

田雨晴:《社会化电子商务研究综述》,《北京邮电大学学报》(社会科学版) 2013 年第 15 卷第 4 期。

李欣:《基于产业价值链的我国农产品电子商务发展策略研究》,《商业时代》2012 年第 18 期。

骆毅:《我国发展农产品电子商务的若干思考——基于一组多案例的研究》,《中国流通经济》2012 年第 26 卷第 9 期。

王新新、薛海波:《品牌社群社会资本、价值感知与品牌忠诚》,《管理科学》2010 年第 23 卷第 6 期。

黄祖辉等:《中国"三农"问题:分析框架、现实研判和解决思路》,《中国农村经济》2009 年第 7 期。

王俊东、曹谨玲:《建国 60 年农业发展的回顾》,《山西农业大学学报》(社会科学版) 2009 年第 8 卷第 4 期。

张冬青、张冬梅:《农产品电子商务应用模式及技术实现研究》,《学术交流》2009 年第 5 期。

赵玲等:《虚拟社区信任与社区成员购买行为研究》,《工业工程与管理》2009 年第 14 卷第 3 期。

杨静等:《新农村建设中农业电子商务模式创新研究》,《中国科技论坛》2008 年第 8 期。

郑亚琴、李琪:《整合网络信息链:发展农业电子商务的前提》,《情报杂志》2007 年第 6 期。

胡天石、傅铁信:《中国农产品电子商务发展分析》,《农业经济问题》2005 年第 5 期。

杨世志：《农业产业化经营发展现状及对策研究》，《中国科技信息》2005年第16期。

顾益康、邵峰：《全面推进城乡一体化改革——新时期解决"三农"问题的根本出路》，《中国农村经济》2003年第1期。

史清华等：《农户家庭经营非农化进程与历程研究》，《经济问题》2000年第4期。

张驰：《武功县农村电子商务发展对策研究》，硕士学位论文，西北农林科技大学，2017年。

杨涛：《乡村振兴战略视域下的我国农业现代化问题研究》，硕士学位论文，延安大学，2020年。

张冬月：《L县农村电子商务发展现状及对策研究》，硕士学位论文，山西大学，2019年。

李佳隆：《习近平关于农业现代化的重要论述研究》，硕士学位论文，辽宁大学，2019年。

孙茜萌：《河南省农村电子商务发展环境与对策研究》，硕士学位论文，河南科技大学，2019年。

康星宇：《"互联网+"环境下农村电子商务发展研究—以正定县为例》，硕士学位论文，河北经贸大学，2018年。

吴志全：《长春地区农村电商发展研究》，硕士学位论文，吉林大学，2018年。

刘晓晨：《博兴县农村电子商务发展模式研究》，硕士学位论文，山东理工大学，2018年。

邱钰博：《泗洪县农村电子商务发展研究》，硕士学位论文，扬州大学，2018年。

何丽平：《河南省农村电子商务发展研究》，硕士学位论文，河南师范大学，2017年。

何璞然：《农村电子商务模式比较研究》，硕士学位论文，华中师范大学，2017年。

汪文波：《社交类虚拟社群信任对消费者网购意愿的影响研究》，硕士学位论文，华南理工大学，2016年。

陈实：《"互联网+"背景下我国农村电子商务发展现状、问题和对策》，硕士学位论文，华中师范大学，2016年。

孙纲：《黑龙江县域农业现代化路径选择研究》，博士学位论文，东北林业大学，2016年。

陈实：《"互联网+"背景下我国农村电子商务发展现状、问题和对策》，硕士学位论文，华中师范大学，2016年。

张建强：《农村电子商务发展研究》，硕士学位论文，山西农业大学，2016年。

林广毅：《农村电商扶贫的作用机理及脱贫促进机制研究》，博士学位论文，中国社会科学院，2016年。

蒋金玉：《社会化电子商务消费者购买意向影响因素研究》，硕士学位论文，西南交通大学，2016年。

徐田：《中国共产党农业家庭经营思想研究》，博士学位论文，西南交通大学，2015年。

任鹏：《江苏省发展农村电子商务研究》，硕士学位论文，东南大学，2015年。

李玫：《探析社会化媒体与电子商务的有机融合之路》，硕士学位论文，陕西师范大学，2013年。

张夷君：《虚拟社群信任对消费者网络团购意愿影响之研究》，博士学位论文，复旦大学，2010年。

白跃世：《中国农业现代化路径选择分析》，博士学位论文，西北大学，2003年。

金波：《农村电商模式与案例精解》，化学工业出版社2020年版。

张小静等：《社会化电子商务》，化学工业出版社2019年版。

李华强、周建平：《县域电商运营——打造县域经济新引擎》，人民邮电出版社2018年版。

毕慧芳、黄颖：《农村电商新思维》，电子工业出版社2018年版。

杨路明、陈曦：《"互联网+"战略与实施》，重庆大学出版社2018年版。

史安静：《农村电商》，中国农业大学出版社2018年版。

王慧：《农村电商与创业》，人民邮电出版社2018年版。

邵明：《乡村振兴与农村电商发展》，化学工业出版社2018年版。

林禄苑等：《一本书搞懂农村电商》，化学工业出版社2017年版。

解维俊：《中国淘宝村优秀案例精选》，电子工业出版社2017年版。

叶小荣：《社群电商》，电子工业出版社2017年版。

陈虎东：《互联网＋农村》，清华大学出版社2017年版。

武永梅：《社群营销》，天津出版传媒集团2017年版。

唐兴通：《引爆社群》，机械工业出版社2017年版。

郑舒文等：《农村电商运营实践》，人民邮电出版社2017年版。

文丹枫、徐小波：《再战农村电商"互联网＋"时代的下一个新战场》，人民邮电出版社2016年版。

张国文：《社群电商》，人民邮电出版社2016年版。

李孜：《农村电商崛起》，电子工业出版社2016年版。

贺关武：《社交电商》，电子工业出版社2016年版。

[美]詹姆斯·C.斯科特：《农民的道义经济学：东南亚的反叛与生存》，程立显等译，译林出版社2013年版。

全国政协农业和农村委员会：《促进农产品销售 增加农民收入——关于内蒙古、吉林两省解决农产品销售难的调研报告》，《农民日报》2021年2月6日第3版。

徐绍峰：《农村电商在帮助农民增收方面大有可为》，《金融时报》2021年2月18日第8版。

李成华、王春萍：《补齐农村电商短板 助推农产品出村入城》，《河南日报》2021年1月31日第4版。

江泽林：《紧扣乡村振兴战略 加快推进农业农村现代化》，《学习时报》2020年9月14日第1版。

丁焕松：《让农村电商成为乡村振兴的"新引擎"》，《珠海特区报》2020年10月29日第4版。

郭晓慧：《推动农村电商发展的几点思考》，《山西党校报》2020年10月15日第3版。

刘允明：《开启直播助农"新模式"》，《海南日报》2020年8月19日第9版。

张道明：《让农产品"直播带货"成为农民新时尚》，《河南日报》2020年7月9日第6版。

陈多：《朝着小康阔步前行—成县脱贫攻坚工作综述》，《甘肃日报》2020

年7月27日第1版。

《电子商务进农村实现对贫困县全覆盖》,《人民日报》,2020年11月7日第4版。

魏延安:《电商扶贫要解决好四个问题》,《陕西日报》2018年7月18日第5版。

市委政策研究室:《我国农村电商发展六大模式及启示》,《南昌日报》2015年12月20日第2版。

第46次《中国互联网网络发展状况统计报告》。(http://www.cac.gov.cn/2020-09/29/c_1602939918747816.htm)

第47次《中国互联网网络发展状况统计报告》。(http://www.cac.gov.cn/2021-02/03/c_1613923423079314.htm)

阿里研究院—《1%的改变——2020中国淘宝村研究报告》。(https://mozi-login.alibaba-inc.com/ssoLogin.htm?protocol=oauth2&BACK_URL=http://www.aliresearch.com/middlePage&preLoginKey=BJmARQknUL1616234611822khpbvZZIwc&APP_NAME=aliresearch-internel&protocolKey=710027b2-0169-4cd2-9b84-d8c39c81fa0d)

阿里研究院与淘宝商学院联合发布的《县域电子商务人才研究微报告》。(https://mozi-login.alibaba-inc.com/ssoLogin.htm?protocol=oauth2&BACK_URL=http://www.aliresearch.com/middlePage&preLoginKey=YCIIbuSJfD1616234788043qoIAsGGGOo&APP_NAME=aliresearch-internel&protocolKey=e-1adbabe-db67-4bbb-93da-cf5aa5ed90d7)

中共中央、国务院:《乡村振兴战略规划（2018——2022年)》。(http://www.gov.cn/zhengce/2018-09/26/content_5325534.htm)

(http://www.stats.gov.cn/tjsj/zxfb/202002/t20200228_1728913.html)

《2019年全球电子商务数据报告》。(http://www.100ec.cn/zt/2019sjbg_world/)

《宿迁市"十三五"电子商务产业发展规划》

(http://www.suqian.gov.cn/cnsq/zxgh/201705/96d99805ba8447ae897bfb430600a124.shtml)。

《桐庐县2020年国民经济和社会发展统计公报》

(http://www.tonglu.gov.cn/art/2021/2/26/art_1535189_58962437.html)。

Tania Ferreira, Isabel Pedrosa. "Business Intelligence for E-commerce", *Survey Research Directions*, No. 3, Nov. 2017.

Dalvit L., "The research of rural e-commerce", *Strengthening the Role of ICT in Development*, Vol. 7, No. 1, Nov. 2017.

Briz J., Fernandez M. C., Felipe I. D., et al., "E-commerce and ICT adoption in the Spanish agri-food sector: looking for key factors performance in e-food markets", 2016.

Strzebicki D., "The Development of Electronic Commerce in Agribusiness-The Polish Example", *Procedia Economics & Finance*, No. 23, Nov., 2015.

Zapata, S. D., Carpio, C. E., Isengildina-Massa, O. and Lamie, R. D., "The Economic Impact of Services Provided by an Electronic Trade Platform: The Case of MarketMaker", *Journal of Agricultural and Resource Economics*, Vol. 38, No. 3, Nov., 2013.

Bodini, A. and Zanoli, R., "Competitive Factors of the Agri-food E-commerce", *Journal of Food Products Marketing*, Vol. 17, No. 2, Nov., 2011.

Poulton, C., Dorward, A. and Kydd, J., "The Future of Small Farms: New Directions for Services, Institutions, and Intermediation", *World Development*, Vol. 38, No. 10, Nov., 2010.

Wiggins, S., Kirsten, J. and Llambí, L., "The Future of Small Farms", *World Development*, Vol. 38, No. 10, Nov., 2010.

Markelova, H., Meinzen-Dick, R., Hellin, J. and Dohrn, S., "Collective Action for Smallholder Market Access", *Food Policy*, Vol. 34, No. 1, Nov., 2009.

Cloete, E. and Doens, M., "B2B E-marketplace Adoption in South African Agriculture", *Information Technology for Development*, Vol. 14, No. 3, Nov., 2008.

Andreopoulou, Z. Tsekouropoulos, G. Koutroumanidis, T. Vlachopoulou, M. and Manos, B., "Typology for E-business Activities in the Agricultural Sector", *International Journal of Business Information Systems*, Vol. 3, No. 3, Nov., 2008.

Montealegre, F., Thompson, S. and Eales, J. S., "An Empirical Analysis of the Determinants of Success of Food and Agribusiness E-commerce Firms", *International Food and Agribusiness Management Review*, Vol. 10, No. 1, Nov., 2007.

2007 Volpentesta, A. P. and Ammirato, S., "Evaluating Web Interfaces of B2C E-commerce Systems for Typical Agri-food Products", *International Journal of Entrepreneurship and Innovation Management*, Vol. 7, No. 1, Nov., 2007.

Schouten J. W., Mcalexander J. H., Koenig H. F., "Transcendent customer experience and brand community", *Journal of the Academy of Marketing Science*, Vol. 35, No. 3, Nov., 2007.

Fritz, M. Hausen, T. and Schiefer, G., "Developments and Development Directions of Electronic Trade Platforms in US and European Agri-food Markets: Impact on Sector Organization", *International Food and Agribusiness Management Review*, Vol. 7, No. 1, Nov., 2004.

Pavlou, A. P., "Consumer Acceptance of Electronic Commerce, Integrating Trust and Risk with the Technology Acceptance Model", *International Journal of Electronic Commerce*, Vol. 7, No. 3, Nov., 2003.

Mcknight D. H., Choudhury V., Kacmar C., "Developing and Validating Trust Measures for e-Commerce, An Integrative Typology", *Information Systems Research*, Vol. 13, No. 3, Nov., 2002.

Poole, B., "How Will Agricultural E-markets Evolve? paper presented at the USDA Outlook Forum", *Washington D. C.*, Vol. 22, No. 23, Nov., 2001.

Leroux, N., Wortman Jr., M. S. and Mathias, E. D., "Dominant Factors Impacting the Development of Business-to-business (B2B) E-commerce in Agriculture", *International Food and Agribusiness Management Review*, Vol. 4, No. 2, Nov., 2001.

Keeffe, M., "Myths and Realities of E-commerce in the Perishable Foods Industries: Unleashing the Power of Reputation and Relationship Assets", *Supply Chain Management: An International Journal*, Vol. 6, No. 1, Nov., 2001.

Matthew K. O. Lee, Efraim Turban, "A Trust Model for Consumer Internet Shopping", *International Journal of Electronic Commerce*, Vol. 2, No. 1, Nov., 2001.

Gefen D., "E-commerce: the role of familiarity and trust", *Omega*, Vol. 28, No. 6, Nov., 2000.

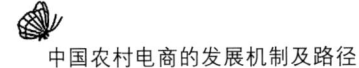

Ernst S. and Hooker N. H. , "Signaling Quality in an E-commerce Environment: The Case of an Emerging E-grocery Sector", *Journal of Food Products Marketing*, Vol. 12, No. 4, Nov. , 2006.